JN015051

クリエイティブ・ジャパン戦略

文化産業の活性化を通して
豊かな日本を創出する

河島伸子・生稲史彦──［編著］

Strategies for Creative Japan: Policy, Market, and Technology

Written & Edited by
KAWASHIMA, Nobuko and IKUINE, Fumihiko

HAKUTO-SHOBO Publishing Company, 2024
ISBN 978-4-561-26787-4

はじめに

　本書は、東京大学未来ビジョン研究センターの「文化を基軸とした融合型新産業創出に関する研究ユニット」（センター長およびユニット代表：東京大学坂田一郎教授）が企画運営してきた研究会から生まれたものである。2016年3月から2022年3月まで存続した同ユニットの研究目的としては、日本が持っている多種多様な文化芸術、伝統を活用した新しい産業を興すためのシステムを考え、文化を切り口にした総合的な地域の魅力づくり、地域活性化の政策提言等を行うことが掲げられていた。ユニットでは、シンポジウム開催や国際学会におけるセッション企画運営協力等いくつかの活動を行ったが、定例的な活動として研究会の開催があった。このセンターで客員教授を務めていた筆者を中心に、各界の専門家からの報告と定例メンバーによる議論の機会を持つため、当初は年に3～4回開いていた。コロナ禍の影響で一時的に休止したものの、オンラインでの研究会を再開し、定例メンバーを増やしつつ、「クリエイティブ産業」のあり方についてオンライン研究会を8回ほど、そして本書の刊行に向けた研究会を4回にわたり開催した。本書の執筆者は全て、本研究会に参加していたメンバーである。この中には、経営学、経済学をはじめ、各分野にまたがる研究者および中央省庁の官僚出身者や企業に勤める実務家、弁護士、コンサルタント等も含まれ、大変多彩な面々である。大学の研究者のみならず、フィールドに近い人々を交えたことで、現場の実態、課題をよりしっかりととらえた、地に足のついた研究が可能になったと思う。

　本書が対象とする分野が、非営利の芸術（アート、クラシック音楽など）と商業性の高いデジタルコンテンツ産業（ゲーム、アニメなど）にまたがっている点、そしてそれらを「クリエイティブ産業」と一括して呼んでいる点はわかりにくいかもしれない。「クリエイティブ産業」という言葉になじみがない読者も少なからずいると思うので、この場で少々解説したい。

　クリエイティブ産業の定義には、1998年にこの規模測定を行った英国のDCMS（Department for Culture, Media and Sport、その後 Department for Digital, Culture, Media and Sport に名称変更）が使ったものが頻繁に参照されてい

る。それは、「個人の創造性、スキル、才能を源泉とし、知的財産権の活用を通じて富と雇用を創造する可能性を持った産業」であり、具体的には、舞台芸術、デザイン、映像・映画、テレビ・ラジオ、美術品・アンティーク市場、広告、建築、工芸、デザイナー・ファッション、インタラクティブな余暇ソフトウェア（ゲームのこと）、音楽、出版、ソフトウェアの 13 産業を含んでいた。この中にソフトウェアのように何か作業を行うための道具であるもの、また、アンティーク市場のようにモノの売買取引に過ぎないものが含まれる点など、批判されることも多かった。その後、具体的に含める産業の線引きは変遷し、また他国ではこれを参考にしつつ異なるバージョンを生み出していったため、「クリエイティブ産業」の定義と範囲に、決定版というものは存在しない。定義と範囲はこのように曖昧かつ流動的ではあるものの、「クリエイティブ産業」という言葉の魅力は、非営利文化と営利文化、芸術とエンタテインメントとの間にあった壁を取り払い、広い意味での文化を「産業」としてとらえる可能性を示唆していることにあろう。

　非営利と営利との区分は、どちらかといえば政策側の都合から生まれている。営利ビジネスとして成立している活動、事業に対して、公共セクターが介入する理由は見つけにくい。しかし、営利・非営利文化を峻別することは実は難しい。例えば、スタジオジブリや新海誠監督等によるアニメ映画はアート性が高いが、商業的成功も収めており、外見としては営利文化といえる。また、従来「市場の失敗」を根拠としてきた文化政策においても、その根拠は、本質的に価値の高い文化が補助金なしには成立しづらいから、というだけではなくなり、文化による社会的包摂や経済成長への貢献という波及効果が大きいことへも目を向けるようになった。すなわち、営利、非営利の区別を越えた「クリエイティブ産業政策」には、文化が、その本質的価値として人々を感動させたり、社会の多様な価値への理解を深めたり、といった効果を持ちつつも、さらには産業そのものとして経済価値を生み、他の産業（観光など）に波及し、経済の活性化とイノベーションに結び付くこともあるという認識がベースになっている。

　日本ではクリエイティブ産業に関係する組織と予算が、文化庁および経済産業省クールジャパン政策課、コンテンツ産業課などに分散していることもあり、クリエイティブ産業政策という言葉が一般的になっているとはいえない。

しかし、文化庁が中心となって進めている文化政策は、文化財を含めた非営利系の文化を中心としつつも、「文化と経済の好循環」をスローガンに、文化の持つ社会的価値、経済的価値の発現にも力を入れるようになった。近年、文化財保護に関わる法改正が相次ぎ、文化財の「活用」を推進する施策が次々と出ている。一方、経済政策の視点からも文化への期待は以前より上がってきており、例えば、文化観光推進法という法律が2020年に成立している。これは、文化庁によれば「文化の振興を、観光の振興と地域の活性化につなげ、これによる経済効果が文化の振興に再投資される好循環を創出することを目的とする」法である。同法における「文化観光」の定義は、「文化についての理解を深めることを目的とする観光」とされ、単に文化を観光に利用しようということではない点が強調されているが、文化政策と経済政策の距離が縮んでいることは明らかである。

　このような状況を念頭におき、本書では、日本のクリエイティブ産業が持つポテンシャルが最大限発揮されるための政策と現場における課題を様々な角度から分析・検証し、日本にとっての今後の課題を提示することとした。各分野における気鋭の研究者、実務家による論考が集められており、各自が得意とするフィールドと強く持つ問題意識を勘案しながら、1章につき2名の著者をカップリングし、一つのテーマに違った視点から接近する様相を見てもらえるように工夫した。全体は、政策的視点を意識した第I部と現場に焦点をあてた第II部、そしてローカル、グローバル、サイバー空間という軸から諸課題を検討する第III部とで構成されている。どの章も、ありきたりの論やよく見かけられる批判をなぞるわけではなく、骨太の議論を展開している。本書を通じて、クリエイティブ・ジャパンへの問題意識を共有してもらえたらと願うものである。

　冒頭に述べた文化ユニット解散後も研究会運営が可能となったのは、東京大学未来ビジョン研究センター特任研究員（肩書・当時）小田切未来氏の尽力あってのことであった。事務局的作業を引き受けてもらえたことで出版までの作業が効率化された。著者一同より感謝したい。また、本書の刊行を快く引き受けてくれた白桃書房社長の大矢栄一郎氏、編集を担当してくれた寺島淳一氏にも、この場を借りて謝意を表したい。

編者を代表して

河島伸子

目　次

第 II 部

クリエイティブ・ジャパンを支えるビジネスと
テクノロジーの生態系

第 III 部

クリエイティブ・ジャパンの地理学
——グローバル・ローカル・サイバー——

第 7 章 クリエイティブの厚み

第8章　デジタル技術と情報流通

——序　章——•

クリエイティブ・ジャパンの創出に向けて

河島伸子

1　「クールジャパン」が政策になるまで

　かつて 1980 年代までの海外における日本のイメージといえば、技術大国で製造業が高度に発達しており、自動車をはじめとした工業製品を大量に輸出し稼ぎまくる経済、それを推進するために狭い家に住みつつ長い時間、満員電車に揺られて職場に着き、昼夜なく働く人々がつくる「顔のない国」であった。まさにバブル経済の最中、こうしたイメージの悪さを払拭しようと「文化大国日本」づくりが叫ばれた。当時は「モノの豊かさから心の豊かさへ」というスローガンが掲げられ、文化財保護を主な業務として 1968 年に発足した文化庁が、現代の文化創造活動にも力を入れるようになった。文化庁予算も徐々に増額し、1998 年には「文化振興マスタープラン」を発表し、「文化行政」から「文化政策」の推進に向けた第一歩を踏み出した。地方においては、美術館や文化ホールの建設が活発になり、各地で「文化によるまちづくり」が繰り広げられるようになった。また、1990 年は「企業メセナ」元年と言われたが、企業においても短期的な見返りを求めず、経済的に成熟した社会の一員として文化を支援していく機運が盛り上がり、企業メセナ協議会という組織をつくり、啓発活動が始められた。実際、サントリーホール、セゾン劇場、渋谷東急のBUNKAMURA など企業が設立・運営する劇場、音楽ホールが次々と生まれ、世界一流の芸術活動の紹介が盛んに行われた。この時期は、非営利の芸術に限らず、商業性の高い文化セクターにおいても極めて活発な文化シーンが生まれた。音楽では多くのアーティストがミリオンセラーを出す一方、1985 年に設立されたスタジオジブリが次々と長編アニメーション作品を世に送った。またビデオゲームのハード、ソフトとも急速に発達し、新たな人気ゲームソフトが発売されるたびに小売店には長蛇の列ができるという社会現象が話題を呼んでいた。

　もっとも、実は、1980 年代以前から、海外にはそれほどよく知られておら

ず、また自分たちでも意識していなかったかもしれないが、日本はクリエイティブな文化創造活動に満ちた国であった（アルト 2021）。マンガやアニメは常に大量に生産され続けており、テレビや新聞・雑誌などのマスメディアも数多く存在し文化情報を発信してきた。現代のポピュラー文化に限らず、歌舞伎や能などの伝統芸能が今日も盛んであり、茶道や華道などの生活文化も、起源は中国大陸にあるものの長い時間をかけて独自の発展を遂げ完成度を高めている。経済大国としては世界での地位が大きく後退した日本であるが、音楽、映像、ゲーム、あるいはファッション、アート、建築、デザインその他多くの分野でクリエイティブな活動が展開されている（福原 2020）。フランス等欧州諸国のように国家的文化予算が潤沢に用意されているわけでもなく、また国家規制により自国文化産業の保護をしてきたわけでもないにもかかわらず、こうした独自性の高い文化を高度に発展させたことは、日本人から見ても驚異である。

　国外に目を転じると、日本の特にポピュラー文化の独自性と創造性にいち早く気付き魅了された近隣アジア諸国の人々に対し、日本はコンテンツを提供してきた。特に香港、台湾などでは 1970 年代から人気アニメシリーズやテレビドラマが放映され、20 年以上にわたり、人気を博してきた。これがやがて北米、欧州等の地域にも広がり、ポケットモンスター、スタジオジブリの長編アニメーション作品、スーパーマリオなどの大ヒットシリーズが生まれた。特にアニメは多くの国でファンを生み、いつしか若者の間で日本文化とそれを生む日本は憧れの国ともなり、今日のインバウンド観光につながった（Otmazgin 2013; Pellitteri 2010）。

2　クールジャパン政策の始まりと変容

　これに目を付けたのが、「クールジャパン政策」である。バブル景気の崩壊後、経済大国としての地位を失い、少子高齢化、地方の衰退といった課題に直面する日本では、もはやゆとりを持って文化立国づくりをしようという姿勢ではなくなっている。しかしながら、国内で爛熟した文化は、気が付いてみれば海外で大人気であり、これはもしかしたら経済成長につながり得る新たな芽ではないかという気づきがあったのである。それ以前の、文化立国日本の構築と

それにより国際社会で尊敬を得ようという高い目線を持った政策スローガンとは異なり、クールジャパン政策とは、簡単にいえば日本に特徴的な文化的商品・サービスを海外に紹介・輸出し、日本の経済成長につなげていこうとする経済政策である。

　クールジャパン政策をめぐっては、2000年代から驚くほど多くの会議体が政府で組織され、報告書やアクションプランを発表してきている。特に内閣府・知的財産戦略本部が中心となり戦略等もまとめ、現在もクールジャパン政策推進のための事務局はここに置かれている。しかし、その焦点はその時々で異なり、コンテンツの海外輸出に絞るものもあれば、より広く日本という国のブランディングをテーマとするものもある。当初もくろんでいたコンテンツ輸出により海外で稼ぐことが、人気度とは裏腹に金額面ではいま一つ目覚ましい成果を上げられなかったため、最終目的は日本ファンを増やしインバウンド観光と地方創生に寄与する、という点に着地している。経済産業省を起点としつつも、外務省、総務省、文部科学省、国土交通省、農林水産省等を横断し、それぞれの省庁が関係する利害を押し出す中、クールなジャパンを代表するはずの文化、コンテンツそのものは後ろに押しやられてしまった。また、クールなジャパンのコンテンツであるところのアニメ、マンガについて海外で熱狂的なファンがいることは確かであるものの、例えばディズニーのような普遍的な存在にはなっておらず、日本文化はあくまでもニッチな市場にとどまっていることも明らかになってきた。2000年代にはハリウッドの強さとその仕組みを解説する一般向けの書籍も増えた（例えばモール 2001）。また当時の経済産業省では専門家を招き勉強会等を開き、映画産業を中心に製作費調達、完成保証、その他商慣行など幅広くフィルムビジネスに関する知見を蓄えていた。しかし、ハリウッドシステムをそのまま日本に導入できるものでもなく、米国をベースに置くグローバル・エンタテインメント産業の厚みに圧倒されるに終わってしまったようである（河島 2020, 2章）。

3　クリエイティブ産業をめぐる環境変化

　そうした中、21世紀になってからは、文化の領域を揺るがす大破壊が次々と起きている（スミス＆テラング 2019）。一つは、グローバル化の一層の進

展である。新興国経済が発達したこと、情報の取得にかかるコストが低減したこともあり、米国以外におけるクリエイティブな活動も一気にグローバル社会での成功につながるケースが生まれた。この背景にはいうまでもなく、インターネットとデジタル技術、端末機器等が創造的活動の制作、流通、消費のあらゆる面を変革し続けているからである。多くの消費者が、かつてのように所与の方法でコンテンツ消費をすることから解放され、自分の好きな時に好きな場所で自分が選んだコンテンツを楽しむ方へ一気にシフトしたのである（河島2020、1章）。テレビ放送のように、番組表とテレビ受像機にしばられるコンテンツには、今や人々はついてこなくなっている。音楽は、かつてはCDなどのパッケージを通じて多くはアルバム単位で流通していたが、今や楽曲はバラ売りとなり、グローバルプラットフォームを通じて配信されるものが中心である。その一方で面白いことに、究極のアナログ的なライブコンサートが人気を集め、コロナ禍以前には音楽産業にとっての重要な収入源をもたらしていた。また、ソーシャル・メディアが急速に発達したことにより、普通の人々が創作活動を不特定多数の人々に、国境を越えて発信できるようになったこと、そうしたソーシャル・メディア上の空間に同好者のコミュニティが形成され、意見・情報、あるいはグッズまでも交換することが容易になり、文化創造とその流通のあり方に大きなインパクトを与えている。

　こうした時代の変化を先取り、デジタル技術を次々と駆使し、ポピュラー文化をグローバルに展開することに成功している国が韓国である。韓流ブームは何次にもわたるが、2023年現在、ポピュラー音楽、映画、テレビドラマ、ウェブトゥーン、ゲームなどのポピュラー文化コンテンツおよびその波及としてのファッション、メーク、食、工業製品などに至るまで韓国は世界中で大ブームとなっている。映画作品でいえば2019年に公開された「パラサイト　半地下の家族」は、同年カンヌ国際映画祭でパルム・ドール受賞、そして翌年には米国において外国語映画でありながらアカデミー賞作品賞をとり、大きな話題を呼んだ。音楽でいえばBTSの楽曲は全米ビルボード上位を何度も占めており、メンバーは国連やホワイトハウスに招かれスピーチを行うなど、音楽以上に社会的現象となっている。動画配信プラットフォームNetflixでは「イカゲーム」や「梨泰院クラス」「愛の不時着」などいくつもの大ヒットシリーズが韓国から生まれている。

日本では元々テレビドラマ「冬のソナタ」から韓国ブームが起き、その後、日本で活躍する音楽アーティストがいて、今日も日本という市場は韓国のポピュラー文化にとって重要な地位を占めている。しかし、その後の韓国文化は、アジアはもとより、北米のようなエンタテインメント産業の聖地、最大規模の市場でも成功するばかりか、欧州、中南米、ロシア、中東、アフリカなどにも浸透し、まさにグローバルに人気を博している。日本からすると、うらやましさと妬ましさが混じり、「韓国の文化産業には国家の補助金が大量に投入されている」といった不正確な情報が飛び交うこともあるものの、今や日本にとっては重要な手本、ベンチマークとして意識されている。政府省庁が委託する調査などにおいても、韓国の動向には注意が払われている[1]。韓国の成功への関心の高さは、この何年かの間に関係する書籍の刊行が続いていることからも見て取れる（黄 2023; 増淵 2023; ユン 2022; カン 2022; また韓国の研究者による分析として Kim 2022; Jin 2016 等）。カン（2023）によれば、韓国ではアーティストが積極的に SNS でファンとコミュニケーションをとり、写真撮影についても寛容であること、ミュージックビデオは YouTube ですぐに無料公開してまずはファンを増やすことなど、日本のエンタテインメント業界が避けてきた、あるいは苦手としてきたデジタル活動に一つの大きな成功要因があるとする。その結果文化産業から他の産業への波及効果も大きい。このような産業政策こそが韓国政府の狙いであった。韓国の文化予算は 1995 年から右肩上がりで増えてきている。2000 年の文化予算（文化体育観光部予算）は 1 兆1707 億ウォンで、国家総予算の 1.23% に達していたが、2020 年には 3 兆4108 億ウォン、国家総予算の 0.96% になっている。ちなみに日本の文化庁予算は国家予算の 0.01% 程度である。韓国文化予算のうち特にコンテンツ産業部門予算は概ね 10% 台で推移してきていたが、2020 年には文化体育観光部全体予算の 19.0% となり、このほかに著作権局とメディア政策局の予算もそれぞれ 2.2%、3.5% となっている（JETRO 2022）。コンテンツ産業部門を担当するのは韓国コンテンツ振興院という組織（KOCCA）であり、アニメーション

1　例えば文化庁における各国の文化予算・政策の国際比較には、欧米諸国と韓国が含まれる。また、経済産業省の「平成 29 年度知的財産権ワーキング・グループ等侵害対策強化事業におけるコンテンツ分野の海外市場規模調査」では、日本・米国・韓国由来のコンテンツの世界市場における規模を比較している。

産業を例にとっても、企画・製作・流通等各段階で細かな支援事業を展開している（JETRO 2022）。ベンチャーキャピタルとしてのファンドを創設し民間部門からクリエイティブ産業への投資を促している（Lee 2022）ことも、興味深い。その他にも 30 年間をかけて政策の試行錯誤を繰り返しつつも実行したことの蓄積が結実したことを裏付ける。

4　日本のクリエイティブ産業の振興に向けて

　これに対して日本の文化は一歩遅れつつあり、クリエイティブな国の良さが、国外はおろか国内においても発揮できていないように思われる。まずポピュラー文化を見ると、音楽の世界では内向き志向の強いアイドルグループ文化が圧倒的に強い。男性アイドルグループでは既に解散して各メンバーが 40 代、50 代となった今でも国民的アイドルとして活躍し続けている。音楽というよりは、バラエティショーの司会、ドラマへの出演などいくつもの役割を演じつつテレビを中心とするメディア空間に彼らが君臨していることは日本のメディアの特徴である（Karlin 2012）。しかしこれは、あくまでも国内の文脈における話であり、デジタルを駆使して、そして産業としての競争力をシステマティックに育成して世界に広がった K-Pop にはやはり追いつけない。日本が得意とするアニメに目を転じると「ドラえもん」等超ロングセラーのタイトルがいくつもあり、さらには声優が活躍するイベント、コンサートなども盛んである。また、アニメからマルチメディア展開というより、最初からゲーム、舞台などとクロスオーバーして作られる作品群なども開発されており、若者の間で人気を博している。しかし、やはりいずれも日本国内での現象と国外におけるニッチマーケットでの盛り上がりにとどまる傾向が強く、韓国（そして米国）のようにグローバルにマスをとらえた主流の文化には差をつけられている。当初よりグローバル市場展開を視野に入れて発展してきたゲームにおいてすら、近年では世界中を魅了するソフトが日本から出ることは少ない。スマホアプリやオンラインゲームについては、2000 年代から国内で新たに IT 企業が開発・運営に乗り出したおかげで日本全体のゲーム市場規模は回復しているが、ポケモン GO のように世界で話題になるアプリ開発には至っていない。最も日本に特有なコンテンツであるマンガは電子書籍化を進め再び活況を呈し

ているが、スマホ画面に最適化して制作する韓国のウェブトゥーンの追い上げ次第ではどうなるかわからない。

　一方、芸術文化の世界は、音楽、美術、演劇等、その場において本物を体験することに本質があるからデジタルの影響を受けていないようでありながら、ここ何年かのコロナ禍で誰もが想像していなかったような激甚災害に遭い、元々弱かった経済基盤と、アーティストにとっての過酷な労働環境は一層悪化することとなった。また、先述したようにポピュラー文化におけるデジタル・ディスラプションを他人事として横目で眺めていられるわけもなく、消費者が単なる受け身の観客ではなく、自ら文化創造のプロセスに関わりその発信もしたい、そしてソーシャルに議論をしながら大きな物語と価値観を共有したい、とまさに韓国のBTSの「アーミー」たちのような人々が増えているのだが、これをうまく吸い上げる仕組みを持つ文化分野、団体はほとんどない。

　こうした日本の文化状況を何とか建て直し、クリエイティブ・ジャパンを再構築していかなければならないのではないか、これまでのクールジャパン政策は日本の文化のクリエイティブな力と質の高さを所与のものとして、それを経済に結び付ける手段のみ考えてきたが、それは行き詰まっているのではないか、というのが本書を貫く大きな問題意識である。この問題に立ち向かうには文化創造に関わる政策の検証、批判的分析が欠かせず、これを行うのが本書の第I部である。政策の表面的なスローガンとその底流にある真の目的は何なのか。文化支援という政策には手段としてどのようなものがあり、最適な組み合わせは何なのか、政策立案・実行・評価にはどのような仕組みがあるべきなのか、などの点が問われていく。しかし、文化創造においては国がいくら旗振りをしたところですぐに何かが起こるわけではなく、あくまでも民間における個々の活動からスタートしたものを大きな波として一層発展させていき、ひいてはそれが日本の創造経済づくりに貢献する、という姿が望ましい。

　こうした、政策としての問題意識、目的、狙いといったものは政策手法に表現されていくものの、それが地方自治体や企業等の民間団体という現場のレベルにたどり着くまでの間に目的が希薄化したり、意識がずれていったり目的が共有されなくなったりすることが起きやすい。また、仮に目的意識が共有されていたとしても、現場には現場の論理と事情というものがある。この、「現場」への視点を強く打ち出すのが第II部である。例えば効率よく何らかの効果を

狙う施策を企業が打ちたくとも、それを成し遂げるための人材不足という問題があり得る。あるいは、政策の動向とは関係なく、現場からの発想と卓越した特定の人物の力で大きな変革が起きることも多く、むしろこれこそが正しい姿かもしれない。そして、グローバル化、デジタル化の進展も必ずしも政策が意図する通りに起きるわけではないが、現場を大きく揺るがせていることは前述した通りであり、これらをより詳細に分析することで個別の企業、文化団体、文化分野を超えた英知が得られるように思われる。

このような「政策」、「現場」という視点に加え、空間的な視点を軸として、クリエイティブな活動の発展と展開、それに伴う課題を検討することも研究上必要である。例えば、都市という空間は社会経済活動においても基本的な単位となっているが、この様々な様相が創造性にどのように影響するのか、という点は経済地理学、文化経済学などにおいて重要な研究課題である。また、インターネット上のサイバー空間が今日では大きな存在となっていることは言うまでもないであろう。第 III 部はこの視点から様々な事例と課題を分析するものである。

本書ではこれらの問いに対する、わかりやすい答えを提示するものではないが、各章では政策提言を意識した結論を示している。本書を通じてクリエイティブ・ジャパンの創出に向けた第一歩が踏み出せることを願う。

参考文献

アルト、マット（2021）『新ジャポニズム産業史 1945-2020』村井章子訳、日経 BP 社。

河島伸子（2020）『コンテンツ産業論：文化創造の法・経済・マネジメント（第 2 版）』ミネルヴァ書房。

カン、ハンナ（2022）『コンテンツ・ボーダーレス：世界の潮流からヒントを得る新しいコンテンツ戦略』クロスメディア・パブリッシング。

JETRO（日本貿易振興機構、2022）「プラットフォーム時代の韓国コンテンツ産業振興策および事例調査」2022 年 3 月（最終閲覧 2022 年 3 月 19 日 https://www.jetro.go.jp/ext_images/_Reports/02/2022/66c457767e8bbf81/202203.pdf）。

スミス、マイケル D.・テラング、ラフル（2019）『激動の時代のコンテンツビジネス・サバイバルガイド：プラットフォーマーから海賊行為まで押し寄せる荒波を乗りこなすために』小林啓倫訳、白桃書房。

黄仙惠（ファン・ソンへ，2023）『韓国コンテンツのグローバル戦略：韓流ドラマ・K-POP・ウェブトゥーンの未来地図』星海社新書。

福原秀己（2020）『2030「文化 GDP」世界 1 位の日本』白秋社。

増淵敏之・岡田幸信（2023）『韓国コンテンツはなぜ世界を席巻するのか：ドラマから映画、K-POP まで知られざる最強戦略』徳間書店。

モール、ミドリ（2001）『ハリウッド・ビジネス』文春新書。

ユン、ソンミ（2022）『BIG HIT：K-POP の世界戦略を解き明かす5つのシグナル』原田いず訳、ハーパーコリンズ・ジャパン。

Kim, Youna. (Ed.) (2022). *The Soft Power of the Korean Wave. Parasite, BTS and Drama*. Routledge.

Lee, Hye-Kyung. (2022). "Supporting the Cultural Industries Using Venture Capital: A Policy Experiment from South Korea." *Cultural Trends*, 31(1), pp. 47-67.

Jin, Dal Yong. (2016). *New Korean Wave*. University of Illinois Press.

Karlin, Jason G. (2012). "Through a Looking Glass Darkly: Television Advertising, Idols, and the Making of Fan Audiences." In Galbraith, Patrick W. and Karlin, Jason G. (Eds.), *Idols and Celebrity in Japanese Media Culture*. Macmillan.

Otwazgin, Nissim. (2013). *Regionalizing Culture: the Political Economy of Japanese Popular Culture in Asia*. University of Hawai'i Press.

Pellitteri, Marco. (2010). *The Dragon and the Dazzle: Models, Strategies, and Identities of Japanese Imagination*. Tenué.

第 I 部

クリエイティブ・ジャパン
実現に求められる前提認識と
政策・制度

クールジャパンを問い直す

A. レトリックとしての「クール・ブリタニア」

太下義之

1 はじめに

　クールジャパンとは、世界から「クール（かっこいい）」と捉えられる（その可能性のあるものを含む）日本の「魅力」ということであるが、これは日本において独創された概念ではなく、二つのネタ元がある。

　一つは、米国のジャーナリストであるダグラス・マッグレイ Douglas McGray の論文 "Japan's Gross National Cool"（2002）である（第1章B参照）。そして、もう一つのネタ元が、1990年代末にイギリスのトニー・ブレア政権が推し進めた国家ブランド戦略においてレトリック（修辞）として使用された「クール・ブリタニア Cool Britannia」である。

　今日、「クール・ブリタニア」というと、いささか旧聞に属する感があるかもしれない。しかし、日本において経済産業省を中心に「クールジャパン政策」が展開されてきたのにもかかわらず、そのネタ元である「クール・ブリタニア」の実態についてはきちんと紹介されていなかったと筆者は考えている。こうしたことから、本章では、「クール・ブリタニア」とはいったい何であったのかの再確認を行い、それを通じて、日本における「クールジャパン」政策のあり方を議論するにあたっての示唆を考察したい。

2 「クール・ブリタニア」とは何か

　「クール・ブリタニア」のクール Cool とは「格好の良い」、ブリタニア Britannia とは英国のラテン語名であり、"Cool Britannia" で「カッコ良い英国」

という意味となる。

　この言葉は、元は大手アイスクリーム・ショップ Ben and Jerry によって 1996 年 4 月から販売されていたフレーバーの名称であった。筆者は実見したことはないのだが、インターネットで確認すると、このアイスクリーム "Cool Britannia" とは、バニラ、ストロベリー、チョコレート、ショートブレッド（クッキーのような、スコットランドの伝統的な菓子）をミックスしたフレーバーとのことである。おそらく、アイスクリームの色の取り合わせが、イギリス国旗「ユニオン・ジャック」をイメージさせることから、「クール・ブリタニア」と名付けられたのだと推測される。

　ちなみに、この "Cool Britannia" というアイスクリームの名称もオリジナルではなく、パクリである。元ネタは 1960 年代後半からイギリスで活躍した、独特のユーモアセンスが光るロックバンド、ボンゾ・ドッグ・ドゥー・ダー・バンド The Bonzo Dog Doo-Dah Band のファーストアルバム "Gorilla"（1967）の最初の曲の名称である。

　そして、この「クール・ブリタニア」という曲も、1740 年に作曲されたイギリスの愛国歌「ルール・ブリタニア」（Rule, Britannia!；統治せよ、イギリス）のパロディなのである。

　さて、このように三重にパロディが重ねられた「クール・ブリタニア」であるが、それに別の意味が付加された契機は、ニューズウィーク誌 1996 年 11 月号における巻頭特集「ロンドン式 London Rules」において、「ロンドンが世界で最もクールな首都である」との記事が掲載された頃である、と言われる（McLaughlin 2006）。もっとも、こうした英国の再生に関する報道は、当初は「世界の多くの地域で黙殺された」（Leonard 1997, p. 9）とのことである。

　英国が世界の注目を大きく集めたのは、翌 1997 年 5 月、英国の国政選挙において労働党が大勝して、保守党から政権を奪回し、当時まだ 44 歳であった党首トニー・ブレアが首相となった時であった。

　同年 8 月には、英国のシンクタンク DEMOS の研究員マーク・レナード Mark Leonard が、"Britain TM; Renewing our Identity" と題した提言を発表する。同書においてレナードは、「複数の政府機関とビジネスが協働して肯定的なアイデンティティを発信することができれば、英国の経済に大きな利益をもたらすことになる」（Leonard 1997, p. 32）と述べるとともに、「イギリスの新

しいアイデンティティを世界に発信するにあたり、ミレニアムは理想的な機会を提供する」と結論づけた（Leonard 1997, p. 64）。

　レナードがこうした提言を行った背景として、当時の英国を取り巻く社会情勢をあげることができる。すなわち、当時の英国においては、欧州統合へ向けて新通貨「ユーロ」の名称の決定（1995 年 12 月）、香港の返還（1997 年 6 月）、ダイアナ妃の死去（1997 年 8 月）など、英国のトレードマーク（ブランド）の価値を減じるような大事件が相次いでいた。その一方で、英国の新しいイメージを発信する好機として、若くクールなリーダーと見られたブレア首相が誕生し、また、100 年に一度の節目であるミレニアムが目前に迫っていた。

　当時のこうした時代背景の中で、首相に就任したばかりのトニー・ブレアは、レナードの考えを取り入れて、若々しくかつトレンディなイギリスを象徴するレトリック「クール・ブリタニア」をキャッチフレーズとする「クリエイティブ産業」政策を展開していくことになるのである。

3　「クリエイティブ産業」政策の動向：①文化・メディア政策

　では、「クール・ブリタニア」の旗印のもとで、当時のイギリスではどのような政策が展開されたのであろうか。概観すると、当時の「クリエイティブ産業」政策には、大きく三つの流れがあったことが確認できる。すなわち、①文化・メディア・スポーツ省 Department for Culture, Media and Sport; DCMS が所管する文化・メディア政策、② DCMS と貿易産業省 Department of Trade and Industry; DTI の共管による輸出政策、そして、③外務英連邦省 The Foreign and Commonwealth Office; FCO が所管するパブリック・ディプロマシー政策、である。以下において、これら三つの分野における「クール・ブリタニア」に関連する動向を順に概観してみたい[2]。

　第一に、主として DCMS が所管する文化政策としての「クリエイティブ産業」政策について見ていこう。

2　英国の省庁の名称は全て 1997～2009 年当時のものである。例えば、DCMS（Department for Culture, Media & Sport）は、テリーザ・メイ Theresa Mary May 政権の下、2017 年 7 月にデジタル・文化・メディア・スポーツ省（Department for Digital, Culture, Media and Sport; 略称は同じ DCMS）に改称された。

　1997 年 7 月にトニー・ブレア政権の下で DCMS が創設された。この DCMS は、1992 年 4 月にジョン・メージャー John Major 政権発足と同時に創設された国家遺産省 Department of National Heritage; DNH を前身として、これを大きく改組したものである。

　この DCMS の創設に先立つ同年 6 月に、ブレア首相によるタスクフォース（特命の組織）として「クリエイティブ産業特別委員会 Creative Industries Task Force; CITF」が設置された。この委員会は、1998 年と 2001 年の 2 回にわたり、「クリエイティブ産業現状分析報告書 Creative Industries Mapping Document」を完成させた（DCMS 1998; 2001）。ただし、この報告書には、アクション・プランもなければコミットメントも含まれておらず、さらに言えばそもそも政府の政策として出された文書ですらない。これらの報告書は、クリエイティブ産業がいかに英国経済に貢献する重要な分野であるかを説明するための分析資料であったのである。そして、「クリエイティブ産業特別委員会」は、上記二つの報告書を公表後、2002 年に解散している。ちなみに、このような委員会を設立（乱立）させて、委員長名義での報告書を発行するものの、それが現実の政策としては実施されない、という構造は、英国の文化政策の特徴となっている。

　なお、この報告書において、「クリエイティブ産業」の定義に「ソフトウェア産業」も含まれていた。この点については、「クリエイティブ産業をより大きく見せるという好都合な点があった」（ヒューイソン　2014 = 2017, p. 60）との批判もある。

4　「クリエイティブ産業」政策の動向：②輸出産業政策

　次に、DCMS と貿易産業省 Department of trade and industry; DTI の共管による「クリエイティブ産業」の輸出政策を概観したい。

　上述した「クリエイティブ産業特別委員会」のサブグループとして、1998 年に「クリエイティブ産業輸出促進勧告グループ the Creative Industries Export Promotion Advisory Group; CIEPAG」が設置された。同グループは、DCMS、DTI、英国海外貿易総省 Trade Partners UK、民間企業による合同の組織であり、クリエイティブ産業の海外進出への政府支援のあり方を検討し、官民・貿

易団体が一丸となって海外展開を後押しすることを目的としていた（経済産業省 2003, p. 10）。そして、1999 年 11 月に同グループは、貿易に関する戦略文書「クリエイティブ産業の輸出戦略 Creative Industries Exports: Our Hidden Potential」を作成・発表した（DCMS 1999）。その後、CIEPAG は 2002 年 2 月に解散しており、以後、輸出政策の中で「クール・ブリタニア」が語られることはなくなった。

　同文書を踏まえ 2002 年には、ターゲット市場を定めた分野毎の戦略立案のために、「クリエイティブ輸出グループ The Creative Exports Group」、「舞台芸術国際展開グループ Performing Arts Internal Development」、「デザイン・パートナーズ Design Partners」、という三つの専門組織が新たに組成された。しかし、これらのグループも 2005 年 12 月には解散している（DCMS 2003, p. 32）。以上のように、「クリエイティブ産業」の輸出政策に関して、「クール・ブリタニア」を契機として設立された組織は 2002 年に解散しており、その後継組織も2005 年には解散している。

5　「クリエイティブ産業」政策の動向：
　　③パブリック・ディプロマシー政策

　最後に、外務英連邦省 Foreign and Commonwealth Office; FCO が所管するパブリック・ディプロマシー政策を概観したい。なお、ここで言う「パブリック・ディプロマシー」とは、伝統的な政府対政府の外交とは異なり、広報や文化交流を通じて、民間とも連携しながら、外国の国民や世論に直接働きかける外交活動のことである[3]。

　1998 年 4 月に FCO は、英国におけるパブリック・ディプロマシー戦略を検討するため、官民の専門家による審議会「パネル 2000 タスク・フォース Panel 2000 Task Force」を設置した。翌年 9 月にこのパネル 2000 は、「審議報告書 Consultation Document」を公表している（FCO 1999）。その後、パネル 2000 は 2001 年 1 月に解散している（国際交流基金 2004, p. 3）。

3　外務省ウェブサイト「よくある質問集　広報文化外交」（最終閲覧 2024 年 3 月 2 日：https://www.mofa.go.jp/mofaj/comment/faq/culture/gaiko.html）。

　2001 年 3 月、パネル 2000 の提言を受けて、「英国広報特別委員会 Britain Abroad Task Force; BATF」が設置され、その傘下に「創造的戦略グループ Creative Strategy Group」が配置された。同グループは英国を海外に発信する戦略について検討することを目的としており、クリエイティブ産業の関係者を中心に構成された（国際交流基金 2004, p. 7）。しかし、同委員会（および傘下のグループ）は、「（前略）目立った活動のないまま、2002 年後半にその活動を終えている」（国際交流基金 2004, p. 8）とのことである。

　同年、「『9.11』後の英国における新しいパブリック・ディプロマシーの基本的考え方を示した」（小川 2007, p. 65）とされる報告書「ウィルトン・レビュー Wilton Review」が公表される。この「ウィルトン・レビュー」の提言を受けて、同年後半に「パブリック・ディプロマシー戦略会議」が設立される。ただし、同会議においては、「期待された割には低調であった BATF の反省から、閣僚ではなく事務次官や理事長といった各組織の責任者で構成され、BATF に参加していた文化・メディア・スポーツ省、デザイン・カウンシルが外されるなど、よりコンパクトで実行意欲の強い集団が形成された」（小川 2007, p. 66）とのことである。

　以上のように、英国のパブリック・ディプロマシー政策は、2002 年の「ウィルトン・レビュー」以降、文化政策から離れ、純粋な外交政策へと移行していくこととなる。それ以降、外交政策におけるクリエイティブ産業との関連性については、外務省としては特にないと考えている、とのことである[4]。

6　「クール・ブリタニア」が死語となった理由

　実は、以下に述べるとおり、英国では「クール・ブリタニア」はもはや「死語」となっている。

　英国の高級紙インデペンデント紙 The Independent の記事によると、2001 年 6 月に DCMS 大臣に就任したテッサ・ジョウェル Tessa Jowell は、わずか半年後（同年 11 月）のインタビューにおいて、「クール・ブリタニア」は「的はずれ missed the point である」と語っている。同記事においてジョウェルは、

4　FCO Deputy Head Public Diplomacy Group への筆者によるインタビュー調査（2009 年 3 月実施）。

『イギリスはあまりにも複雑で、あまりにも変化に富んでいる。「クール・ブリタニア」は、少なくとも、この国を特別な存在に集約していこうという善意の試みであった。しかし、このように言うのは残念であるが、文化を集大成しようとしたがために、それはそもそも不完全であることを運命づけられていたのである。集大成しようとすると、必ず硬化するのだ』と述べ、さらに「われわれのアイデンティティは、言語、共有された大衆文化、様々な人にとって異なるものを意味している歴史と伝統の土台を築くことによって定義され、たったひとつのフレーズまたはひとつの核心に要約することは出来ない」と語っている（July 2001）。

　この発言に象徴されるように、概ね 2001 年末以降、文化政策の分野においても、パブリック・ディプロマシー政策の分野においても、「クール・ブリタニア」は全くの死語となったのである。ブレアが首相に就任し「クール・ブリタニア」を唱えた 1997 年 5 月から、ジョエル大臣のインタビューが行われた 2001 年 11 月までのわずか 4 年ほどの間に、いったいどのような環境変化が起こったというのであろうか。

　「クール・ブリタニア」に対する評価が 180 度転換する契機として、当時の英国の国内外での動向を指摘することができる。

　まず英国の内政から見ると、1999 年、スコットランドとウェールズにおいて独自の議会が設置されるなど、連合王国を構成する各地域において、アイデンティティの再構築が行われ始めた点を指摘したい。

　そもそも英国において「英国民族」という民族は存在しない。同国はゲルマン民族系のアングロ・サクソン人であるイングランド人、ケルト系のスコットランド人、ウェールズ人、北アイルランド人で構成されているほか、世界中からの移民を受け入れており、民族的に極めて多様性に富んだ国である。

　こうした状況の中で、「何がイギリス的な価値や文化 Britishness であるかという問いには単純な答えはありえない」（山口 2005, p. 113）ことが認識されていった。そして、「英国」という存在を一つのアイデンティティやキャッチフレーズで総括することが困難になっていったものと推測される。むしろ、2002 年以降の英国の文化政策は、「クール・ブリタニア」のような単一の目標に収斂させるのではなく、「文化の多様性」（Cultural Diversity）を強く指向していくこととなる。

　ただし、もう一方の英国を取り巻く国際的な情勢の方が、「クール・ブリタニア」に対して大きな影響を及ぼしたと筆者は考えている。

　2001 年 9 月 11 日、アメリカ合衆国で同時多発テロ事件（9.11）が発生し、全世界に大きな衝撃を与えた。この 9.11 以降、FCO は「イギリスに対する外からのイメージに対する認識の側面、とくにイスラム圏の人々がイギリスに対してもっている、どちらかといえば否定的なイメージに注目するようになる」（国際交流基金 2004, p. 24）のである。

　この FCO の懸念は残念ながら現実となる。2005 年 7 月 7 日は、オリンピックの開催としてロンドンが選定され、ロンドン市民が歓喜に沸いた翌日であった。同日、ロンドン市内で地下鉄とバスの同時自爆テロが、アル・カイーダを名乗る犯人によって行われ、55 名が死亡した。まるでオリンピック決定という歓喜を台無しにしようと狙いすましたかのような自爆テロであった。この事件によって、「イギリスはこんなにクールだぞ」と言うことの危険さを、英国国民はまざまざと見せつけられたのである。

　こうした背景のもと、2001 年 9 月 11 日を境に、文化政策の分野において「クール・ブリタニア」というキャッチフレーズは、まったく触れられることがなくなり、完全に死語となったのである。

7　その後の英国では何が起こったのか

　では、「クール・ブリタニア」が死語になったことで、英国の「クリエイティブ産業」政策は縮小していったのかというと実はそうではない。その後も着々と「クリエイティブ産業」政策は進展していくのである。

　2007 年に DCMS（CEP: Creative Economy Programme）は、クリエイティブ産業に関する現状及び課題の分析を行いその結果を、"Staying Ahead: the Economic Performance of the UK's Creative Industries" という報告書として刊行した（DCMS 2007）。

　そして 2008 年に、DCMS は "Staying Ahead" の分析を参考にして、クリエイティブ産業が英国経済に貢献するために、政府と他の公共部門は何ができるのかを、8 テーマにわたる 26 のコミットメント（対策・約束）に体系的に整理した政策「クリエイティブ・ブリテン Creative Britain」を公表した（DCMS

2008a）。

　実は、この「クリエイティブ・ブリテン」は、クリエイティブ産業に関する初めての包括的な政策である。それ以前は、クリエイティブ産業の 13 部門それぞれごとに個別の施策や事業が実施されていたが、英国においてクリエイティブ産業に関する包括的な政策は存在しなかった。そして、この「クリエイティブ・ブリテン」の策定によって初めて、13 部門ごとの個別対応ではなく、クリエイティブ産業全体に対して政府が何をすべきか、という総合的・包括的な政策として捉えるようになった、のである[5]。

　このことは、DCMS の予算額の推移からも裏付けできる。DCMS の「アニュアル・レポート 2008」を見ると、裁量的経費 Departmental Expenditure Limit; DEL の中に、「クリエイティブ・エコノミー Creative Economy」という経費項目があり、300 万ポンド（1 ポンド＝160 円で換算すると約 4.8 億円）が計上されている。実はこの「クリエイティブ・エコノミー」という費目が予算に計上されたのはこの 2008 年が最初であったのである（DCMS 2008b, p. 48）。

　2008 年度の予算ということは、すなわち、2007 年 6 月に首相の座を退いたトニー・ブレアの後継として首相に任命されたゴードン・ブラウン Gordon Brown が予算を組成してからのことである。逆に言えば、ブレア政権の時代は DCMS では「クリエイティブ・エコノミー」という費目では予算は計上されていなかった、ということである。つまり、予算の裏付けがある「クリエイティブ産業」政策は、意外な事実であるが、実は 2008 年以降のブラウン政権から開始された新しい政策なのである。もっとも、産業政策は公共事業等と比較して予算を要しない政策分野であるという背景もある。それにしても、予算費目がまったく計上されないままに、政府の看板政策が継続されたことは興味深い事実である。

　では、英国政府（DCMS）は、2008 年に「クリエイティブ・エコノミー」という費目で予算を獲得するまで、いったい何を行っていたのであろうか。それを理解するためには、当時の英国政府における各省庁の連携について説明する必要がある。

　クリエイティブ産業は複数の省にわたる総合的な政策であるので、多様な政

5　DCMS へのヒアリング調査（2009 年 3 月実施）。

図表 1A-1　「クリエイティブ産業」政策に関連する三層構造の省庁連携

文化政策 DCMS	労働政策・産業政策 BIS		教育政策 DfEE	外交政策 FCO
	旧 BERR	旧 DIUS		
Delivery Partners Group DCMS、BIS の各大臣および クリエイティブ産業の CEO				
プログラム委員会（Program Board） DCMS、BIS の高官				
共同グループ（Implication Group） DCMS、BIS の実務担当者				

（出所）筆者作成。

　府機関が連携していく必要があった。そのため、クリエイティブ産業に関する
英国政府の戦略の企画・調整を行っている組織は、DCMS を中心に三層構造
になっていた（図表1）。

　一つは DCMS のクリエイティブ・エコノミー・プログラムを中核とする
"デリバリー・パートナーズ・グループ Delivery Partners Group" という組織で
ある。同組織のメンバーは DCMS、ビジネス・イノベーション・技能省 De-
partment for Business, Innovation and Skills; BIS の主要な2省の大臣のほか、政
府関連組織としてブリティッシュ・カウンシル、貿易投資総省 UK Trade and
Investment、地域開発庁 Regional Development Agencies; RDAs、また、クリエイ
ティブ産業界からヒューレット・パッカード社、ロイヤル・オペラ・ハウス、
チャンネル4（TV局）などのトップが参加している。

　その他、高官レベルによる「プログラム委員会」および実務担当者レベルに
よる「共同グループ」という別の二つのレベルでも他省との調整が図られてい
る。このように、DCMS がリーダーシップをとりつつ、様々な政府機関等が
連携する、三層の調整機構が構築されていったのである[6]。

　そして、こうした広範かつ主要な省庁と連携・調整したことの副次的な効果

として、DCMS では他省庁の予算の中でクリエイティブ産業の振興のために活用できそうな資金の存在を明確化できたのである。そこで DCMS は、これらの他省庁の資金をクリエイティブ産業のために活用するためにはどうすればよいのか等の条件を、他省へのロビイング活動を通じて確認した。このような調整によって集約された資金は、総額 7000 万ポンドにも達したとのことである[7]。

8 日本における「クール・ブリタニア」の受容と誤用

　一方で、この「クール・ブリタニア」は日本にどのように受容されていったのであろうか。実は、日本における「クール・ブリタニア」の受容について調べてみると、日本で書かれた資料においては、「クール・ブリタニ・カ」というよく似た言葉も散見されることに気づく。

　ちなみに、Google で "Cool Britannia" 及び "Cool Britannica" を検索してみると、実に興味深い事実が浮き彫りとなる。「クール・ブリタニ・カ Cool Britannica」という誤用は、世界中でもほぼ日本だけで使われている言い回しであり、日本では国会の議事録、中央官庁による政策資料や著名な研究者の論文に至るまで、この「クール・ブリタニ・カ」という誤用が頻出しているのである[8]。

　では、こうした誤用がいつ頃から、どのような経緯で生じたのであろうか。その点を調べるために、Google にて特定の期間を指定して「クール・ブリタニ・カ」の検索を行ってみると、最も日付が早い資料として、1999 年 9 月の某国会議員の演説が確認できた。この演説は、当時の与党の総裁選挙に向けての所信表明演説であり、けっしていい加減に作成された資料であるとは思えないのであるが、何故か「クール・ブリタニ・カ」と誤った記述がなされている。

　また、「クール・ブリタニ・カ」というキーワードで新聞記事の検索を行ってみると、2001 年 8 月の大手新聞における与党（当時）国会議員へのインタビュー記事が、最初のものとして確認できる。

6　DCMS へのインタビュー調査（2009 年 3 月実施）。
7　DCMS へのインタビュー調査（2009 年 3 月実施）。
8　2009 年 10 月時点での調査結果であり、現在の e-Gov ポータルでは 2000 年頃の資料を検索することはできない。

このように国会議員がらみの誤用が多いことが確認できたので、さらに国会会議録を検索してみると、「クール・ブリタニカ」に関する発言がある会議は2001 年から 04 年の特定の時期に集中していることがわかった。

一方で、政府の資料における表記はどうなっているのかを調べるため、「電子政府の総合窓口」において、「クール・ブリタニア」及び「クール・ブリタニカ」を検索してみると、正しい表記の「クール・ブリタニア」では 8 件、誤用の「クール・ブリタニカ」では実に正しい表記の 2 倍となる 16 件という検索結果となった。このような政府資料における「クール・ブリタニカ」という誤用は、2003 年から始まっており、特定の省に集中していることが特徴となっている。すなわち、本家の英国で「クール・ブリタニア」が死語となってからの時期に、しかも間違った表現で、日本での受容がなされていったということである。

ところで、どうして上述したような誤用が連鎖していったのであろうか。このケースでは、(1) 永田町（国会議員）→ (2) 霞ヶ関（官僚）→ (3) 社会全体、というステップで、「クール・ブリタニカ」という誤用が増殖していったものと推測される。さらに、プロセスの前者の方が後者に対してある種のパワーを有している、という力学関係が作用していることが、こうした誤用の増殖をさらに加速させた背景とも考えられる。

いずれにせよ、このような受容の経緯を経て、2010 年 6 月、経済産業省に「クールジャパン室」が設置されたのである。

9 「クール・ブリタニア」は政策でなくレトリック

今日、DCMS のウェブサイト内において "Cool Britannia" を検索しても、その政策に関して記述する記事はヒットしない。「クール・ブリタニア」というレトリックを端緒として、クリエイティブ産業の支援が積極的に行われるようになったこと自体はその通りであるが、現時点においては「クール・ブリタニア」は完全な死語となっている。

日本においては「クール・ブリタニア政策」等という紹介のされ方に象徴されるように、「クール・ブリタニア」は「クリエイティブ産業」政策の一部と紹介されたり、または逆に「クリエイティブ産業」政策が「クール・ブリタニ

ア」政策の一部として紹介されたりする場面が散見されるが、これは正しくない。むしろ、英国の「クール・ブリタニア」を巡る顛末及び「クリエイティブ産業」政策から学ぶべきことは別にあると考える（「10. 日本への示唆」参照）。

　事実を整理すると、実は「クール・ブリタニア」とは予算や事業を伴う「政策」ではなく、政治的なキャンペーンのレトリックであった。英国においても、「クール・ブリタニア」は、「本質的なことではなく、巧みな言葉（レトリック）と一部からは見られている」と批判されている（Bakhshi, Hargreaves & Garcia 2013, p. 17）。

　さらに言えば、英国の「クリエイティブ産業」政策は、あらかじめ総合的な政策の全体像がデザインされていたというわけではない。2008 年までは、DCMS を中核としつつ多様な政府機関が、「クリエイティブ産業」振興というひとつの目標を共有しつつ個々に政策を展開していき、その結果として、全体としては総合的な政策のように見えている状態を形成していたのが実態である。

10　日本への示唆

　最後に、本章での「クール・ブリタニア」の実態の確認を踏まえ、日本への示唆を考察したい。

　日本が学ぶべきことの第一は、英国が同時テロという痛ましい代償を負って体感したことであろう。すなわち、国家単位で自国の「カッコ良さ」を声高にアピールすることの危険さ、である。日本の今後のパブリック・ディプロマシー政策においては、国が前面に出て主導するのではなく、アーティスト、市民や NPO がイニシアティブを持つ双方向の対話等を通じて、より共感を得られるようなアプローチを試みるべきであろう。

　2 点目は、英国において複数の省庁が柔軟に連携して、「クリエイティブ産業」政策を展開している事例を参考として、個々の政策・施策の効果が最大限発揮されるように、個別の政策分野だけではなく、関連政策も含めた大きな「政策パッケージ」として包括的・総合的に取り組むことが望ましいと考えられる。具体的には、日本においても、①省庁再編、②現状で各省庁または各部局が所管する政策について、再編・集約などが迅速にできるような体制づくり

（複数の省庁を横串で所管する特命の大臣設置など）、③各省庁（または各部局）の予算の一定割合を対象として省庁（部局）連携を条件として執行、など、いくつかの選択肢を検討していくことが必要であろう[9]。

　第3点は、文化多様性の視点である。そもそも日本という国は、多様な文化、民族から構成されている。たとえば、2019年に成立したアイヌ新法では、アイヌ民族を「先住民族」と明記している。また、現在の沖縄県等の地域は、かつて「琉球國」という国家が統治しており、独自の文化を育んできた。さらに、特に日本の食文化においては、文化の多様性をより良く確認することができる。たとえば、日本人が愛してやまないラーメンやカレーライスは、もともと別の国の料理が日本に伝来し、独自の進化を遂げたものである。こうしたことを勘案すると、「これこそがクールでカッコ良い日本だ」と声を張り上げることの無意味さとカッコ悪さを認識した上、多様な文化が集積する日本を紹介していくことが望ましいと言える。

参考文献

太下義之（2009a）「英国の「クリエイティブ産業」政策に関する研究」『季刊 政策・経営研究』pp. 119-158。

太下義之（2009b）「「クール・ブリタニア」と「クール・ブリタニカ」」『サーチナウ』三菱UFJリサーチ＆コンサルティング（最終閲覧2022年9月9日：https://www.murc.jp/report/rc/column/search_now/sn091019/）。

小川忠（2007）「主要国のパブリック・ディプロマシー」金子将史・北野充（編著）『「世論の時代」の外交戦略』PHP、pp. 45-102。

経済産業省商務情報政策局文化情報関連産業課（2003）「海外主要国・地域のコンテンツ政策」経済産業省。

国際交流基金（2004）『調査報告書 イギリスにおけるパブリックディプロマシー』独立行政法人国際交流基金。

ヒューイソン、ロバート（2017）『文化資本：クリエイティブ・ブリテンの盛衰』（小林真理訳）美学出版。

山口二郎（2005）『ブレア時代のイギリス』岩波新書。

Bakhshi, H, Hargreaves, I & Mateos-Garcia, J. (2013). *A Manifesto for the Creative Economy*. NESTA. DCMS.

DCMS. (1998). *Creative Industries Mapping Document*. DCMS.

DCMS. (1999). *Creative Industries Exports: Our Hidden Potential*. DCMS.

9　本章は、太下（2009a）及び太下（2009b）を元に加筆・編集した。

DCMS.（2001）. *Creative Industries Mapping Document*. DCMS.

DCMS.（2003）. *Annual Report*. DCMS.

DCMS.（2007）. *Staying Ahead：the Economic Performance of the UK's Creative Industries*. DCMS.

DCMS.（2008a）. *Creative Britain: New Talents for the New Economy*. DCMS.

DCMS.（2008b）. *Annual Report 2008*. DCMS.

FCO.（1999）. *Panel2000 Consultation Document*. DCMS.

Jury, Louise.（2001）. *Minister declares death of Cool Britannia Affair Was Doomed*.（最終閲覧 2022 年 9 月 9 日：https://www.independent.co.uk/news/uk/politics/minister-declares-death-of-cool-britan nia-affair-was-doomed-9272638.html）.

Leonard, Mark.（1997）. *BritainTM Renewing Our Identity*. DEMOS.（最終閲覧：2022 年 9 月 9 日：http://demos.co.uk/files/britaintm.pdf?1240939425）.

McLaughlin, Eugene.（2006）. *Rebranding Britain: The Life and Time of "Cool Britannia*.（originally published in 2002）. BBC Open2.net.（最終閲覧：2022 年 9 月 9 日：http://www.open2.net/ society/socialchange/new_brit_coolbritainnia.html）.

B. 全訳されなかった「マッグレイ論文」
──あるいは「ハローキティはWASP」という文化的逆説の捨象について──

三原龍太郎

1 はじめに

「クリエイティブ・ジャパンの創出」を、日本が保有する文化的な魅力を国としての経済成長及び外交的プレゼンス拡大のための資源として活用するべしという問題意識、すなわち「クールジャパン」に係る問題意識（三原 2014）と同種のものとするならば、その起点の一つと言われているのが、ジャーナリストのダグラス・マッグレイが2002年に外交誌『フォーリン・ポリシー Foreign Policy』上で発表した "Japan's Gross National Cool" という論考（McGray 2002：以下「原著論文」という）である。

発表当時、日本経済はバブル崩壊によりその後長く「失われる」ことになる数十年のとば口に立っており、そのことで日本の行く末に対する不安感（cf. Allison 2013）が広がり始めるとともに、日本全体が「自信喪失」に陥っていたという（松井 2010, p. 88）。また、日本経済の戦後高度成長を牽引してきた製造業が（やはり今日まで続く）衰退局面に入ったことで、製造業に替わる新たな成長エンジンが模索されていた時期でもあったという（cf. 三原 2014, p. 92）。そのような時期に、原著論文は、それまで国内外の政治経済的メインストリームからはそれほど注目されてこなかった日本の「文化」面における魅力の高さとそれを体現する日本の文化商品の「知られざる」国際的人気に光を当てた。そして、日本は経済面では国際的プレゼンスを失いつつある一方で、文化面におけるプレゼンスは拡大しつつあり、日本の文化的魅力が日本の今後の経済成長及び外交的プレゼンス拡大のための資源となり得ると示唆した。原著論文は2003年に「中央公論」誌において邦訳され、その内容は日本語でも紹

介された（マッグレイ 2003：以下「邦訳論文」）。当時の時代的な問題意識とマッチしたためか、マッグレイのこの議論は大きな反響を呼び、日本の「文化」に関連する産業が国内の政治経済的メインストリームで大きくクローズアップされるきっかけの一つとなった。すなわち、日本の産業界や政策決定者の間で起きた「製造業から文化産業へ」という発想の「パラダイムシフト」の触媒となり（三原 2014, p. 92）、今日まで続くクールジャパンに係る各種施策の概念的基礎の一つとなったと言われている（大塚・大澤 2005, p. 192）。

　マッグレイの議論は事実上、クールジャパンという発想と実践の基礎に深く根を張るに至っていると言えるだろう。しかしながら、それほど深いレベルにまで組み込まれているのにもかかわらず、英語の原著論文と日本語の邦訳論文との間に存在する「違い」については、これまで包括的に検証されてきたとは必ずしも言えない。すなわち、邦訳論文は原著論文の「全訳」ではなく「抄訳」であり、原著論文の内容の一部は邦訳論文においては省かれてしまっているのだが、この「抄訳」の事実及びそのインプリケーションについては、これまで散発的・部分的にしか論じられてこなかった（e.g. 三原 2014, p. 64, p. 85; 黄 2015：後述）[1]ように思われる。クールジャパンに係るこれまでの議論や施策がマッグレイの議論を起点（の一つ）として展開されてきたことに鑑みれば——そしてその際には原著論文ではなく邦訳論文が参照される機会の方が多かったであろうことに鑑みれば——この「抄訳」問題は、クールジャパンという発想と実践の根幹に関わる論点なのではないかと考えられる。その意味で、原著論文と邦訳論文との間の詳細な比較検討をいま改めてきちんと行っておくことには一定の理論的・実践的意義があるのではないだろうか。

　本章は、以上の問題意識の下、原著論文と邦訳論文を精確に読み比べて両者の差分を具体的に抽出し、それが両者の論旨の対応関係にどのような影響を与えているかを検証するとともに、その「抄訳」の態様が「クリエイティブ・ジャパンの創出」の今後を考える上でどのような示唆を持つものであるかを模索するものである。特に、原著論文が「ハローキティ」に関してそれが必ずしも日本的であるとは言えないという旨の留保をつけていたセクションが邦訳論

1　このほか、邦訳論文との比較検討は行っていないものの、原著論文の英文を精読したものとして沼田（2008）参照。

文で省かれてしまっている点に着目する。「キティは WASP だ！ Kitty is a WASP!」（McGray 2002, p. 49）というフレーズに代表されるこのセクションは、一方ではクールジャパンの代表であるかのように扱われているハローキティが他方では英国という「外国からのインスピレーション foreign inspiration」（McGray 2002, p. 48; マッグレイ　2003, p. 135）によって生み出されたものでもあるという文化的逆説——原著論文の用語では "national ambiguity"（McGray 2002, p. 49：本章で「文化的逆説」という訳語を使用する理由については脚注6を参照）——に光を当てていた。しかしながら、邦訳論文では当該セクションが省略されてしまったこと等によって、「日本は文化超大国として再生しつつある」という「文化ナショナリズム」的（cf. 吉野 1997; 岩渕 2007）な論旨が先鋭化されてしまった。本章ではこの「文化的逆説」の捨象を中心にマッグレイの議論の「抄訳」問題を検証する。

　本章次節以降の構成は次の通りである。次節「比較」において、原著論文と邦訳論文との間の実際の比較検討を行い、両者の違いを具体的に抽出するとともに、第3節「ディスカッション」において、そのギャップをどう評価するべきかについて論じる。そして最終節「おわりに」において、本書の問題意識である「クリエイティブ・ジャパンの創出」に対するこの「抄訳」問題のインプリケーションを模索する。

2　比較

　既に触れた通り、原著論文は 2002 年に『フォーリン・ポリシー』誌の第130 号（May/June 号）に掲載され、邦訳論文は『中央公論』誌の 2003 年 5 月号に掲載された。原著論文が出てからおよそ 1 年後に邦訳論文が出たことになる。原著論文がそれ単独で一つの独立した論考として掲載された[2]のに対して、邦訳論文は単独の論考として掲載されたわけではなく、「日本文化立国論」と銘打った「特集」の中の一つに位置づけられている[3]。この特集中の記事は

2　『フォーリン・ポリシー』誌の同じ号に掲載されている他の内容としては、対テロ戦争の兵器ビジネスにおけるベンチャー企業の役割に関する論考や、ソ連崩壊後のロシアにおける新興企業の天然資源ビジネスに関する論考、シンガポールのリー・シェンロン副首相（当時）へのインタビューなどがある。

3　ちなみに、この「中央公論」2003 年 5 月号にはこれ以外にも二つの「特集」が掲載されている。

邦訳論文以外に二つあり、「ソフトパワーという外交資源を見直せ」と題した
田所昌幸氏（慶應義塾大学法学部教授）の論考（田所 2003）と、「『現代日本
のアニメ』がアメリカの大人を変える」と題したスーザン・ネイピア氏（テキ
サス大学教授・当時）と岡田斗司夫氏（作家／批評家・同誌上の肩書）の対談
記事（ネイピア・岡田 2003）が同じ特集の中に採録されている。邦訳論文は
この二つに挟まれた 2 番目の特集論文という位置づけとなっている。

　原著論文と邦訳論文との間の主要な違いをまとめると図表 1B-1 の通りとな
る[4]。まず、原著論文のタイトルは "Japan's Gross National Cool" であり、これ
は直訳すれば「日本の国民総クール」といったものになるはずである。しかし
邦訳論文のタイトルは「〈ナショナル・クールという新たな国力〉世界を闊歩
する日本のカッコよさ」となっており、原著論文のそれと比べて日本の文化商
品の世界的人気と「国力」との間のつながりをより強調した書きぶりとなって
いる。また、原著論文は様々なポップカルチャーが交錯する当時の渋谷の街並
みの描写から始まる。この印象的な冒頭の導入のセクションには原著論文では
見出しが付されておらず、その意味でニュートラルな場面描写として読めるの
に対し、邦訳論文ではこの同じ冒頭セクションに「ジャパニーズ・クール」と
いう原著論文にはない見出しが付されており、同じ場面があたかも「ジャパ
ニーズ・クール」の象徴であるかのように読めるようになっている。このよう
に、邦訳論文は、そのタイトルと冒頭見出しに対しては原著論文には存在しな
かったニュアンスや要素を追加して、「ナショナル・クール」「ジャパニーズ・
クール」といったフレーズを読者に強く印象付ける導入部分を作っていると解
釈することができる。

　他方で、邦訳論文の本文は、原著論文に存在していた内容をかなり削ってい

　　一つは「イラク戦争 ─ 世界の亀裂は修復可能か」と題した特集で、もう一つは「少子化日
　　本 ─ 男の生き方入門」と題した特集である。本号の目次においては「イラク戦争」の特集が冒
　　頭に記載されており、また表紙にもイラクのフセイン大統領（当時）の肖像画を背景とした（お
　　そらくは）米兵という構図の写真が全面に採用されており、本号のメインの特集は（「日本文化立
　　国論」ではなく）「イラク戦争」であったと考えられる。
4　これ以外にも、本文中の単語／フレーズ／センテンスレベルの細かな違い（訳し落としや誤訳と
　　思われる箇所を含む）が散見されるが、それらは図表 1B-1 からは除外してある。また写真につ
　　いても、邦訳論文は原著論文と全く異なったものを使用している（同じ写真は 1 枚もない）のだ
　　が、それも図表 1B-1 では触れていない。これらについては、以降の本文及び注釈で必要に応じ
　　て取り上げる。

図表 1B-1　原著論文と邦訳論文との間の主な違い

事項	原著論文	邦訳論文
タイトル	Japan's Gross National Cool	〈ナショナル・クールという新たな国力〉世界を闊歩する日本のカッコよさ
冒頭見出し	（なし）	ジャパニーズ・クール
本文各セクション	Japan's Postmodern Pop	（第4パラグラフ以降翻訳なし）
	Meet Hello Kitty, Davos Cat	（全て翻訳なし）
	Why 600 Lb. Wrestlers don't Travel	（全て翻訳なし）

出所：McGray（2002）及びマッグレイ（2003）をもとに筆者作成。

る。具体的には、"Japan's Postmodern Pop"と題されたセクションの第4パラグラフ以降の全て（全7パラグラフ中4パラグラフ分）を訳出せずに省略するとともに、それに続く"Meet Hello Kitty, Davos Cat"及び"Why 600 Lb. Wrestlers don't Travel"と題された二つのセクションを丸ごと省略している。原著論文は2段組みレイアウトで11ページあるが、省略された部分は誌面にして3ページ分に上り、分量にして誌面全体のおよそ3割弱が邦訳論文からは省かれていることになる。

　省略されてしまった各セクションに至る議論の流れは次の通りとなっていた。すなわち、"Japan's Postmodern Pop"の一つ前のセクション"The Pokémon Hegemon"（これは省略されていない）の後半において、原著論文の核となる議論である「それでも、日本は、また新たな超大国として再生しつつある。政治、経済上の落ち込みに打ちのめされることなく、日本のグローバルな文化的勢力は衰えを知らない。」（McGray 2002, p. 47; マッグレイ 2003, p. 134）が提示されている。この部分は、日本におけるその後のクールジャパンに係る議論と実践において頻繁に言及されることになる有名な箇所である。しかしながら、原著論文は、そのすぐ後に続く"Japan's Postmodern Pop"のセクション以降では一転して、あたかも直前の「日本文化大国論」テーゼを中和せんとするかのように、「日本のグローバルな文化的勢力」を形成する日本の文化商品がいかに「外国からのインスピレーション foreign inspiration」（McGray 2002, p. 48; マッグレイ 2003, p. 135）によって成り立っているかを暴露し始める。

　"Japan's Postmodern Pop"のセクションで省略されてしまった原著論文の箇

所ではその「外国からのインスピレーション」の具体例として「リップレス×シスター Lipless X Sister」というアーティストグループと彼女らが躍る「パタパタ Pada Pada」ダンス[5]が取り上げられ、マッグレイ自身の目にはそれらが「日本的には全く見えなかった didn't seem at all Japanese」点が強調されている。グループ名表記は英語だし、Pada Pada は "Macarena"（筆者注：ラテンポップスのダンス）にしか見えない、というわけだ。ここではクールジャパンを担っているはずの日本の文化商品が実は全く日本的ではないという逆説（national ambiguity）が提示されている。"Japan's Postmodern Pop" セクションの最後のパラグラフ（やはり邦訳論文では省略されている）において、マッグレイは、Pada Pada は全く日本的には見えないが、もしそれがアジアで人気を博すようなことがあれば、Pada Pada もまた「ジャパニーズ・クール Japanese cool」の一つに数えられることになるのだろう、としている（以上、McGray 2002, p. 49）。

　このように、原著論文における "Japan's Postmodern Pop" セクションの第4パラグラフ以降では、クールジャパンを担う日本の文化商品の多くが「外国からのインスピレーション」によって成り立っており、その意味で実は日本的ではないのではないかというクリティカルな逆説（national ambiguity：以下「文化的逆説」という[6]）が具体例とともに提示されていたのだが、既述の通りその部分は邦訳論文からは削除されてしまっている。当該セクションに続く "Meet Hello Kitty, Davos Cat" のセクションはその全てがやはり邦訳論文から削除されているが、原著論文におけるこのセクションは、直前のセクションで提示されたこの文化的逆説を、ハローキティを例にとってさらに深掘りする内容となっている。ハローキティを「最も良く知られた日本のポップ・アイコン Japan's most visible pop icon」（McGray 2002, p. 49）としながら、それがいかに

5　沼田（2008）によると、これは「子供番組『ひらけ！ポンキッキ』発のヒット曲『パタパタ ママ』［…］のユーロビート・ヴァージョン」（p. 54）とのことである。

6　"national ambiguity" は直訳すれば「国籍の曖昧さ」のようにするべきであるが、既述及び後述の通り、マッグレイは原著論文においてこの語を、「日本の文化商品が実は日本的でない（外国からのインスピレーションによって成り立っている）」「ハローキティは西洋風だから日本でヒットし、日本風だから西洋でヒットする」といった、日本の文化商品が胚胎するパラドキシカル（逆説的）な側面を強調するためのものとして使用している。この点を踏まえるならば、「曖昧さ」と直訳するよりは「逆説」と「意訳」した方が原著論文のロジック上の趣旨が明確になると考えられるため、以降ではこの訳語を使用する。

図表 1B-2 「ハローキティは WASP」英和対照表

原著論文の該当箇所	筆者による訳文
In fact, Kitty's last name, announced for the first time in spring 2001 in Sanrio's official fan magazine, is White. Kitty *White*? Kitty is a WASP!	実際、サンリオの公式ファンマガジン上で2001年の春に初めてアナウンスされたキティの名字はホワイトである。 キティ・ホワイト？キティは WASP だ！

出所：McGray 2002, p. 49.

日本的ではないかにつき、マッグレイは図表 1B-2 のようにハローキティは"WASP"ではないかと指摘する。

　ここでいう WASP とは "White Anglo-Saxon Protestant" の略語で、英米圏の白人支配層を指す際にしばしば使われる。クールジャパンの代表のように言及されることの多いハローキティの名字が、いかにも WASP 的な「ホワイト」であること（しかもそれがサンリオの公式設定であること）の文化的逆説が驚きをもって記されている箇所と言えるだろう。マッグレイはさらに、ハローキティのデザイナーである山口裕子にインタビューを行っており、「キティは外国人なのですか？それとも日本人なのですか？　So which is Kitty, foreign or Japanese?」（McGray 2002, p. 49）という質問を投げかけている。それに対する山口の答えは図表 1B-3 のように紹介されている。

　ここは、ハローキティの作り手自身が、キティは英国にインスパイアされてできたキャラクターであることを認めている箇所と読むことができるだろう。ハローキティもまた「外国からのインスピレーション」によって生まれた文化

図表 1B-3　山口裕子インタビュー英和対照表

原著論文の該当箇所	筆者による訳文
"When Kitty-chan was born, in those days it was very rare for Japanese people to go abroad," she said. "So people yearned for products with English associations. There was an idea that if Kitty-chan spoke English, she would be very fashionable."	「キティちゃんが生まれたとき、その当時は日本人が海外に行くことは非常に稀でした」と彼女は言った。「だから人々は英国を連想させるような商品を切望していたのです。もしキティちゃんが英語を話すことにすれば、彼女はとてもファッショナブルな存在になるだろうというアイデアがありました。」

出所：McGray 2002, p. 49.

商品であるというわけだ。ハローキティのクールジャパン的な人気が圧倒的であるだけに、この文化的逆説はリップレス×シスターや Pada Pada と比べてより大きなものとなる（「［…］ Hello Kitty ［…］ takes the national ambiguity of the Pada Pada further.」: McGray 2002, p. 49）。マッグレイは、この点を次のセクション "Why 600 Lb. Wrestlers don't Travel" の冒頭において「ハローキティは西洋風だから日本でヒットする。そして日本風だから西洋でヒットする Hello Kitty is Western, so she will sell in Japan. She is Japanese, so she will sell in the West」（p. 50）とまとめている。しかしながら、既に触れた通り、以上の内容は全て邦訳論文から削除されている。

　"Why 600 Lb. Wrestlers don't Travel" のセクションも邦訳論文では全て省略されている。前のセクションがハローキティなど国際的に人気のある日本の文化商品に焦点を当てていたのに対して、このセクションでは逆に国際的プレゼンスがほとんど全くない日本の文化商品に焦点を当てており、相撲がその例として取り上げられている[7]。マッグレイは、米国の NBA や（イチローを歓迎した）メジャーリーグといったスポーツが対外的に積極的に門戸を開いているのとは対照的に、相撲は外に対しては閉鎖的で、特に外国籍の人間が横綱になることは相撲に対する「脅威 a source of great anxiety」（McGray 2002, p. 50）と見なされていると指摘する。このセクションでマッグレイは東関部屋（相撲部屋）を取材しており、創設者の 12 代東関親方（ハワイ出身の元力士高見山）が現役時代に、番付が上がるにつれて「嫌がらせの手紙 hate mail」や「殺害の脅迫 death threats」に耐えなければならなかったこと（Ibid.）や、外国籍の人間が相撲の世界でやっていくためには「日本人のようになりたい wants to be a Japanese kind of person」（McGray 2002, p. 51）と思えるような人間でないと難しいため、ハワイにいる自分の親戚や友人の子どもには相撲取りになることは「勧めていない I don't encourage them」（Ibid.）という東関自身のコメントを紹

7　原著論文のこのセクションでは相撲の写真（土俵上で力士がまさにぶつからんとしている写真）が大きく掲示されており、「我々は日本では巨大だ：相撲協会は自分たちのスポーツを海外で売るための取り組みをほとんど何もしていない We're huge in Japan: Sumo officials have done little to sell their sport overseas」というキャプションがついている（McGray 2002, p. 51）。なお、邦訳論文では相撲の写真は 1 枚も使われていない。スポーツに関連して使用されているのはサッカーに関するもので「W 杯サポーターで盛り上る若者の街、渋谷ハチ公前広場」の写真が冒頭見開きの形で掲示されている（マッグレイ 2003, pp. 130-131）。

介している。このセクションは全体として、日本文化の国際性というものが必ずしもクールジャパン的なポジティブな人気のみに還元できるものではなく、対外的な閉鎖性や差別といったものから自由であるわけでは決してないということを思い出させてくれる箇所と言えるだろう。しかし、このセクションも邦訳論文で翻訳されることはなかった。

邦訳論文において省略されてしまった原著論文の部分では、クールジャパンがどの程度「ジャパン」なのかに留保が付される（"Japan's Postmodern Pop" セクション第 4 パラグラフ以降及び "Meet Hello Kitty, Davos Cat" セクション）（cf. 三原 2014, pp. 64-65）とともに、クールジャパンがどの程度「クール」なのかについても留保が付されていた（"Why 600 Lb. Wrestlers don't Travel" セクション）とまとめることができるだろう[8]。邦訳論文は、日本が文化の面で超大国として再生しつつあるというテーゼを提示した後に、上記のような留保を飛ばして、日本の若者の購買力について論じたセクション "Youth with a Yen for Technology" に移行し、クールジャパンの理論的基礎として国際政治学者ジョセフ・ナイの「ソフトパワー」の議論（cf. Nye 2004）について言及している最後のセクション "All Medium, No Message?" で締める、という流れとなっている。その結果、邦訳論文では全体として「日本は文化超大国として再

8　この点、ハローキティと相撲の例が邦訳論文から削除されていることを同様に指摘している黄（2015）は、この二つの例の原著論文における位置づけについて、ハローキティのような文化的逆説を有する日本の文化商品は海外で人気を博すことができ、逆に相撲のように「外国からの影響 foreign influences」（McGray 2002, p. 53; マッグレイ 2003, p. 140）から自らを閉ざして文化的逆説を持たない文化商品は海外で人気を博すことはないという趣旨であるとし、後者に代表される閉鎖性が日本社会に依然として存在していることが、日本が「ナショナル・クールのポテンシャルを十全に発揮できないでいる理由 the reason that the potential of National Cool hasn't been fully realized」であるというのがマッグレイの診断 diagnostic である（黄 2015, p. 60）としている。しかしながら、マッグレイが原著論文においてこのような明確な因果関係を提示したと解釈しきれるかどうかには疑問の余地が残る。まずこの因果関係は原著論文中の「ハローキティは […]日本風だから西洋でヒットする」（McGray 2002, p. 50）という評価と必ずしも整合しない。また、原著論文（及び邦訳論文）出版後の 2005 年にマッグレイはアートプロデューサーの山口裕美と対談を行っている（山口 2005, pp. 43-49）が、そこでもこのような因果関係に関する踏み込んだ発言はなかった。さらに、日本のポップカルチャーが専門のマサチューセッツ工科大学の日本研究者イアン・コンドリー准教授（当時）が筆者のインタビューに答えて述べたとおり、マッグレイは日本文化の専門家ではなく、原著論文執筆当時「実は『クール・ジャパン』とは何かについてあまり明確なイメージは持っていなかったのではないか」（三原 2014, p. 102）という指摘もある。これらの事情を勘案すると、ハローキティと相撲（及び Lipless X Sister と Pada Pada）の原著論文におけるロジック上の位置づけは、やはり本文で示したとおり「留保」と解釈しておくのが穏当なのではないかと考えられる。

生しつつある」という論旨が原著論文よりも前面に出ているように読める。

　なお、邦訳論文が「全訳」ではなく「抄訳」であることにつき、邦訳論文中及び「中央公論」誌上において明示的な説明はない[9]。つまり、邦訳論文が抄訳である（全訳でない）ことは実際に原著論文と読み比べてみないとわからない状態となっている。

3　ディスカッション

　マッグレイの議論の「抄訳」の態様は以上であるが、これをどのように評価するべきだろうか？

　本章とは問題意識や検証の精度が異なる[10]が、邦訳論文からハローキティと相撲、及びメジャーリーグにおけるイチローの例（及びそれらに関する文化的逆説の論点）が省略されていることを本章と同様に指摘している社会学者の黄盛彬（2015）は、それにより邦訳論文では日本の文化的特徴がかえって「本質主義的 essentialist」なニュアンスで説明されてしまっただけでなく、「日本は文化超大国として再生しつつある」という「鼓舞する cheering」メッセージがマッグレイ本人の想定を超えて日本に広がることとなった、と指摘する（p. 61）。筆者の評価も大枠においてこの指摘と軌を一にするものであるが、より理論面に引き付けて言うならば、この「抄訳」によって邦訳論文では広い意味の「文化ナショナリズム」が先鋭化されてしまったと評価できるのではないかと考える。

　社会学者の吉野耕作（1997）は、文化ナショナリズムを「ネーションの文化的アイデンティティが欠如していたり、不安定であったり、脅威にさらされ

9　邦訳論文の末尾には「Reproduced with permission from FOREIGN POLICY 130（May/June2002）[…]」（マッグレイ 2003, p. 140）とあり、翻訳文献のキャプションとしてはやや見慣れない "reproduced" という用語が使用されている。

10　黄の論文（2015）では、筆者が本章第2節で行ったような原著論文と邦訳論文との間の全編に渡る詳細な比較検討は行われていない。また、脚注8で示したように、ハローキティと相撲の原著論文におけるロジック上の位置づけについても筆者は黄と見解を異にする。さらに、黄の問題意識はこの「抄訳」問題が日本のエレクトロニクス産業政策に与えたインパクト（とりわけその内向き化に与えたインパクト）を模索しようとするものであるのに対し、本章では、「クリエイティブ・ジャパンの創出」をいう問題意識に対する「抄訳」問題のインプリケーションを（後述する通りアニメを例にもとりつつ）模索しようとするものである。

ている時に、その創造、維持、強化を通してナショナルな共同体の再生をめざす活動」と定義し、それは「ネーションを独自の歴史と文化の産物およびそれを基にした集合的連帯としてとらえる」ものであるとした（p. 11）。また、文化商品をめぐるナショナリズムについて、文化研究者の岩渕功一（2007）は、「文化が国際市場においてナショナル・ブランドとして相互に認識・受容されるようになり、そうした文化の輸出が国家政府によって政治経済的な国益のために奨励される」状況を「ブランド・ナショナリズム」と呼んで批判する（p. 23）。そこでは「国という枠組み」が文化商品の「国際的な邂逅」における「所与の文化単位として認識される」ようになってしまうことで、「国という枠組みからはじき出されている他者との関係性への想像力や取り組み」が「後退」し、「越境対話の可能性が矮小化」されてしまうという（p. 19）。

　マッグレイの議論が日本における文化ナショナリズム的なクールジャパン論・施策の起点となったという指摘はこれまで数多くなされてきた（e.g. 沼田 2008; 松井 2010）。上述の岩渕（2007）も、日本における「ブランド・ナショナリズム」的なクールジャパン論は、邦訳論文が日本に「紹介されて以来、特に目立つようになった」としている（p. 22）。ただし、ここで改めて確認しておくべきなのは、マッグレイの議論が日本の文化ナショナリズムを刺激したか否かということよりはむしろ、マッグレイの議論が日本に紹介された際のそのされ方自体がすでに文化ナショナリズム的であったということであろう。前節で見た通り、邦訳論文では、日本の文化商品が胚胎する「ハローキティはWASP」的な文化的逆説に関する箇所が省略されてしまっており、その結果、原著論文と比べて「日本が文化超大国として再生しつつある」という論旨が前面に出てしまっていた。ここで省略された文化的逆説はまさに上で見た「ネーションを基にした集合的連帯」「国という枠組み」に収まりきらない要素であると考えられるが、邦訳論文ではこれが捨象されたことで、日本の文化商品を「国」というナショナルな「単位」によって理解する観点が前面化し、その意味において文化ナショナリズムを先鋭化させてしまっていると評価することができるのではないかと考えられる。前節ではさらに、邦訳論文が「日本文化立国論」と銘打った特集の中の一つとして位置づけられていたのに対して原著論文はそのような文脈には置かれていなかったことや、邦訳論文のタイトルや冒頭見出しに原著論文には必ずしも存在しなかった「ジャパニーズ・クール」的

なニュアンスが付加されていたといった差分も抽出されたが、これらも全体として邦訳論文の文化ナショナリズム的な傾向に拍車をかける効果があったと解釈できるのではないか。

　その意味で、邦訳論文の読者は、原著論文の読者と比べて、日本の文化商品が胚胎する文化的逆説や「外国からのインスピレーション」について批判的に省みる機会——上記の岩渕（2007）の言葉を借りれば「越境対話の可能性」（p. 19）——を最初から大幅に奪われていた可能性がある。マッグレイの議論が日本において文化ナショナリズム的なクールジャパン論・施策の引き金を引いた存在であるかのように日本で理解されているのだとすれば、それはこの「抄訳」問題、とりわけそこで起きた文化的逆説の捨象に負うところが大きいのではないだろうか。これは日本の政治経済的メインストリームがマッグレイの議論を拡大解釈的に誤解した問題（沼田 2008, p. 57）という以前に、マッグレイのテクストが縮小供給された問題として理解されるべきであろう。マッグレイの議論が以降のクールジャパンに係る議論・実践の起点の一つとなったことを指して、海外からの指摘を通じてしか自らを正統化できない「日本文化論」の貧しさと矛盾の典型例であると指摘する議論も多い（e.g. 大塚・大澤 2005, pp. 192-193）が、ことマッグレイの議論に関して言えば、その「海外からの指摘」すらまともに受け止められていなかった可能性がある。

　なぜこのような形で抄訳が行われたのか、その理由は筆者にはわからない。既に触れた通り、誌上での説明もない。翻訳の方針を決める際に版元や「中央公論」編集部、翻訳者との間で何らかのやりとり・調整があったのであろうとは推測されるが、そのような紙面外の事情を（いまさら）詮索する気も筆者にはない。ただ、少なくとも紙面上に現れている内容のみに即して評価するのであれば、邦訳論文は原著論文の趣旨を過不足なく反映したものであるとは言い難く、したがって両者は内容的には「別物」として扱う必要すらあるのではないだろうか。これまでのクールジャパンに関する議論と実践の中でマッグレイの議論が俎上にのぼるときには、邦訳論文は原著論文のニュートラルな翻訳として扱われていたケースがほとんどであろうと考えられるが、前節で行った比較検討の結果にはそれをためらわせるものがある。今後マッグレイの議論に言及する際には、どちらに依拠したのか（原著論文なのか邦訳論文なのか）を明確にすることが最低限必要になってくるのではないかと考えられる。マッグレ

イの原著論文と邦訳論文が発表されてから現在に至るまでおよそ 20 年の時間が経過しているが、その間この「抄訳」問題が事実上等閑視され続けてきたことは驚くべきことと言わねばならないだろう。

4　おわりに

マッグレイの議論の「抄訳」問題の態様と評価については以上の通りであるが、最後に、これが「クリエイティブ・ジャパンの創出」という本書の問題意識の現在に与えてくれているインプリケーションについて探索的に考えることで本章の締めくくりとしたい。

クールジャパンを担う日本の文化商品が実はそれほど日本的ではないのではないかという文化的逆説に係る留保それ自体はマッグレイのオリジナルの考え方というわけでも、原著論文で初めて提示された真新しい視点というわけでもない。少なくとも英語圏における日本研究ではむしろ定番とでも言うべき視点で、そのような観点から日本の文化商品を批判的に検証し、その国際的人気を安易に文化ナショナリズムの枠組みに当てはめてしまうことを戒めるというのがこの手の議論の定石である[11]。原著論文で取り上げられていたハローキティに関しても、同様の観点からキティのグローバルな展開を追った本格的な研究がある（Yano 2013）。原著論文は——とりわけ「ハローキティは WASP」に関する部分は——いわばその定石を踏まえただけと考えることもできる。

その意味で、本章で検証した「抄訳」問題の今日的意義は、そこに文化的逆説という観点が提示されていること自体にあるわけではないと思われる。そうではなくてむしろ、「クリエイティブ・ジャパンの創出」といった問題意識に係る議論や実践において、文化的逆説（と外国からのインスピレーション）に関する認識がいかに簡単かつ無自覚に捨象されてしまうか、そしてその捨象行為自体がいかに等閑視されがちであるか（今風に言えば「スルー」されがちであるか）ということを我々に改めて気づかせてくれたところにこの「抄訳」問題の最大の今日的意義の一つがあるのではないかと筆者は考える。「クリエイ

11　例えば、アニメに関しては Napier（2001）、ウォークマンに関しては Iwabuchi（2002）、寿司に関しては Bestor（2004）や Sakamoto & Allen（2011）、和食に関しては Cang（2019）や Cwiertka（2006）などを参照。

ティブ・ジャパンの創出」を考えるときに、文化的逆説の認識をいま一度呼び戻し、「外国からのインスピレーション」に思いを馳せることの必要性と重要性をリマインドしてくれる意義、と言ってもいいかも知れない。

　現に、クールジャパンに係る議論と実践の事実上の嚆矢であり、現在も「クリエイティブ・ジャパン」の一つの中心を成しているであろうと思われるアニメに関する議論と実践の一部において、この文化的逆説の捨象が、マッグレイの議論から 20 年を経た現在に至って（再）浮上している観がある。そこでは近年「アニメ大国」という文化ナショナリズム的なフレーズを目にする機会が増えているように筆者からは見えており[12・13]、とりわけ、1958 年に東映動画（現・東映アニメーション）により制作された「日本初の長編カラーアニメーション」[14]作品である『白蛇伝』の一部における論じられ方には、本章で検証した「抄訳」問題を彷彿とさせるものがあり危惧を覚えている。本作は戦後日本におけるアニメの「発展」の歴史の起点として位置付けられている一方、「白蛇伝」という題材自体は中国に古くから伝わる（現・浙江省杭州市の西湖を主な舞台として展開する）民話であり、本作のキャラクターや美術等にも中国的なモチーフが強く出ている。また本作は当初「香港の映画会社との合作」企画として香港から持ち帰られたという経緯も指摘されている（木村 2020, p. 42）。その意味で『白蛇伝』はまさに本章で見たところの「外国からのインスピレーション」によって成立した文化商品と考えられ、ハローキティと同様の文化的逆説を有していると評価できると思われる。しかしながら、2019 年にリリースされた本作のブルーレイ販売のための東映ビデオの公式サイトでは、「アニメーション大国日本の原点！」というフレーズが本作の中国的なビジュアルの真横で最大のフォントサイズで強調されている[15]。また、2022 年に出

12　例えば、『アニメ大国建国紀』（中川 2020）や『アニメ大国の神様たち』（中川 2021）など。

13　同様に、アニメ・特撮研究家である氷川竜介の最新刊（本章執筆時点）（氷川 2023）の帯は、当該書籍を、アニメが「いかにして〝国民的文化〟となったのか」を「徹底解説」するものと位置付けている。また氷川自身も、本書を通じて『『われわれ日本人がつくってきたアニメには、こんな特色があります。だから世界のみなさんに愛されるのです』と、みんなで胸を張って言えるようになりたい」（p. 6：傍点筆者）としている。

14　『白蛇伝』特集｜東映ビデオオフィシャルサイト』 https://www.toei-video.co.jp/special/hakujaden/（2022 年 9 月 20 日最終閲覧）。

15　『白蛇伝』特集｜東映ビデオオフィシャルサイト』 https://www.toei-video.co.jp/special/hakujaden/（2022 年 9 月 20 日最終閲覧）。

版された日本アニメの通史に関する書籍（津堅 2022）[16]では、『白蛇伝』を解説するセクションを「長編アニメ大国の出発点『白蛇伝』」（p. 77）という見出しで始め、「現在の日本は世界的に見ても屈指の長編アニメ大国だが、その出発点は『白蛇伝』だった。」（p. 78）という文章で終えているが、当該セクション中では本作の題材が中国由来のものである点には触れられていないのみならず、「中国」という言葉自体がそもそも一度も登場しない。マッグレイの議論に関して本章で見た文化的逆説の捨象による文化ナショナリズムの先鋭化が、『白蛇伝』に関する議論の一部で今まさに起きていると考えるのは穿ち過ぎだろうか。

　マッグレイの議論が登場した 2000 年代初頭においてはその種の文化ナショナリズムに批判的であったはずのアニメ業界やアニメ研究者が、時を経るに従い同種の文化ナショナリズムに回収されつつあるように見えるのは皮肉である一方、文化的逆説にとどまり続けることの難しさ（とそれを「スルーする」ことの容易さ）をそこに改めて見る思いもする。文化的逆説（この場合は「日本アニメの始まりの一つは中国の民話」となろうか）を捉まえ続けておくことの難しさを自覚しながら、ナショナルな語りの心地よさに安住せず、その枠組みの「外」を志向し続けるような議論と実践をいかに模索できるかが、アニメ研究においていま改めて問われているように思われる[17]。そして、本章で検証した「抄訳」問題は、そのような問題意識を常に自覚しておくためのリマインダーとしての役割を果たせるのかもしれない。

　「クリエイティブ・ジャパン」を語り実践する際のこのような文化的逆説の無自覚な捨象は、アニメ分野でのみ起きているというわけではないだろう。ここではその全てを検証する紙幅はないが、どのような分野であれ、「クリエイティブ・ジャパンの創出」を構想する際には、「クリエイティブ」と「ジャパン」との間をつないでいる「・」（ナカグロ）に満ちている逆説について、我々はもう少し自覚的／自省的／自制的である必要があるということは最低限言えるのではないか。「クリエイティブ・ジャパン」と言ったときの「ジャパン」の範囲はそもそもどこまでなのか？「国籍」としての「ジャパン」なの

16　この書籍の帯には「アニメ大国の軌跡」というフレーズが使用されている。
17　同様の問題意識の下、筆者は現在「東アジア各地における白蛇伝物語を題材とした映画・映像作品の研究」という科研費プロジェクトを研究代表者として推進している（課題番号 21K00331）。

か、あるいは「領域」としての「ジャパン」なのか？そもそも「ジャパン」の境界線を一意に引くことは可能なのだろうか？その「クリエイティブ」は本当に「ジャパン」由来と言えるのか？「ジャパン」の「外」からやって来たものなのではないか？「ハローキティはWASP」の例が示しているように、「クリエイティブ」と「ジャパン」は決して必然的・単線的につながるものではないだろう。そして、そのつながりを所与の前提としてしまうと、両者の間にある逆説（の豊かさ）についての自覚が我々の思考から決定的に抜け落ちてしまうことになる。本章で検証した「抄訳」問題は、文化ナショナリズムに回収されない「クリエイティブ・ジャパンの創出」はいかにして可能か？という大きな問いを、20年のときをこえて我々に投げかけているのかもしれない。

参考文献

岩渕功一（2007）『文化の対話力：ソフト・パワーとブランド・ナショナリズムを越えて』日本経済新聞出版社。

大塚英志・大澤信亮（2005）『「ジャパニメーション」はなぜ敗れるか』角川書店。

木村智哉（2020）『東映動画史論：経営と創造の底流』日本評論社。

田所昌幸（2003）「ソフトパワーという外交資源を見直せ」『中央公論』2003年5月号、pp. 120-128。

津堅信之（2022）『日本アニメ史：手塚治虫、宮崎駿、庵野秀明、新海誠らの100年』中公新書。

中川右介（2020）『アニメ大国建国紀 1963-1973：テレビアニメを築いた先駆者たち』イースト・プレス。

中川右介（2021）『アニメ大国の神さまたち：時代を築いたアニメ人インタビューズ』イースト・プレス。

沼田知加（2008）「「クール・ジャパン」の正体（上）：麗しき誤解に基づく再認識の衝撃」『共立女子大学文芸学部紀要』54、pp. 43-65。

ネイピア、スーザン・岡田斗司夫（2003）「「現代日本のアニメ」がアメリカの大人を変える」『中央公論』2003年5月号、pp. 142-149。

氷川竜介（2023）『日本アニメの革新：歴史の転換点となった変化の構造分析』角川新書。

黄盛彬（2015）「クール・ジャパン言説とテクノ・ナショナリズム」『情報通信学会誌』32(4)、pp. 59-64。

マッグレイ、ダグラス（2003）「〈ナショナル・クールという新たな国力〉世界を闊歩する日本のカッコよさ」（神山京子訳）『中央公論』2003年5月号、pp. 130-140。

松井剛（2010）「ブームとしての「クール・ジャパン」：ポップカルチャーをめぐる中央官庁の政策競争」『一橋ビジネスレビュー』58 (3)、pp. 86-105。

三原龍太郎（2014）『クール・ジャパンはなぜ嫌われるのか：「熱狂」と「冷笑」を超えて』

中公新書ラクレ。

山口裕美（2005）『Cool Japan: The exploding Japanese contemporary arts 疾走する日本現代アート』ビー・エヌ・エヌ新社。

吉野耕作（1997）『文化ナショナリズムの社会学：現代日本のアイデンティティの行方』名古屋大学出版会。

Allison, A.（2013）. *Precarious Japan*. Duke University Press.

Bestor, T.（2004）. *Tsukiji: The Fish Market at the Center of the World*. University of California Press.

Cang, V.（2019）. "Policing Washoku: The Performance of Culinary Nationalism in Japan." *Food and Foodways*, 27（3）, pp. 232-252.

Cwiertka, K.（2006）. *Modern Japanese Cuisine: Food, Power and National Identity*. Reaktion Books.

Iwabuchi, K.（2002）. *Recentering Globalization: Popular Culture and Japanese Transnationalism*. Duke University Press.

McGray, D.（2002）. "Japan's Gross National Cool." *Foreign Policy*, 130, pp. 44-54.

Napier, S.（2001）. *Anime: From Akira to Princess Mononoke*. Palgrave.

Nye, J.（2004）. *Soft Power: The Means to Success in World Politics*. Public Affairs.

Sakamoto, R. & Allen, M.（2011）. "There's Something Fishy about That Sushi: How Japan Interprets the Global Sushi Boom." *Japan Forum*, 23（1）, pp. 99-121.

Yano, C.（2013）. *Pink Globalization: Hello Kitty's Trek across the Pacific*. Duke University Press.

第2章

政策立案・実行・評価の仕組み

A. 我が国におけるシン・クールジャパン政策の今後の展望

―― **Web3.0** 時代の政策立案体制、超広域連携の方向性 ――[1]

小田切未来

1 はじめに

　昨今、無形の財である文化資産が他の資源とも融合するなどで新たな価値が生まれ、そこで生まれたリソースの一部が文化への再投資に向かう好循環を構築することが必要であるとともに、日本のデジタルトランスフォーメーションDX が海外と比べ遅れている中で、Web3.0 時代に合わせた政策の改革が求められていることが指摘されている。政府は、クールジャパン政策やコンテンツ政策を積極的に実施しているが、必ずしも、これらの実現のための組織を跨る分野の融合・連携や政策連携体制に対して、積極的に進んでいるかというと必ずしもそうではない。

　本章の目的は、上記の問題意識を前提としつつ、政府がクールジャパン政策を今後どう変えていくべきか、現在のクールジャパンの問題点と方向性を政府の報告書等を分析した上で、シン・クールジャパンの実現のため、主に分野の融合・連携を進めるための政策立案体制、民官学を超えた広域な組織連携の在り方を中心に論点を整理し、提言を行う。

　既存の先行研究では、従来のクールジャパン政策全体の分析が中心となっており、直近の政府の今後のクールジャパン政策のあるべき姿、特に、分野の融合・連携を進めるための政策立案体制、民官学を超えた広域な組織連携の在り

1　本章の見解は個人としてのものであり、所属組織の見解を表すものではない。また、本章の執筆にあたっては、東京大学未来ビジョン研究センターの「文化を基軸とした融合型新産業創出に関する研究ユニット」の「文化経済政策の在り方に関する研究会」で出席・発言いただいた A.T. カーニー日本法人会長／ CIC Japan 会長の梅澤高明氏、iU 学長の中村伊知哉氏の見解を参考にした。改めて感謝したい。

方について、十分な整理がされているとは言い難い。

　本章の構成は以下の通りである。第 2 節では、文化経済分野の基本的な考え方として、文化経済分野の現状認識、そして、文化経済政策、クールジャパン政策の諸課題と今後の具体的な取り組みを整理し、既存の政策で不足している点を述べ、第 3 節では、シン・クールジャパン政策の今後の展望ということで、文化を起点とした省の創設と文化経済政策に関する新たなドゥータンクの創設を言及している。そして、最後の第 4 節で結語を述べる。

2　文化経済分野の基本的な考え方

（1）文化経済分野の現状認識

　我が国の魅力ある商品、コンテンツなどを掘り起こし、そしてそれらを海外に輸出、発信し、日本に親近感を持ってもらう、そして、最終的には、インバウンド客として日本で消費をしてもらいたい、というシナリオで政府が想定していた文化経済政策、クールジャパン政策は、現在、大きく転機を迎えている。その一つ目の理由は、全世界で猛威を振るった新型コロナウイルス感染症で、内外での旅行需要が著しく低下したことが一因である。コロナ禍により、個々の日本企業の海外進出に向けた動きが鈍化しており、特に韓国がグローバル文化市場で伸長する中、日本の存在感は相対的に低くなっている。一方、グローバルにビジネス展開する動画配信サービスが大きく伸び、日本発のコンテンツが海外で伸びる可能性も高まったようにも見える。このようにコロナ禍のようなパンデミックの下では、リアルビジネスでの海外展開が困難になる代わりに、デジタルコンテンツの海外展開がより一層後押しされる。

　二つ目の理由は、デジタルテクノロジーやブロックチェーン[2]技術の急速の発展である。デジタル化により新しいビジネスが生まれ、流通チャネルも大きく変容させており、従来は、コンテンツといえば、CD、DVD、書籍等の物的媒体を通じて頒布されるものであったが、最近では、スマートフォンや PC 等でデジタルコンテンツをプラットフォームにおいてサービスとして楽しむ方向

2　取引履歴を暗号技術によって 1 本の鎖のようにつなげ、正確な取引履歴を維持しようとする分散型台帳技術を指す。なお、ブロックチェーンの文化経済分野への応用を論じたものとして、Potts and Rennie（2019）がある。

にシフトしている。これにより、コンテンツ流通が大きく変わり、配信限界費用の低減、コンテンツのボーダレス化、プロ・アマの創作によるコンテンツ量の増大、アマチュアクリエーターの増大と創作物の商業利用、二次創作物の増大等が起きてきている（知的財産戦略本部 2021）。また、Web3.0 時代に突入したと言われる中で、インターネット上の仮想空間サービスであるメタバース[3] は、将来的に文化経済、クールジャパンビジネスの中心的な分野になる可能性もあり、また、ブロックチェーン技術を活用した NFT[4] ビジネス（例えば、デジタルアート、ゲームのアイテム等）の市場も急速に拡大しており、非言語化でボーダーを越えることができるデジタルコンテンツは、今後事業拡大することが見込まれる。

　しかし、このような中、海外プラットフォーマーの市場シェアは拡大する一方で、我が国では、デジタルコンテンツを中心とする文化経済、クールジャパン分野において、海外展開の面では他国よりも後塵を拝しており、かつ、民間企業、行政のデジタルツールの活用等を含むデジタルトランスフォーメーションも遅れている状況にある[5]。さらに、我が国の文化と密接に関わるメタバースや NFT などを中心とする Web3.0 の新たな成長領域のビジネス環境も、今のままでは、他国と比べると遅れることが指摘されている（自由民主党 2022）。2022 年 3 月、米国は大統領令を発令し、Web3.0 を含めるデジタル経済圏をリードするべく、仮想通貨の在り方など 180 日以内に政策提言を出すように指示し（White House 2022a）、2022 年 9 月にはその方針を出す（White House 2022b）など、動きが早くなっているため、早急に我が国も Web3.0 の新たな成長領域のビジネス環境を整備することが必要である。そのような中、2022 年 6 月に閣議決定された経済財政運営と改革の基本方針 2022 において、「ブロックチェーン技術を基盤とする NFT や DAO[6] の利用等の Web3.0 の推進

3　メタバースは、コンピュータやコンピュータネットワークの中に構築された、現実世界とは異なる 3 次元の仮想空間やそのサービスを指す。

4　NFT は、Non-Fungible Token（非代替性トークン）の略で、代替が不可能なブロックチェーン上で発行された、送信権が入った唯一無二のデータ単位を指す。

5　"World Digital Competitiveness Ranking 2022" https://www.imd.org/centers/world-competitiveness-center/rankings/world-digital-competitiveness/

6　Decentralized Autonomous Organization（分散型自律組織）の略称であり、ブロックチェーンに基づく組織や企業の形態の一つとされ、特定の中央管理者を持たず、組織内の各構成員によって自律的に運営されている組織。

に向けた環境整備の検討を進める。さらに、メタバースも含めたコンテンツの利用拡大に向け、2023 年通常国会での関連法案の提出を図る。」と明記された後、政府での Web3.0 の検討・議論も活発化しているが、今後の政府における Web3.0 関連のビジネス環境整備の更なる推進が期待されている。

（2）文化経済政策、クールジャパン政策の諸課題と今後の具体的な 取り組み

　2（1）の問題意識の下、文化経済政策、クールジャパン政策の現状の政府の見解を整理するにあたり、2022 年 3 月に文化審議会第一期文化経済部部会報告書に文化経済政策が簡潔にまとめられていることから、まずこちらを分析する。なお、この報告書は、文化庁の今後の文化経済領域の政策形成に活用されるものの、他の府省庁の所管に跨る内容も多い（文化庁 2022）。二つ目に、知的財産戦略本部が「知的財産推進計画 2022」を策定しており、2022 年 6 月に閣議決定され、文化経済、クールジャパンに関係する最も新しい報告書の一つであることから、本章のテーマと内容が近い「Ⅲ. 知財戦略の重点 8 施策　8. アフターコロナを見据えたクールジャパン（CJ）の再起動」に焦点を当てて分析をする。

a.　文化審議会第 1 期文化経済部部会報告書

　文化審議会第 1 期文化経済部部会の報告書では、文化と経済の好循環を構築することが何度も強調されている。また、文化芸術活動を生みだす循環（第一の「創造的循環」）と文化芸術活動の価値を高めていく循環（第二の創造的循環）を機能させ、資金の確保から再投入の余地を生み出す「文化と経済の好循環」を実現するべき、また、必要に応じてアップデートしながら最大効果を生む政策展開をしていくべき、と指摘されている。この報告書の文化芸術エコシステムの基軸、諸課題、具体的な取り組みについて図表 2A-1 のように要約される。

　文化芸術エコシステムの基軸、諸課題、具体的な取り組みについて、最近の先端的テクノロジーである NFT やメタバースまでカバーされている等、かなり網羅的に分析されており、また丁寧に整理されている。この報告書の記載の通りに政策が実現されるのであれば、我が国の文化と経済の好循環が大いに期

待できそうである。一方、今後、具体的にどう実現するのかというより詳細な部分や政府横断的または官民連携における体制の在り方に対する記載は相対的に少なく、具体性に欠ける印象がある。

b. 知的財産推進計画 2022：「Ⅲ. 知財戦略の重点 8 施策　8. アフターコロナを見据えたクールジャパン（CJ）の再起動」部分

　知的財産戦略計画 2022 の「8. アフターコロナを見据えたクールジャパン（CJ）の再起動」について、図表 2A-2 のように要約される。

　知的財産戦略本部（2022）に記載されるクールジャパンの再起動に関する「施策の方向性」は多岐にわたるため、本章では割愛したが、それに関する現場のニーズを踏まえた現状と課題が詳細に網羅されている。一方、この報告書も網羅的に記載されている反面、クールジャパンの基盤を支えるのが、2015 年に設立されたクールジャパン官民連携プラットフォーム[7]に依存している感があり、このプラットフォームが十分に効果を最大化させるためには、更なる体制・資金強化などが期待される。また、民間企業とアカデミック等の連携、アカデミックの活用という視点があまり触れられていない。

　以上から、二つの報告書でやや手薄な点として、変化の非常に速い Web3.0 時代に合わせた政策立案体制の改革が必要であること、政府以外での組織とのより広域な連携の実現、更にはリアルな情報を持つ産業界やアカデミック等との密な連携やコミュニケーションの円滑化も必要である。このため、本章では、Web3.0 時代の文化を起点とした政策立案体制、文化経済政策に関する新たなドゥータンクの創設（超広域連携）を提案することとする。なお、クールジャパン官民連携プラットフォームが、提案するドゥータンクの機能を十分に担えるのならば、それに期待したい。提案の具体的内容については、以下の通りである。

7　クールジャパン戦略を深化させ、官民一体となってクールジャパンに取り組むことを目的として、2015 年 12 月に官民・異業種連携の強化を図る場として設立。令和 4 年 5 月 11 日時点で、関係省庁等（12 名）、関係機関（5 機関）、民間団体（51 団体）、民間企業・機関・個人（69 企業・機関、25 名）。

図表 2A-1　文化芸術エコシステムの基軸、諸課題、具体的な取り組み

文化芸術エコシステムの基軸	諸課題
①創造的人材の持続的な育成	担い手の意欲と安定した就労環境
	アーティストの活躍の場作り
	鑑賞者、ファン層の拡大
	プロデュース人材の育成
②「土壌」としての地域、場所	地域・場所の生む文化的価値
	地域、場所と文化観光
③マーケティング、ブランディング、プロモーション	「日本という博物館」の見える化
	"受け手"への遡及を促進する仕組み
	グローバル市場向けのブランディング
④ファンドレイジングと税制措置	寄附・寄贈の推進
	主体間の交流促進とファンドレイジング
⑤文化芸術 DX の推進	DX の推進、デジタル技術の活用
	クリエイターエコノミーを取り組む発想
⑥文化芸術活動と担い手に関する公的統計・データ整備とアーカイブ	統計・データ充実の必要性
	地域資産と近現代作品のアーカイブ
⑦グローバル市場への積極的な関与	我が国の文化芸術のグローバル展開
	世界市場の動向に対応した戦略性

出所：文化庁（2022）を元に筆者作成。

具体的な取り組み
基盤的施策：①我が国の文化芸術全般を振興するカウンシル機能の確立・強化
②我が国政府における文化芸術／ソフトパワー・プロモーター機能の強化

・文化芸術関係のワザを学修する仕組みの検討
・アーティストの就労環境の向上、活躍の場作り
・プロデューサー人材の育成

・地域芸術祭等の取り組みについてエコシステムを検証し、形成・活性化に有効な要素を補う方策の検討
・歴史的・文化的建造物を芸術文化活動のために面的に活用し、地域に持続的に産業を育成する仕組みの整備
・歴史的建造物・文化的建造物等を活用して活性化のエコシステムを創る中間支援組織形成支援の検討
・海外富裕層の誘致・滞在・体験の促進の取り組み

・発信強化の観点からの取り組み
・文化芸術カウンシル機能の強化によるグローバルなマーケティングの仕組みへの適応
・民間ベースの有力なブランディング活動の促進
・海外富裕層の誘致・滞在・体験の促進の取り組み
・世界を惹きつける場作り、機会作り
・鑑賞者教育の強化の検討

・文化芸術領域への寄付促進パッケージ
・ファンドレイジングの観点から文化芸術施設との企業のマッチングを推進する実証的取り組みの推進
・美術館等とコレクターの関係強化（共同購入推進等も視野）の検討
・動画分野における制作拠点としての競争力向上のためのインセンティブの検討

・デジタル化に伴う世界のコンテンツ消費構造の変化に対応した文化ビジネスのグローバル展開推進
・新たなテクノロジーの潮流（NFT、メタバースを含む仮想空間等）を捉えた、文化芸術振興に資する具体事例の創出や活用策の検討
・ブロックチェーン技術を活用した美術品の来歴情報等の蓄積に向けた取り組み

・文化芸術関係の統計・データを政策目的に応じて段階的に充実
・国内アーカイブの連携及び「国立映画アーカイブ」の強化
・ナショナルコレクションの形成推進
・美術品価格の信頼性を高める市場インフラとして公的な鑑定評価制度の創設

・グローバルな「トップレベルのアーティスト等育成プラットフォーム」事業の確立・実施
・文化関連ビジネスのグローバル展開推進事業
・国立文化施設における国外文化施設とのパートナーシップ強化と国際的な認知度の向上
・世界展開を見据えた東アジアワイドでの芸術発信・売込み強化方策の検討

図表 2A-2　今後のクールジャパンの再起動のポイント

CJ 戦略の再起動の三つの手法	主な現状認識
①サステナブルな視点での磨き上げ	世界の潮流はサステナブルであり、CJ はサステナブルと親和性が高い（おたがいさま、もったいない、三方よし）
②コミュニティの形成による体験・感動の共有	CJ には熱烈な外国人ファンが存在している
③ CJ 関係者が結びつき、お互いに磨きあう場への参画	官民連携プラットフォーム（PF）で CJ 関係者への支援を強化

CJ 戦略の再構築に関する関係省庁の取り組み	主な現状認識
①価値観の変化への対応	コロナ禍の影響により、自然、エコ、SDGs 等の社会的課題への関心の高まりや、安全安心・衛生、健康意識の高まり等、世界の人々の価値観が大きく変化している
②輸出とインバウンドの好循環の構築	インバウンドの観点では、本年 6 月 10 日から添乗員付きのパッケージツアーでの外国人観光客の受入れを再開している コロナ禍においても輸出は好調 輸出を起点としてインバウンドとの好循環も構築していくことが重要である
③デジタル技術を活用した新たなビジネスモデルの確立	オンライン化が進むにつれてリアルなイベント・体験の価値が高まる
④発信力の強化	CJ 戦略（2019 年）において、ストーリー化、相手方の興味関心を踏まえた「入り口」の工夫と日本文化の本質を踏まえた「深み」の用意等、発信力強化の重要性を指摘している
⑤ CJ を支える基盤の強化	CJ 官民連携 PF では、多様な地域や分野にまたがる会員相互の連携を促進するため、情報共有や各種イベント、国内外への情報発信等に取り組んでいるが、今後は、関係者間のネットワーク強化にも注力する必要あり

出所：知的財産推進計画（2022）を元に筆者作成。

今後の方向性（ポイント）
サステナブルな視点から日本の魅力を再発見し、世界の人から共感が得られるストーリー作りを行う
ファン同士のつながりでコミュニティを形成する ⇒体験・感動の共有が SNS 等で拡散 ⇒外国人を含む他のコミュニティとも「共創」
情報の相互発信・共有をする 「CJ プロデューサー」の機能別再編成 マッチングのためのオンラインイベント 日本を愛する外国人の積極活用

今後の方向性（ポイント）
安心・安全、自然、環境、SDGs 等の観点を取り入れる
インバウンドの回復を図る コロナ禍においても堅調な食の輸出等を強化し、将来のインバウンドへつなぐ好循環を構築する
デジタル技術を活用し、リアルとオンラインのバランスを取りつつ、新たなビジネスモデルとして定着させる
日本人自身も魅力を理解した上で、ストーリー化した情報を発信する
CJ 官民連携 PF の機能を強化する 地方に存在する本物の魅力の掘り下げをする

（3）今後の文化経済政策、クールジャパン政策の目指すべき姿

a. Web3.0 時代の文化を起点とした政策立案体制：文化を起点とした省の創設

　2（2）a の既述の通り、文化庁（2022）によれば、地球規模での近代化や経済成長の限界が指摘される中、これまでとは異なる方法で持続可能な社会を築く必要があり、その一つの方法が、「文化と経済の好循環を構築すること」が触れられている。また、文化と観光は、オリンピック・パラリンピックイヤーを契機に、令和 2 年度に「文化観光拠点施設を中核とした地域における文化観光の推進に関する法律[8]」（文化観光推進法）が成立したが、これは、文化と観光と経済が一体となるようにする取り組みであることから、文化庁と主に観光庁が関係する施策となっているが、文化庁は文部科学省の外局、観光庁は国土交通省の外局という位置づけであり、現在、両組織とも文化観光の施策で連携しているが、一つの組織であれば、より効率的に政策立案ができる可能性がある。

　政策立案体制は、英国では、2017 年にデジタル・文化・メディア・スポーツ省[9]と体制を再編し、観光も含め、文化／デジタルを起点とした政策立案体制を整えている。また、フランスの文化省[10]は、日本の文化庁の業務に、総務省の通信業務も行っている。我が国は、英国やフランス等の文化を積極的に推進している省と比べると所掌が狭く、文化という切り口を起点に一体で、政策を立案できる体制が必要である。なお、文化と観光を同じ省庁で担当すれば、

8　当該法令に基づいて認定を受けた拠点計画や地域計画に基づき実施される事業に対し、文化資源の磨き上げ、Wi-Fi やキャッシュレス等の整備、学芸員等の体制支援、バリアフリー等の利便性向上改修や展示改修等、地域一体となった観光コンテンツの造成等の取り組みを支援することによって、文化の振興を起点とした文化観光を推進し、文化・観光の振興、地域の活性化の好循環を図ることを目的としている。

9　英国のデジタル・文化・メディア・スポーツ省は、市民社会、デジタル部門、電話通信、クリエイティブ産業、ギャンブル、観光産業、文化セクター、スポーツを所管している。この組織の歴史は、ジョン・メージャー政権発足と同時に創設された国家遺産省 Department of National Heritage: DNH が前身である。1997 年にトニー・ブレア政権の下で文化・メディア・スポーツ省 Department for Culture, Media and Sport; DCMS に改称された。その後、テリーザ・メイ政権の下、2017 年にデジタル・文化・メディア・スポーツ省 Department for Digital, Culture, Media and Sport に改称された。

10　フランスは、第 5 共和制の発足と同時にド・ゴール大統領はアンドレ・マルローを大臣として文化省を設立した。マルロー大臣は文化政策の目的を教育・啓蒙的なものから国民全体が文化芸術に接する機会の向上へと大きく転換し、「国家予算の 1 パーセントを文化政策へ」という目的を掲げ、その実現に向けての取り組みを実施した。名称は、文化通信省等と改変した時期もあるが、現在は、文化省に戻っている。

文化と観光の分野の融合・連携が促進されるとともに、縦割り行政を打破することで効率的な体制が達成できる。一方、一つの省庁が観光を所管することで、文化政策を考慮せず、より機動的に観光政策を実施できると考えられるが、それはその時の政権における政策の方針等で決定されるものである。例えば、中国では、2018 年に文化産業・観光産業の総合的発展の目的で、文化部と国家観光部を統合して文化観光部に政府組織を改変[11] している一方、イタリアでは、2021 年に文化財・文化活動・観光省から観光を独立させ、観光省を創設している。結局、前者と後者のどちらを優先するかによるが、我が国は昨今、官庁の縦割りの弊害、効率性重視、分野の融合・連携が指摘されていることから、文化と観光を一体とする体制が求められていると考えられる。

　我が国において、文化を起点とする省の創設は、草の根の社会運動として、文化芸術推進フォーラム（23 団体加盟）では、文化省の創設を提言している。また、2013 年に超党派・文化芸術振興議員連盟の議員が出席した上で、「文化省の創設を考える（主催：文化芸術推進フォーラム事務局）」のシンポジウムが開催されている。2017 年に法改正された文化芸術基本法（議員立法）では、観光、まちづくり、国際交流、福祉、教育、産業その他など各関連分野における施策を法律の範囲を取り込むとともに、文化芸術により生み出される様々な価値を文化芸術の継承、発展及び創造に活用しようとする趣旨である。政府では、文化経済戦略において、文化経済戦略の推進基盤の強化として、「京都へ全面的に移転することも見据えて、文化庁の機能強化に向けて文部科学省設置法等を改正し、文化庁に省庁横断的な行政機能を新設する。」が挙げられている。また、国会では、2018 年の文部科学省設置法の改正案審議で、衆参両院の委員会は、文化庁の機能強化を図ると共に、「文化振興施策をさらに発展・充実させていくため文化省の創設を見据え、引き続き文化行政の取り組みのあり方を検討すること」との附帯決議を出しており、文化省に向けて前に進める段階にきている。

11　「国務院機構改革は、共産党および国家機関の改革案の一部（中国）」 https://www.jetro.go.jp/biz/areareports/2018/1202a62ca14a1852.html

b. Web3.0 時代の超広域連携：文化経済政策に関する新たなドゥータンクの創設

　従来の個別分野ごとの業界団体は数多く存在するが、伝統と革新の視点、文化芸術と産業の視点、リアルとサイバーの視点を両方とも視野に入れた団体組織はほとんど見受けられない。先程提示した文化を起点とする省が創設するのであれば、それと同様なまたは類似な団体があってもよい。例えば、革新という視点では、昨今の NFT、メタバース等の先端的テクノロジー分野は、コンテンツの人材、知的財産、文化という点でも密接に関連しており、日本に強みがあるとも指摘されている（佐藤 2022）。このような分野について、技術者、実務者、規制当局者は、ユーザーコントロール、業界慣行、規制監視の正しい組み合わせを適切に発展させるために、こうした変化を受け入れる必要があるという指摘もあり（Garon 2022）、当該分野のルール作りやニーズを踏まえた政策立案も円滑に進めていく必要があるが、従来の政策立案組織と上記スタートアップには大きな情報の差が存在し、むしろスタートアップは新規ビジネスの法的課題を弁護士と相談するため、一部の弁護士に実際の法的課題に関する情報が集まっている。このため、このようなステークホルダーが集まるドゥータンクのような組織が必要である。

　ドゥータンクとは、船橋洋一（2019）によると、政策や事業実現のための具体的行動（＝参画）を重視する Do 重視（政策実現重視）、自律性重視のシンクタンクとされている。一方、従来のシンクタンクは、主に Think（検討）重視、かつ、国等の依頼ではなく独自で調査等を行う自律性重視の団体であり、政策の検証と立案と提言のために中立で客観的な調査研究を中心に行う組織と整理されている。本章で構想する組織は前者のドゥータンクであり、政策担当者、政策起業家[12]、企業経営者・ビジネスパーソン、弁護士、研究者、クリエイター、メディア関係者等で構成される組織が必要である。日本では、霞が関（中央省庁）がいわば強力なシンクタンクとして存在するといえるが、立法、行政に対して、ある一定程度の緊張感を持たせることができる知的組織すなわち米国型のシンクタンクが必要だと思われる。特に、中央省庁は政権与党

12　政策起業家は、「社会課題等の解決手段となる特定政策を実現するために、情熱・時間・資金・人脈、そして革新的なアイデアと専門性といった自らの資源を注ぎ込み、多様な利害関心層の議論を主宰し、その力や利害を糾合することで、当該政策の実現に対し影響力を与える意思を持つ個人または集団」とされている。詳細は、Kingdon（1984）などを参照。

からの依頼や指示に丁寧に対応する傾向があるが、野党に対してはそれがあまり期待できないこと、そして、国会議員政策担当秘書の相対的な少なさを考えても、より一層、第三者機関のサポートが必要となる。また、文化経済政策のテクノロジー分野について言及すれば、ドゥータンクの機能が育たないと、現場の最先端のテクノロジービジネスをしている企業経営者やビジネスパーソンの情報が、官僚や政治家を含む政策担当者にアジャイルに情報が共有されず、テクノロジーに関する規制の存在により、日本でビジネスがしにくいということが起きかねない。知的財産推進計画 2022 では、Web3.0 関連のビジネスのルール形成について、民間事業者等によるソフトローでの対応によって解決される場合が大きいこと、更には、民間事業者等と密接に連携しながら、実情に即した課題把握や論点整理を行い、必要な対応等を進めていくことが求められている。また、仮想空間については、民間主導の国際的なルール形成が必要と指摘されており、まさに、必要な体制が整えば、このようなドゥータンクがその機能を果たせるものと考えられる。

3　シン・クールジャパン政策の今後の展望

（1）Web3.0 時代の政策立案体制：文化を起点とした省の創設

　政府の体制は、現代社会における課題を円滑に解決することができる効率的な政策立案体制が望ましいため、2（2）の文化を起点とした省の創設を提案する。文化と観光は深く関係し、観光は芸術団体や文化施設や文化遺産の所得や雇用の発生装置といわれており（スロスビー 2015）、我が国では、例えば、令和 2 年度に「文化観光拠点施設を中核とした地域における文化観光の推進に関する法律」（文化観光推進法）が成立している。これは、文化と観光と経済が一体となるようにする取り組みであることから、文化庁だけではなく、観光庁も関係する施策となっている。現在、文化庁と観光庁は、文化資源の観覧等を通じて文化についての理解を深めることを目的とする観光、いわゆる文化観光の施策を連携して進めているものの、一つの組織であれば、より効率的な政策立案体制が実現できる可能性がある。また、2022 年 5 月に世界経済フォーラム（WEF）が発表した 2021 年の旅行・観光開発指数レポートのランキング[13] で、日本が初めて首位となったが、今後の旅行・観光産業における回復の

兆しと将来の逆風に備える政府の体制作りが急務である。このため、文化政策
と観光政策を、シナジーを起こす形で強力に後押しする観点から、文化観光省
を創設するというのが一案である。

　もう一つの案は、イギリスでは、文化／デジタルを起点とするデジタル・文
化・メディア・スポーツ省に近いが、将来的には、観光だけでなく、デジタ
ル、文化関連産業等を含める大文化省又はデジタル文化創造省のような省の体
制も想定する必要がある。なお、スロスビー（Throsby 2008）の創造産業同心
円モデル[14]に添って、中心の文化芸術部分から最も外縁に位置づけられる関連
産業（広告、建築、デザイン、ファッション）の一部または全部まで所管を広
げることを想定している。

　現在、我が国の GDP は世界第 3 位であるが、これは人口の大きさに依存す
る。今後、移民を受け入れないまたは画期的なイノベーション、生産性向上な
どが起きなければ、我が国の GDP は減少することが見込まれる。そこで、経
済大国だけでなく、文化大国という両輪を目指していくことで、世界の中でも
高付加価値な商品やサービスなどを開発・体験できる国を創ることが戦略の一
つとして必要である。

　文化に加え、デジタル技術の活用も一つの組織に統合する方法もありえる。
例えば、Web3.0 時代において、NFT は、クールジャパンとの親和性が高く、
デジタルアート、ゲームコンテンツ、デジタルファッション、デジタル音楽
等、今後の成長が期待されている。また、メタバースは、いわゆるクールジャ
パンを代表とするゲーム業界、XR（クロスリアリティ）業界[15]、SNS 業界、
仮想通貨業界他が未来に目指すビジネスとも指摘されている（加藤 2022）。
そして、メタバース領域で重要な構成要素は、世界有数のコンテンツを生みだ

13　"New travel and tourism study shows need to prepare for future headwinds, as sector shows signs of recov-
　　ery" https://www.weforum.org/press/2022/05/new-travel-and-tourism-study-shows-need-to-prepare-for-futu
　　re-headwinds-as-sector-shows-signs-of-recovery/
14　最も中心に存在するコア創造芸術は、文学、音楽、舞台芸術、視覚芸術となる。次に位置する文
　　化産業として、映画、美術館、ギャラリー、図書館、写真が挙げられる。3 番目は、より広義な
　　文化産業は、遺産サービス、出版、テレビとラジオ、サウンドレコーディング、ビデオ、コン
　　ピューターゲームとなる。最も外縁である関連産業は、広告、建築、デザイン、ファッションと
　　位置付けられている。
15　現実世界と仮想世界を融合することで、現実にはないものを知覚できる技術の総称。その他に
　　は、VR（仮想現実）、AR（拡張現実）、MR（複合現実）の技術は、全て XR に含まれる。

すことができる人材、コンテンツやキャラクターの知的財産が豊富か否か、そして、コンテンツにお金を払うという文化が必要と指摘されているが、我が国は世界を席巻する全ての条件が揃っている。

このため、我が国は、例えば、デジタルはデジタル庁、文化は文化庁等、各省庁が縦割りで政策を実施しているため、文化または文化／デジタルという複合的な横軸で、強力に政策を実施できる省を、関係省庁の統合等で実現することが必要である。

（2）Web3.0 時代の超広域連携：文化経済政策の新たなドゥータンクの創設

2（3）bのドゥータンクの項で述べたように、従来の個別分野毎の業界団体は数多く存在するが、伝統と革新の視点、文化芸術と産業の視点、リアルとサイバーの視点を両方とも視野に入れた団体組織はほとんど見受けられない。

このため、従来側の文化政策の議論に加え、特に、Web3.0 等の新たなビジネスには法的課題[16]も多いことから、これらも含めた文化／デジタルを起点とした広範囲な議論についても、政策担当者、政策起業家、企業経営者・ビジネスパーソン、弁護士、研究者、クリエイター、メディア関係者等が集まり、ルールを協創していく場（オンライン・リアル）が求められている。この組織は、政策担当者等も参加する文化経済分野の国家経営と企業経営を議論するフォーラムの開催、政官とプライベートセクターのマッチング支援、本組織の政策提言による共有・働きかけ等を実施するとともに、必要に応じて、シンク

---

16 本章では Web3.0 関連ビジネスの法的課題の詳細までは触れないが、デジタル庁（2022）によれば、以下の主な法的課題がある。①暗号資産の期末時価評価課税について、国内でブロックチェーン技術を活用する企業は事業開発を阻害する要因となっている（令和5年度の税制改正により、一定の要件を満たすものについては暗号資産の期末時価評価課税の対象外）、②投資事業有限責任組合（いわゆる LPS）の対象事業にトークンの取得等が含まれておらず、ベンチャーキャピタルによる LPS を利用したトークン事業への投資ができない、③トークンを取り扱う事業者が、監査受嘱の前提となる内部統制やガバナンスの整備が十分ではないこと等を理由として、監査法人から会計監査の受嘱を断られるという状況が生じている。加えて、経済産業省（2022）が提示している以下の主な法的課題を挙げておく。①暗号資産を活用した Web3.0 関連サービスを営む企業等が暗号資産交換業に該当するか不明確な場合があり、新規ビジネスの開始を躊躇する要因になっている、②個人の暗号資産取引利益は雑所得扱いとなり、法定通貨等への交換時に所得税・住民税（所得税最大 45%、住民税 10% で計 55%）がかかる、③NFT やメタバースに係る権利関係の整理が途上であり、NFT 創作者以外の第三者が無断で NFT 化する事例が起きている。

タンクの主な業務であるデータ収集・分析、政府への提言等も実施が想定される。なお、最近では、例えば、2021年に政策を進められる政治プラットフォーム PoliPoli を提供している株式会社 PoliPoli が「有益な政策情報を求めている政治家や行政」と「政策に詳しい有識者」をオンライン上でマッチングさせる機能をリリースしており、これは広義な意味でドゥータンク的な機能の第一歩であり、今後、このようなサービスが機能することが望まれる。

4　結語

本章では、政府はクールジャパン政策やコンテンツ政策を積極的に実施しているが、必ずしも、組織を跨る分野の融合・連携や Web3.0 時代の政策連携体制に対して、積極的に進んでいるとは言い難いという問題意識の下、今後の我が国におけるシン・クールジャパン政策の今後の展望として、以下2点を述べる。

第一に、Web3.0 時代の政策立案体制として、文化を起点とした省の創設が必要である。具体的には、文化政策と観光政策のシナジーを起こす形で強力に後押しする観点から、文化観光省を創設するというのが一案である。もう一つの案は、英国では、文化／デジタルを起点とするデジタル・文化・メディア・スポーツ省に近いと考えられるが、将来的には、観光だけでなく、デジタル、文化産業等を含める大文化省またはデジタル文化創造省のような体制も検討すべきである。

第二に、Web3.0 時代の超広域連携を構築する手段として、文化経済政策の新たなドゥータンクの創設が必要である。この組織は、政策担当者等も参加する文化経済分野の国家経営と企業経営を議論するフォーラムの開催、政官とプライベートセクターのマッチング支援、本組織の政策提言による共有・働きかけ等を実施するとともに、必要に応じて、シンクタンクの主な業務であるデータ収集・分析、政府への提言等の実施が想定される。このドゥータンクでは、伝統と革新の文化経済政策の検討が前提であるが、特に、Web3.0 等の新たな成長領域のビジネス環境の整備に向けた議論なども視野に入れる必要がある。なお、既存のクールジャパン官民連携プラットフォームが、将来的に提案するドゥータンクの機能を十分に担えるのならば、それに期待したい。

　「クールジャパン」という言葉自体は流行語としての要素が強いが、日本文化の魅力は不変である。政府には、不易流行としての令和時代のシン・クールジャパンの構築が求められている。

参考文献

小田切未来（2021）『我が国におけるアート×デジタルテクノロジー等に関するビジネス 展開から考える今後の文化政策の展望：国際会議 ICCPR2020 の特別セッション等を踏まえた提言』https://ifi.u-tokyo.ac.jp/wp/wp-content/uploads/2021/05/WP006.pdf。

小田切未来・河島伸子（2022）『文化経済政策の在り方に関する政策提言：令和時代のシン・クールジャパンの構築に向けて』https://ifi.u-tokyo.ac.jp/wp/wp-content/uploads/2022/03/policy_recommendation_cbi_20220317.pdf。

加藤直人（2022）『メタバース：さよならアトムの時代』集英社。

経済産業省（2022）『Web3.0 事業環境整備の考え方：今後のトークン経済の成熟から、Society5.0 への貢献可能性まで』https://www.meti.go.jp/shingikai/sankoshin/shin_kijiku/pdf/010_03_01.pdf。

佐藤航陽（2022）『世界 2.0：メタバースの歩き方と創り方』幻冬舎。

自由民主党（2022）『NFT ホワイトペーパー（案）Web3.0 時代を見据えたわが国の NFT 戦略』https://amari-akira.com/02_activity/2022/03/nftwhite1.pdf。

スロスビー、デイヴィッド（2015）『文化政策の経済学』（後藤和子・阪本崇監訳）ミネルヴァ書房。

知的財産戦略本部（2021）『知的財産推進計画 2021：コロナ後のデジタル・グリーン競争を勝ち抜く無形資産強化戦略』https://www.kantei.go.jp/jp/singi/titeki2/kettei/chizaikeikaku20210713.pdf。

知的財産戦略本部（2022）『知的財産推進計画 2022：意欲ある個人・プレイヤーが社会の知財・無形資産をフル活用できる経済社会への変革』https://www.kantei.go.jp/jp/singi/titeki2/kettei/chizaikeikaku2022.pdf。

デジタル庁（2022）『Web3.0 研究会報告書：Web3.0 の健全な発展に向けて』https://www.digital.go.jp/assets/contents/node/basic_page/field_ref_resources/a31d04f1-d74a-45cf-8a4d-5f76e0f1b6eb/a53d5e03/20221227_meeting_web3_report_00.pdf。

内閣府（2022）『経済財政運営と改革の基本方針 2022 新しい資本主義へ：課題解決を成長のエンジンに変え、持続可能な経済を実現』https://www5.cao.go.jp/keizai-shimon/kaigi/cabinet/2022/2022_basicpolicies_ja.pdf。

船橋洋一（2019）『シンクタンクとは何か：政策起業力の時代』中公新書。

文化庁（2022）『文化と経済の好循環を実現する文化芸術活動の「創造的循環」』https://www.bunka.go.jp/seisaku/bunkashingikai/bunka_keizai/01/pdf/93687601_01.pdf。

Garon, Jon M.（2022）. *Legal Implications of a Ubiquitous Metaverse and a Web3 Future*. https://papers.ssrn.com/sol3/papers.cfm?abstract_id=4002551.

Kingdon, John W.（1984）. *Agendas, Alternatives, and Public Policies*. Little, Brown.

Potts, J. & Rennie, E.（2019）. "Web3 and the Creative Industries: How Blockchains Are Reshaping Business Models." In S. Cunningham（Ed.）*A Research Agenda for Creative Industries.* https://ssrn. com/abstract=3372108.

Throsby, D.（2008）. "The Concentric Circles Model of the Cultural Industries." *Cultural Trends* 17 （3）, pp. 147-164. https://www.researchgate.net/publication/248952696_The_concentric_circles_ model_of_the_cultural_industries.

White House.（2022a）. *Executive Order on Ensuring Responsible Development of Digital Assets.* https:// www.whitehouse.gov/briefing-room/presidential-actions/2022/03/09/executive-order-on-ensuring-re sponsible-development-of-digital-assets/.

White House.（2022b）. *FACT SHEET: White House Releases First-Ever Comprehensive Framework for Responsible Development of Digital Assets.* https://www.whitehouse.gov/briefing-room/statements-rele ases/2022/09/16/fact-sheet-white-house-releases-first-ever-comprehensive-framework-for-responsible- development-of-digital-assets/.

ウェブサイト上の情報は全て、2023 年 4 月 1 日最終閲覧。

B. クールジャパン政策評価
──最適政策手法の選択──

八木　匡

1　序論

　本書で論じているクリエイティブ・ジャパンの考え方に関係する概念の一つに「クールジャパン」とそれを推進する政府の戦略がある。クールジャパン戦略とは、「外国人がクールととらえる日本の魅力であり、クールジャパンの情報発信（日本ブーム創出）・海外展開（海外で稼ぐ）・インバウンド振興によって世界の成長を取り込み日本の経済成長を実現するブランド戦略」と定義できる（知的財産戦略本部 2019）。

　2013 年に経済産業省の監督の下、官民ファンドとしての株式会社海外需要開拓支援機構（クールジャパン機構：以降 CJ 機構と表記）の設立から、日本における本格的なクールジャパン戦略が実行されてきた。全体の方向性については、2015 年に、CJ 戦略推進会議が「クールジャパン戦略官民協働イニシアティブ」として五つの視点を提示している（クールジャパン戦略官民協働イニシアティブ 2015）。この五つの視点とは次のように整理される。1）「デザイン視点」でコンテンツ、食、ファッションといった領域を横断的に連結させ、情報発信、商品・サービス提供、体験など、顧客にとっての価値を高めること。2）官と民、あるいは業種間の連携を分野の垣根を越えて加速させ、全体として一体化した流れを創り出す。3）クールジャパン関連分野の人材を世界中から日本に引きつけて、創造的で高度化されたコンテンツを生み出し、世界に発信するためのハブを構築する。4）日本の魅力の本質を海外の人がより深く理解できるように、海外の人々の視線で日本文化を再認識する。5）地域に眠るクールジャパン資源を発掘し、それを集積・編集して新たな価値を付与す

ることにより、海外に地域の価値を訴求していく。これらの視点に基づいて具体的政策の策定が進められている。

2018 年には、知的財産戦略推進事務局が策定した『知的財産戦略ビジョン』において、戦略の方向性が示され、日本の特徴を活かしながら新しい価値を構想し、世界に発信できる「価値デザイン社会」の構築が宣言されている（知的財産戦略本部 2019）。同本部が 2019 年に発表した『クールジャパン戦略』で示されたマクロ指標を見た場合、輸出額等の推移では、2018 年対 2012 年比で見ると、訪日外国人旅行者数約 3.7 倍、訪日外国人旅行者消費額約 4.2 倍、日本産酒類の輸出額約 3 倍、日本産米の輸出額約 5 倍という成果を挙げていると公表されており、クールジャパン戦略は着実に成果を生み出していると評価することも可能であろう。河島（Kawashima 2018）では、クールジャパン戦略の生まれた背景とコンテンツ輸出に与えた効果について検証し、有効性を減ずる要因について議論すると共に、アジアにおける文化の流れへの影響について検討している。しかし、この政策評価には様々な手法があり、特に経済学の視点から、政策目的と成果を測定するという課題が残っている。

本章では、クールジャパン戦略を核とした政策を評価する基準を明らかにし、政策の妥当性を評価する。そして、クールジャパン戦略を実行する場合における政策的課題を明確化し、必要な政策手段について検討する。なお、第 3 節では経済学の基本的考え方を数式で表現しているが、専門外の読者は数式の部分は軽く読み流し、文章表現に集中して読み進めてもらえれば十分である。

2　クールジャパン戦略の政策目的

まず、クールジャパン戦略が策定された背景を整理し、多様な政策目的が存在していることを述べる。20 世紀から 21 世紀に時代が移り変わっていく過程において、経済競争力の源泉は、品質、効率性といった財・サービスの質と価格から、財・サービスが生み出すエモーショナルな創造的価値にシフトしていった。このような変化は、パインとギルモア（Pine and Gilmore 1999）が提唱した経験経済の概念、フロリダ（Florida 2005）で主張された、新しい価値をグローバルに共有するクリエイティブ・クラスが経済成長を担うという考え方、そして、ピンク（Pink 2006）で議論されたビジネスを成功に導く六つの

感性の重要性といったような新しい概念によって、広く経済社会に浸透していった。

これらの変化の本質は、新しい価値の創造を可能にする経済社会の仕組みをどのように構築していくべきであるのかという問いに置き換えることができよう。この問いに対して、英国では 1990 年代後半以降、世界から創造的人材を流入させ、文化や政治経済においても英国から新しいコンセプトを発信していくためにコンテンツ産業を活性化させ、世界に発信することにより、英国を再ブランディングするための政策が実行されている。

このような背景の下で、日本においてクールジャパン戦略が策定されていることから、政策目的は多岐にわたることになる。具体的に考えられる政策目的としては、次のような項目が考えられる。

(1) 長期的な国際競争力向上

新しいコンセプトを含んだ創造的コンテンツを、効果的に世界に発信するためには、IT・デジタルに関する先端技術の競争力を高める必要がある。高度な動画制作編集技術を持ったディズニー Disney は、Disney ＋ といったプラットフォームでサブスクリプションサービスを展開している。また、世界的に膨大なユーザー数を持つネットフリックス Netflix やアップルミュージック Apple music 等のサブスクリプションビジネスは、高い技術力を基礎にコンテンツ発信のプラットフォーム形成で有利な状況に立っている。人財育成においても、コンテンツプロモーションにおける国際的なネットワークの重要性が認識されており、様々な面において国際競争力を向上させることが重要な政策目的となる。

(2) 他産業または社会的波及効果の最大化

クールジャパン戦略によって、国家ブランド向上を図り、文化・コンテンツ産業のみならず、農林水産物から製造業まで幅広く日本産品の市場を世界で拡大することにより、成長が期待できない国内市場から高い成長率が続く国際市場に供給先をシフトさせることにより、日本経済および地域経済を活性化させることが可能となる。また、国家ブランド向上によるインバウンド振興は国内需要を高め、国内経済活性化に寄与すると期待できる。このように、産業横断

的かつ省庁横断的な連携を強め、相乗効果を持ち一体化された政策を進めることにより、経済活性化と社会的厚生向上といった効果を高めることが政策目的となる。

（3）日本文化の本質の理解と国家ブランドの向上

　日本人のみならず世界の人々に、日本文化の本質と真髄を理解し、日本文化の秀逸さを理解してもらうことは、日本の尊厳を守り、国家ブランドを向上させるために重要となる。伝統芸能・高級芸術の発信活動は、日本文化の本質と真髄を理解する上で重要であるだけでなく、日本文化の特性を活かした新たなる価値創造活動を行う上でも重要な意味を持つ。このような意味において、日本文化の本質の理解と国家ブランドの向上は重要な政策目的となる。

（4）創造的人財育成

　創造的活動において、人財育成は競争力強化の最も重要な要素となる。コンテンツ産業であれば、アーティストおよびクリエーターの育成が必要であり、特に市場が小さな伝統芸術等では、人財育成のための公的支援は重要な課題となる。また、国際的な競争力を高めるためには、国際ネットワークの形成を行った上で、国際交流を活性化して人財の国際化を進める必要がある。このようなことをコーディネートする人財を政策的に育てていくことも重要な政策目標の一つとなる。

　創造性は、コンテンツ産業のみならず、あらゆる産業において重要となる。しかし、多くの場合には、新規性溢れる創造的アイデアを評価することは困難であり、事業においてそのようなアイデアを活用することはリスクでもある。創造性育成を行うためには、創造性を育成するための教育システムを整備することと、創造性を評価できる社会の醸成が必要となる。このための社会インフラの整備を進めることも重要な政策目的となる。

　クールジャパン戦略に基づく実際の政策は、基本的には上記の政策目的を達成するために、複数の省庁および関係機関において策定されているものが多いと考えられる。以下では、実際に実行されている政策に対する評価基準と課題の整理を行っていく。

3 インフラ投資における最適性とは

　クールジャパン政策において、文化発信プラットフォーム構築や、国家ブランド構築といったインフラ整備のために公的資金を投入することの是非を検討する理論的フレームワークを確認する。

　まず、最適性の議論を行う場合の目的関数として、何を設定するべきであるのかを検討する。私的企業であれば、利潤が目的関数となり、利潤最大化行動が最適行動となる。公的投資の最適性を考える場合には、目的関数は社会的純便益であり、社会的純便益の最大化が、最適政策決定基準となる。

　社会的純便益（NSB）は、社会的便益（SB）から社会的費用（SC）を引いた値である。社会的便益および社会的費用が、公共投資量（gi）の関数であるとすると、

$$NSB(g_i) = SB(g_i) - SC(g_i)$$

で与えられることとなる。最適公共投資決定条件は、

$$Max_{g_i} SB(g_i) - SC(g_i)$$

を解くことによって得ることができる。関数の最大化における1階の条件（必要条件）は、導関数を0と置くことによって得られ、2階の条件（十分条件）は2階微分が負であることである。すると、1階の条件は、

$$\frac{dSB(g_i)}{dg_i} = \frac{dSC(g_i)}{dg_i}$$

となる。左辺は公共投資の社会的限界便益であり、右辺は公共投資の社会的限界費用である。したがって最適性の条件は、公共投資の社会的限界便益と公共投資の社会的限界費用が一致する点まで公共投資を行うことを意味している。

　なお、2階の条件は、

$$\frac{d^2 SB(g_i)}{dg_i^2} - \frac{d^2 SC(g_i)}{dg_i^2} < 0$$

となる。社会的限界便益が逓減的（便益の増え方が、投資量が増大するにつれて小さくなる）であり、社会的限界費用が逓増的（費用の増え方が、投資量が

増大するにつれて大きくなる）であれば、上式の左辺第1項は負であり、第2項は正であるため、（負－正）は負となり、最大化の十分条件が満足されていることとなる。

　ここで、最適条件が意味していることを理解する上で、注意しなければならない点を次の図表2B-1によって示す。図表2B-1は、公共財供給の限界費用が一定で、かつ低いケースを示している。これは、国家ブランドのように、初期投資が固定費として大きいが、一旦国家ブランドが定着した場合には、供給の限界費用が小さいケースを想定している。この国家ブランドを高める公共サービスに対する社会的限界便益曲線は、サービスに対する社会的需要と考えることができ、サービスに対して支払っても良いと考える価格と理解できる。

　この図表で注意したい点は、社会的に最適な公共財供給量 g_i^* の点において、単位当たり収入が費用より小さくなり、$g_i^* \times (C^* - P^*)$ の赤字が発生していることである。この場合、公共サービス供給価格は社会的限界便益の水準で決定されるため、社会的便益（KP^*L の面積）は独立採算の場合における社会的便益（$KP_{Z^*}Z^*$）よりも大きくなり、赤字を税によって補塡したとしても、社会的便益は台形面積（$P_{Z^*}C^*M\,Z^*$）が三角形面積（$ML(AC^*)$）より大きけれ

図表2B-1　公共財供給事業の赤字が許容できるケース

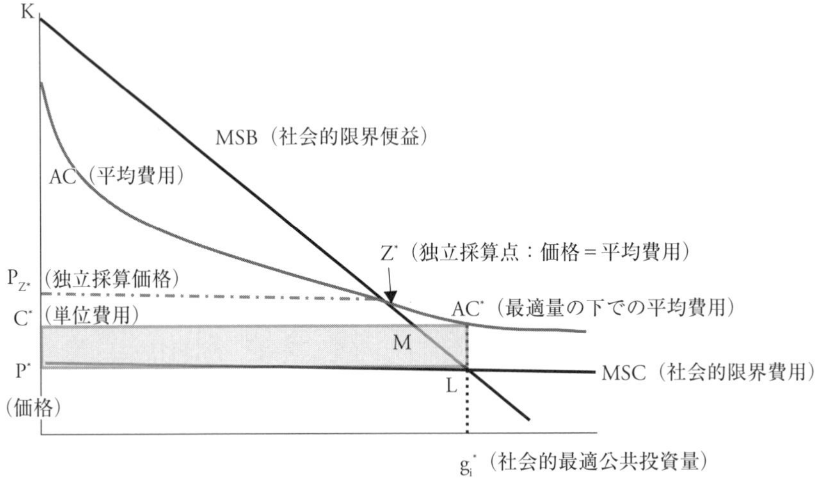

出所：筆者作成。

ば、赤字の発生が理論的には許容されることである。

　上記の議論が示唆していることは、例えばクールジャパン政策が日本文化発信のプラットフォーム（複数の事業者が共同で情報発信ができるウェブサイト等の場）を世界的に整備し、個別企業が低コストでそのプラットフォームを活用できる場合には、プラットフォーム整備事業が赤字となり、それを税金によって補填している場合でも、事業による社会的便益が十分に大きければ、最適性の観点から正当化できる場合があるということである。

4　官民ファンド方式の是非

　前節では、文化発信プラットフォーム構築や、国家ブランド構築といったインフラ整備を国が主導しながら進める場合の独立採算基準の最適性評価を行った。本節では、「民間で可能な事業を、官民ファンド（公的資金の投入）で行うことの合理性とは何か？」という問題について検討する。

　官民ファンドによる海外ビジネスの展開を行う大きな目的は、民間企業の海外投資リスクを軽減することで、海外ビジネスを活性化させることである。コンテンツ産業の海外投資が大きなリスクを持っている理由は、異文化理解が困難な場合が多く、日本国内で成功しているコンテンツが海外で受け入れられるとは限らないことと、広報・流通チャネルの確保が困難であるといった理由も考えられるが、著作権等の権利処理がスムーズに行われていないことが大きな理由であると『コンテンツ海外展開を巡る課題と検討の方向性』で指摘されている（内閣官房知的財産戦略推進事務局 2015）。同報告書では、海外展開の課題として、1）海外展開を視野に入れたコンテンツ制作・日本向けコンテンツの現地化・海外展開に伴う権利処理、2）海外展開に伴う初期投資（宣伝、展開枠の確保等）・海外パートナーとの協力関係構築、が重要な課題であることが指摘されている。

　コンテンツの現地化のためには、海外企業と共同制作を行う必要があり、それをコーディネートするシステム、高い精度で迅速に現地語に翻訳化するシステム、権利処理を一層迅速化、効率化するシステムが必要となる。海外投資を行う民間企業がこれらのシステムをすべて構築することは極めて困難となる。これらの課題を解決するための費用を公的に負担することにより、民間企業の

投資リスクを低めることが求められている。

　このような状況において、民間企業の海外投資を活性化する手段として行われたのが、官民ファンドによる海外投資である。CJ 機構では、例として、ジャパンチャンネル整備事業においてスカパー JSAT の海外におけるジャパンチャンネルの多国展開を支援するために 44 億円出資し、ローカライズ・海外販路拡大事業において、イマジカ・ロボット HD 他と共同でローカライズ、映像編集、販路開拓機能を一括提供するサプライチェーン整備を進め、世界各国で日本コンテンツを放送・配信するため約 70 億円を出資している。また、バンダイナムコ HD 他と共同で、世界最大規模の日本アニメの動画配信と関連グッズを通信販売するサイトを本格展開するアニメ動画インターネット配信事業に対して、10 億円の出資を行っている。

　民間の投資家であれば、ポートフォリオ全体である一定の収益率が達成できるように、最適な投資配分を行うと共に、収益状態を見ながらポートフォリオ構成の見直しを行い、経営状況が悪い投資先からは、資金の引き上げを行うことになる。しかし、公的資金を配分する場合には、リスクおよび収益率よりも、上述したような政策目的に照らして最も必要な投資案件に優先順位を与えて投資配分を行う。

　問題は、政策目的に合致し、政策的重要性が高ければ、収益率については例え負であっても良いという考え方が適切であるか否かである。この問題は、官民ファンドが意味を持つ条件を、個別案件が満足し、実際にその目的が実行されたかという問いと関連して議論される必要がある。

　CJ 機構では、官により民間投資の呼び水であるリスクマネーを供給し、専門家を派遣し、様々な経営アドバイスを提供し、中小企業が主体的に課題解決に取り組むことで、支援が終わった後も持続可能な体制作りをサポートすること（ハンズオン）を進めてきており、2021 年 2 月時点で出資金 1013 億円、そのうち民間出資が 107 億円、政府出資（財投特別会計）906 億円となっている。経済産業省が公開している「令和 2 年度株式会社海外需要開拓支援機構の業務の実績評価について」では、令和 2 年度時点での累積損益は 231 億円の赤字であることが報告されている（経済産業省 2020）。しかし、令和 2 年度末において、民間企業等からの出融資額は 1727 の実績を報告しており、公的資金の 1.6 倍に達しており、当初の目標をすでに超えていることを報告して

いる。この意味では、民間投資を活性化させることにある程度成功していると評価できる。

　同資料では、CJ 機構の KPI（Key Performance Indicator）として、機構の投資により海外展開等を行った企業数を用いており、令和 3 年実績として 4215 社による投資実績を報告している。また、機構が、投資先に対して民間企業等とのビジネスマッチング、共同投資家・経営人材・コンサルの紹介等の経営支援を実施し成約した場合の当該民間企業等の数も KPI として設定されており、平成 30 年度の実績値である 5 件を基準に、毎年度同数増加するものとして計画値を設定している。

　ここで、官民ファンド方式による政策評価基準を再度整理していく。インフラ整備事業と異なり、公的に投資リスクを負担し、民間企業の海外投資を誘発し、海外事業展開をサポートしていくという政策目的を評価する基準において、民間投資額および事業サポート実績のみならず、長期的な採算性は重要な評価指標となる。その一つの重要な理由は、官民ファンドが事業のスタートアップ支援が目的であり、中・長期的には事業を自立的に運営できる体制作りが完成されなければ、政策目的が達成されたことにならないと判断できるからである。言い換えれば、長期的に事業が正の利潤を達成できなければ、官民ファンド方式による政策介入は、失敗と評価されることになる。この点は、CJ 機構側も認識しており、前述の令和 2 年実績評価レポートでは、KPI の一つとして累積損失を入れており、令和 15 年度までに利益剰余金を計上することを計画として示している。

　しかし、官民ファンドを進めている CJ 機構に関しては、様々な問題点と課題がある。これらは、①赤字回避に対する弱い誘因、②透明性の弱い投資先決定における選考プロセス、③投資計画における不十分な情報収集と正確性の欠ける事業見通し、④不透明な経営実態と企業統治（コーポレート・ガバナンス）の不全、⑤無難で遅い経営判断、といったようにまとめることができよう。

（1）損失回避に対する弱い誘因

　巨額の損失を生み出している CJ 機構に関する批判の一つが、コスト削減に対する努力が不足しているという指摘である。六本木ヒルズ森タワーに入居し

ている CJ 機構は、20 年 3 月期の CJ 機構の職員 1 人当たりの人件費が 1325 万円で、1 人当たりの家賃は 292 万円という高コスト体質になっている（小林 2021）。運営費の高さが損失をもたらしている重要な要因という指摘もあり、なぜ高コスト体質となっているかについて検討する必要があろう。問題は、損失を誰が負担するのかという問題である。民間企業であれば、損失は事業主の個人資産の減少に直接つながる。この場合には、事業主は資産の減少を防ぐために必要な手段を講ずることとなる。しかし、国が損失を負担する構造では、損失を減少させるための努力が薄れることとなる。

（2）投資先決定における選考プロセスの透明性の弱さ

　投資ファンドは、長期的な収益予測を基に、プロフェッショナルな経験を積んだ投資のプロが、過去の投資実績を参照しながら投資先を決定する。投資家は、リスクを負いながら、最善の投資配分決定を行う。CJ 機構の場合、必ずしも投資のプロが配分決定を行っておらず、配分先決定のプロセスも透明性を欠いているという指摘もある（伊藤 2018）。

（3）投資計画における不十分な情報収集と正確性の欠ける事業見通し

　CJ 機構で最も早く投資撤退（バンダイナムコへの全株売却）となったのが、アニメコンソーシアムジャパン（以下、ACJ）である（櫻井 2017）。CJ 機構は、2014 年 12 月、海外における日本アニメファンの拡大と海外アニメ市場拡大を目的に、正規版日本アニメの海外への動画配信サイトなどを運営していた ACJ へ出資した。しかし、配信事業では海外大手企業の相次ぐ参入によって競争が激化しており、事業は設立時の計画を下回り苦境が続き、2016 年 3 月期の営業利益は約 10 億円の赤字となっていた。配信事業の国際競争が厳しく、参入可能性が高い大手企業を予測することは必要な準備であったと言え、それを見越しての事業計画が立てられる必要があったと言えよう。

（4）不透明な経営実態と企業統治（コーポレート・ガバナンス）の不全

　民間企業の場合には、投資家への説明責任は大きく、投資家へ正確な情報を開示し、企業統治の健全さを明確にすることは、投資家を引きつける上で重要なこととなる。

5 最適政策の検討

　以上の議論より、クールジャパン戦略を進める最適政策とは何かを検討する。日本文化発信のための国家ブランド構築と文化発信プラットフォームの構築は、戦略を効果的に遂行するために必要なインフラと理解でき、基本的には公的資金を投入することで、インフラ利用料金はインフラ供給の限界費用と等しい水準まで引き下げることが望ましい。また、コーディネーション機能を公的機関が果たすことも必要であり、そのためにはネットワーク形成のための仕組みと活用方法について更なる改善を進めるための検討が必要となる。

　官民ファンドについては、利害に関する動機付け（誘因構造）の面から、かなり重要な見直しが必要であると判断する。リスクが高い事業に対して民間資金を誘導するために、官が出資し、損失を公的資金でカバーする方法の他に、同じ目的を達成するために可能な選択肢を検討することが重要であろう。例としては、官による直接的な介入領域を、コーディネーション、コンサルティング、人財育成等、公共インフラ的要素が強いサービスに限定し、投資リスクの軽減のために、時限付きの借入金金利の補助、民間資本の導入における政府保証、日本国内での税制面での優遇措置を検討することが考えられる。基本的な考え方は、様々な政策ツールによって民間資本が投資する際のリスク低減を支援し、長期的な経営健全化のシナリオを事業開始前に明確にできるように、コンサルティングおよび情報提供を行うことによって戦略を進めるというものである。

　日本のコンテンツを海外の市場で広めていくためには、海外市場にも詳しいプロデューサーが必要であり、このプロデューサーとのネットワーク構築を進める上でも、海外市場の特性を理解した上で、競争力の高いコンテンツを育てて行く必要がある。しばしば用いられる例としては、世界的に活動を拡大している韓国のポップグループ BTS がある。K-Pop は韓国の重要な輸出コンテンツであり、その中でも BTS は北米チャート 1 位の実績を持っており、本章の執筆時点でも 10 位以内に入っている強い競争力を持つコンテンツである（IFPI 2021）。韓国の人財育成システムは極めて厳しく、歌とダンスの質は徹底的に高い水準まで引き上げることが求められていると言われている（美眞

2017）。このような質の高いパフォーマンスを基礎に、YouTube、Spotify、SNS
を効果的に使いながら、ファンとグループのつながりを積極的に構築し、北米
の人気アーティストとのコラボレーションを進め、北米で人気が出るメロディ
と英語歌詞によるローカライズ戦略を進めたことも成功の要因と言われてい
る。2019 年グラミー賞や 2020 年の「America's Got Talent」に出演すること
により、圧倒的な認知度を獲得し、綿密なマーケティング戦略を実行すること
により成功を手に入れたと言えよう。

　韓国政府は、コンテンツ産業の海外進出を成功させるために様々な支援を
行ってきた。これらの支援の中でも、コンテンツ産業の人財を育成すること
は、重要な項目であった。それに加えて、視聴者の立場に立ったマーケティン
グ戦略を徹底的に追求してきたことも重要であろう。これに対して、日本の大
手コンテンツ企業である旧ジャニーズ事務所は、基本的に Apple Music 等の配
信プラットフォームを利用しないで、CD 販売に主軸を置く戦略を採ってい
た。肖像権、著作権管理への警戒感が強く、YouTube 等での動画配信は、比較
的遅れてのスタートであったと言える。世界的な環境変化の中で、CD 販売を
主軸にしたビジネスモデルは、国際市場でのファン獲得にとってプラスにはな
らないと考えられる。環境変化に適応した国際市場でのマーケティング戦略の
策定を進める必要があろう。コンテンツ産業の世界進出を考える場合に、様々
な環境変化を読み解き、それに対して柔軟な戦略変更を進めることが必要であ
ると考える。

6　結語

　経済が成熟化するほど、経済活動によって生み出される価値の源泉は文化的
価値とより強く結びついてきていると考えることができよう。感性に訴えるこ
との無い財は、市場を獲得することが困難となり、市場から淘汰されることと
なる。文化受容性という概念は、特に国際的な文化交流において、異なった価
値観の文化をどれほど許容できるのかを表しており、文化的要素を持った財・
サービスを海外において輸出する上で重要となる。日本の財とサービスを海外
の人々の感性に訴えるためには、海外で日本的文化要素の受容性を高める必要
があり、CJ プロジェクトはその意味において重要な意味を持っていると考え

ることができる。

　CJ プロジェクトが必ずしも成功事例のみならず、多くの批判を浴びる結果となった失敗事例も存在している。しかしながら、CJ プロジェクト本来の政策目的の重要性は今一度確認される必要があり、失敗の要因について、エビデンスに基づきながら検証される必要があろう。そのような意味において、CJ プロジェクトに対する冷静かつ科学的政策評価を進めることは極めて重要であると判断できよう。

参考文献

伊藤聖（2018）「迷走クールジャパン 相次ぐプロジェクト失敗でムダ金に」FNN プライムオンライン（最終閲覧 2022 年 4 月 10 日：https://www.fnn.jp/articles/-/5963）。

経済産業省（2020）「令和 2 年度株式会社海外需要開拓支援機構の業務の実績評価について」（最終閲覧 2022 年 4 月 10 日：https://www.meti.go.jp/policy/mono_info_service/mono/creative/R2_Cjfund_jissekihyouka.pdf）。

クールジャパン戦略官民協働イニシアティブ（2015）『クールジャパン戦略官民協働イニシアティブ』（最終閲覧 2022 年 4 月 10 日：https://www.cao.go.jp/cool_japan/kaigi/senryakusuishin/pdf/20150617_initiative_honbun.pdf）。

小林佳樹（2021）「クールジャパン機構は大丈夫か？：累積損失 231 億円を抱える惨憺たる状態」『日刊ゲンダイ DIGITAL』（最終閲覧 2022 年 4 月 25 日：https://www.nikkan-gendai.com/articles/view/money/298261）。

櫻井俊（2017）「ガバナンス効かぬクールジャパン機構がもたらす惨状」『Wedge Online』（最終閲覧 2022 年 4 月 25 日：https://wedge.ismedia.jp/articles/-/9705?page=2）。

東京新聞（2020）「韓国エンタメ、世界席巻の理由」（最終閲覧 2022 年 4 月 26 日：https://www.tokyo-np.co.jp/article/3039）。

内閣官房知的財産戦略推進事務局（2015）「コンテンツ海外展開を巡る課題と検討の方向性」（最終閲覧 2022 年 4 月 10 日：https://www.kantei.go.jp/jp/singi/titeki2/tyousakai/kensho_hyoka_kikaku/2015/dai9/siryou1.pdf）。

知的財産戦略本部（2018）『知的財産戦略ビジョン知的財産戦略ビジョン：「価値デザイン社会」を目指して』（最終閲覧 2022 年 4 月 10 日：https://www.kantei.go.jp/jp/singi/titeki2/kettei/chizai_vision.pdf）。

知的財産戦略本部（2019）「クールジャパン戦略」（最終閲覧 2022 年 4 月 10 日：https://www.kantei.go.jp/jp/singi/titeki2/kettei/cj190903.pdf）。

美眞（2017）「元韓国 /K-POP 練習生が語る、過酷な練習生活の実態」『KBAN』（最終閲覧 2022 年 4 月 26 日：https://kban.me/article/4522）。

Florida, R.（2005）. *The Flight of the Creative Class: The New Global Competition for Talent*, Harper-Collins.【邦訳：井口典夫訳（2007）『クリエイティブ・クラスの世紀：新時代の国、都市、人材の条件』ダイヤモンド社】

IFPI（2021）. *Global Music Report2021.*（最終閲覧 2022 年 4 月 26 日：https://gmr2021.ifpi.org/）.

Kawashima, N.（2018）. "'Cool Japan' and Creative Industries: an Evaluation of Economic Policies for Popular Culture Industries in Japan." In Kawashima, N. & Lee, H. K.（Eds.）*Asian Cultural Flows,* pp. 19-36. Springer.

Pine, B. J. II and Gilmore, J. H.（1999）. *The Experience Economy*, Harvard Business School Press.【邦訳：岡本慶一・小髙尚子訳（2005）『「新訳」経験経済：脱コモディティ化のマーケティング戦略』ダイヤモンド社】

Pink, D. H.（2006）. *A Whole New Mind: Why Right-Brainers Will Rule the Future*, Riverhead Books.【邦訳：大前研一訳（2006）『ハイ・コンセプト「新しいこと」を考え出す人の時代：富を約束する「6 つの感性」の磨き方』三笠書房】

第3章

文化を支える法制度

A. 著作権とコンテンツ産業

河島伸子

1 はじめに

　著作権は、メディア、コンテンツ産業のビジネスの要を握る要素だとよく言われる。我が国で「コンテンツ産業」と称される業界（例えば映像、音楽、出版、ゲームなど）は、米国では「著作権産業」と呼ばれるくらいで、著作権の活用により収益を得ることはこれらのビジネスの基本である。著作権は、創作者にとって、市場で成功していくための梃子であり、著作権法の意義は創作活動への経済的インセンティブを与えることにあると説明されることが多い。市場がどのクリエイターに報酬を与えるかを決めていく、ある種民主的な仕掛けとなっているとも言われる。

　しかし、こうした「創造への経済的インセンティブ付与」論が、実態とどの程度合致しているかというと、疑問が生じる。というのも、21世紀になり、デジタル化、インターネット情報社会の高度化が一層進んだ結果、後述するように、コンテンツ産業のビジネスモデルに変容が生じたからである。

　コンテンツ産業は、創作活動の成果物を編集・商品化し、創作者から著作権を譲渡されあるいは許諾を受けて、その元データを大量に複製し、あるいは形を変えて発展させて（小説の映画化など）さらに収益を得てきた。ここでは、販売タイミングと媒体を適宜変えながら利益を最大化する戦略（例えば映画の劇場公開、DVD化、地上波テレビ放映へと移っていくこと）をとってきたが、デジタル化が加速する中、このモデルの有効性に翳りが生じている。著作権がなくてもよいということでは決してないが、特に複製権を活用することの重要性が落ちているのである。

　著作権制度の意義、有効性に関してはさらに、そもそも著作権の活用で利益を得てきたのは、出版社、レコード会社、映画会社などのコンテンツ企業であり、法で想定されている創作者は必ずしも同様の恩恵を受けてきていなかったのではないか、という疑問もある。ゲーム、映像産業においては基本的に法人が著作者となるのでここで議論する必要はないが、文芸やマンガなどの執筆家、作詞・作曲家（実演者を兼ねる場合もある）などの創作活動に携わるアーティスト、クリエイターたちは、一部を除いては、著作権収入だけで食べていけるわけではなく、これが創造活動のインセンティブになっているかどうかは不明だと思えるのである。

　本章は、このような疑問を検証していき、著作権が今日のコンテンツ産業にとって、またアーティストにとって、どの程度有意義なものとして機能しているかを考察することを目的とする。コンテンツ産業の中では特に音楽産業を中心に論じる。というのは、音楽産業は、CD などのオーディオレコード製作をはじめとして、CM や映像作品、カラオケなど、楽曲の利用形態が多岐にわたり、著作権ビジネスとしての成熟度が高いためである。以下、第 2 節ではコンテンツ産業の従来型価値連鎖、ビジネスモデルと、この中核に位置した著作権の役割を論じる。第 3 節では、デジタル時代に入り、このモデルが打撃を受けており、もはや著作権ビジネスの様相を呈しているとは言い難いことを述べる。第 4 節ではデジタル化が音楽系アーティストの収入にどのようなインパクトを与えているかを論じ、第 5 節でまとめと結論を述べる。

2　コンテンツ産業の従来型価値連鎖モデルとその変容

　まず、20 世紀後半に大きく発展したコンテンツ産業（映像、音楽、出版、放送、ゲームなど）が、どのような価値連鎖モデルを形成し、利益を上げてきたか、そのビジネスモデルを簡単に説明したい。一般に産業においては、生産されたものが、流通の仕組みに乗り、小売の場面に到達し、それを購入した者が消費するという過程を持つ。生産に必要とされた素材の価格に、次々とマージンが載せられ、最終的小売価格になっていく。このような生産→流通→消費、という各過程において価値が付加されていく流れを、一般に、付加価値的・連鎖的な仕組み、すなわち「価値連鎖（バリューチェーン）」と呼ぶ。

　これを、コンテンツ産業に特徴的な部分を加えて、もう少し詳しく見ていくと、生産については、第一次的な創造活動（作詞、作曲、執筆など）があり、これに携わった者が著作者となる。映画やビデオゲームのように、まず人とお金を集めプロジェクトを立ち上げて作品を完成させるという大がかりなプロセスを経る業界では、通常、開発企業の法人著作物となる。

　次に、一次的創作活動の成果物すなわち著作物を、商品化・製品化するという段階がある。商品化とは、録音音楽産業であれば、楽曲を演奏・録音し、音源すなわち原盤をつくるという作業である。レコード会社などの、こうしたプロセスに関与する業者は、世の中に山ほどある創作物から、市場で大ヒットしそうなもの（少なくとも、かかる費用に見合うだけの成功を収めそうなもの）を選別し磨き上げるという作業を行う。そして広告等により消費者の関心・CD 購入意欲を喚起する。このように、従来、コンテンツ企業は①創作物から商品価値がありそうなものを選別し原盤に仕立て上げる作業、②出来上がった作品（原盤）を売り込むマーケティング活動、の二つの場面で大きな投資をし、大量に商品を販売することで、市場からリターンを得てきていた（河島 2019）。

　このような価値連鎖において、中間に位置するコンテンツ企業の力は少なくとも 20 世紀末までは絶大であった。米国の経営学者スミス＆テラング（2019, 第 2 章）は、このようなシンプルな価値連鎖（創造→商品化・流通→小売り、消費）の中核に位置するコンテンツ企業は二つの重要な資源（＝支配力）を利用してビジネスモデルを構築してきたと説明している。二つの資源とは、まず川上に向け、すなわちアーティストに対して、自分たちを通さなければ「商品化」はできず、市場で売れない、消費者に訴求はできないという力である。メジャー系企業はこうした意味で大きな交渉力をアーティストに対して有していた。

　二つ目の資源とは、メジャー系企業が、川下に対して、コンテンツを自分たちの都合よいように、異なる地域、時間、媒体を使いながら市場に出していく力を指し、これと規模の経済をもって市場をコントロールしてきた。例えば映画を北米での劇場公開後、数週間後に世界の他地域で公開する、数ヵ月おいてから DVD をリリースし、数年後には放送局に放映権を売る、という手法を指す。こうして、コンテンツ消費に関して異なる需要を有する消費者別に（例え

ば公開後すぐに劇場で鑑賞したい、あるいは時間が経過してからでもよいから無料でテレビ放送で観たい）価格差別戦略をとり、時間をかけて収益を最大化することができた（スミス＆テラング 2019, 3 章）。上述した二つの資源は、アナログ時代にあっては、コンテンツ企業が人工的稀少性 artificial scarcity を作り出し、規模の経済の中で独占的利益を享受する構造を支えてきた（スミス＆テラング 2019; Patry, 2012, pp. 1-6）。

　このような作業に組織的に関わるために、コンテンツ企業は著作者である作家やアーティストと契約を結び、彼らが有する著作権を譲渡あるいはライセンスしてもらい、作品を大量に複製し販売して利益を得てきた。もちろん作品が売れないリスクは常にあったが、その赤字は大ヒット作の黒字が補った。書籍、音楽 CD とも、売れるユニット数（部数、枚数など）が多ければ多いほど、初期投資費用の回収後は「ぼろ儲け」となり、消費者の好みが現在ほど多様化・分散化していなかった時代にこれがどれほど大きな利益となったかは想像に難くない（Knopper 2017 に詳しい）。

　スミス＆テラングが言うところの「川下支配」における大きな要素として、もう一つ、コンテンツ企業が価格付けの支配力を有していたことを加えるべきであろう。いずれのコンテンツも、売るものは情報という値付けが難しいものである。この価格をコンテンツ企業が独占的・一方的・画一的に決めることができたことは大きな意味を持った。音楽については、アルバムや楽曲一曲ずつに違う価格設定をする習慣が世界的にもなく、国・地域ごとにほぼ一定の範囲内で決まった価格を設定して売り出すだけで良かった。ここにレント＝余剰価値が組み込まれていたと言える。特に紙媒体や CD、DVD のような物理的パッケージを流通媒体とする場合、実は物理パッケージの生産と流通コストに比して割高な料金設定をしており、コンテンツ企業にとっては大きな収益源となっていた。

　以上をまとめると、20 世紀後半に高度化したコンテンツビジネスは、次の二つの活動より構成されてきた。第一に、コンテンツ企業が、まず川上でアーティストの創作活動を把握し、彼らの創作物を商品化する。そして第二に、川下ではその商品を①大量に、②発売のタイミングに応じ、そして多様な媒体を利用した価格差別戦略をとりながら、③レントを含めた価格を設定し、マーケティング活動により市場への頒布を促進し、規模の利益を享受するものであっ

た。このような川上、川下の両面における支配に著作権（複製権）は中心的な存在であり、著作権の活用がコンテンツビジネスそのものであったと言える。

3 従来型コンテンツビジネスへの脅威

　しかしながら、21 世紀に入ると、この伝統的価値連鎖に変化が生じてくる。その背景には、コミュニケーション技術のデジタル化、高速化、インターネット空間の進歩、関連するインフラ・ハード機器・ソフトウェアの全てが大きく進化・発展したことがあげられる。全体としてはイノベーションを経て、消費者にとっての便宜性も、また選べるコンテンツの多様性も増していると評価できるが、コンテンツ産業当事者たちにとっては既存のビジネスモデルに破壊的衝撃を起こす「ディスラプション」であった。

　伝統的な価値連鎖が崩れ始めた最初は、商品を大量に川下に流していくというプロセス、すなわち「流通」の局面におけるディスラプションである。まず、特に 1990 年代後半から 2000 年代半ばまで業界を揺るがせた違法コピー、ファイル交換ソフトの問題があげられる。これにより音楽を消費するために CD を購入するという、人々の習慣が大きく崩れた。次に 2005 年に現れた動画投稿サイト YouTube に、違法に音楽のプロモーションビデオ等が投稿されており、人々がそれを視聴することに音楽消費の形態を移したことも、音楽業界には衝撃であった。そこで違法コピーを削除してもらえるようサイト運営業者への働きかけ、法改正へのロビイング等を行い一定の効果をあげたものの、以前のように CD 購入を主流に戻すことは難しかった。

　これに先立ち 2003 年に「違法コピーの蔓延を止める効果がある」とレーベルに対して強い説得力を持って出現したアップル社の iTunes Music Store のサービスも、実際はレコード会社に対する打撃となった。同サービスは、シングル 1 曲を日本では 150 円という安価で売り出し消費者に好意をもって受け止められたが、このサービスが持つ意味は、単に CD からデジタルダウンロードへ、と流通方法が変化したことにとどまらなかった。これにより、CD というパッケージに含ませていたレコード会社のレントが消失してしまい、そしてこれまではアルバムという形で、単体では売れにくい楽曲（いわゆる捨て曲）を売れる曲といわば抱き合わせ販売してきたビジネスが崩されたのである。

　iTunes の普及で打撃を受けた音楽業界にさらに追い打ちをかけたのが、ストリーミング配信サービスの発達である。月額固定料金を払い、膨大な曲数の中から自分が好きな楽曲を、ダウンロードすることなく自由に再生できるサービスが Spotify その他により立ち上げられ、日本を除く全世界で圧倒的な支持を得ている。これにより前述した違法コピーの蔓延という問題は実はだいぶ解決され、人々が音楽に対して支払いをする習慣は回復したといえる。実際、グローバルには録音音楽産業全体の売り上げは伸びており、それを支えているのはこうしたストリーミング配信である。そうだとすれば楽曲を配信業者に提供するレコード会社、ひいてはアーティストの収入にも反映される喜ばしい事態のはずである。

　しかし、従来の価値連鎖に照らし合わせると、ストリーミング配信の発達により、レコード会社は川下の支配力を手放したに等しい。値付け決定権を今握っているのは配信業者である。配信業者が設定する月額の会費は、個々の楽曲やアルバム、アーティストへの支払いとは無関係で、音楽聴き放題サービスというものに対する人々の支払い意思額を推測しつつ、サービスの構築と維持にかかる費用との兼ね合いから決めているだけである。その上で会費収入から経費・利益を除いた残りを権利者に配分しているに過ぎない。さらに、従来であればレコード会社が、どういった戦略でどの程度費用をかけ、どのアーティストをプロモートしていこうという決定権を持っていたが、これも弱体化している。今や配信サービス画面のトップに誰が出てくるかは配信業者のアルゴリズム、あるいはプレイリスト作成者次第になってしまった。

　こうして、レコード会社は従来有していた、パッケージ商品に伴うレントはもちろんのこと、商品の価格決定権、プロモーション戦略決定権すら失ってしまった。レコード会社にとって、かつてのビジネスモデルとは大きく異なるパラダイム転換が起きているのである。今や Spotify 等が有料会員を増やして総収入を増やしてくれることにレコード業界の運命がかかっている。録音された原盤の公衆送信権を握っているからこそ配信業者からの支払いがあるには違いないものの、これをもって著作権「活用」ビジネスといえるか、疑問が残る。

　また、その価値連鎖には今や一般の人々の参加・関与が広まっており、コンテンツの制作・発信などあらゆる領域を侵食している。コンテンツ企業は、川下のみならず川上への支配力も失いつつあるのである。プロのアーティスト、

クリエイター、メジャーレーベルなどの存在価値がなくなったとまでは言わないものの、新たに生まれた消費者関与型の価値連鎖を目の当たりにして、著作権を活かしたビジネスが今後どのようにしたら成り立ち得るのか、コンテンツ企業は危機感を募らせざるを得ない。

　このような現象を突き詰めると、今日ではコンテンツ企業は、ソーシャルメディアを提供しているグローバルな IT 企業、プラットフォーム企業の力に屈する危機にあるといえる。著作者もコンテンツ企業もコンテンツを制作し、それをアップル社、Spotify、Netflix、Amazon 等に提供することで生き延びざるを得ないからである。著作権が意味を失っているとはいわないものの、個々の作品の売り上げと価格に含めていたレントから得ていた収入ではなく、「ライブラリー」の提供に基づき、それぞれの配信業者の会費収入に依存した中での収入確保であることは、もはや著作権ビジネスとしての実効性がかつてより弱まっていると言わざるを得ないのである。

4　アーティストにとっての著作権・著作隣接権に由来する収入

　次に、著作物を一次的に創作するアーティスト、クリエイターにとって著作権の意義がどのように変容しているのかを考えていく。録音音楽をめぐる権利は複雑だが、本章の趣旨に沿う範囲でこの基本を簡単に説明したい。作詞・作曲家は楽曲の著作者になり、楽曲の使用形態・頻度に応じた著作権使用料を著作権管理団体を通じて受け取る（音楽のジャンルや作詞・作曲家の交渉力次第では、著作権を買い切られ、楽曲制作委託費をもらうのみというケースもある）。一方、他人が創作した楽曲を歌唱・演奏しているだけの実演家（以下、「実演家」）は著作者ではなく（したがって通常は著作権者でもなく）、自己の実演に関する「著作隣接権」を有するのみである。著作権は楽曲という著作物に関して発生するが、実演家はそれを他者に伝達・流布する役割を果たすと著作権法上では位置付けられている。しかし、楽曲そのものに関する権利を有するわけではないから、楽曲が他の実演家によりカバーされたり、カラオケで歌われたりしても、それに伴う著作権使用料をもらえるわけではない。実演家が有する著作隣接権の範囲は、楽曲に関する著作権に比べると狭く、実質的な経済権としては、楽曲の演奏を固定した「原盤」の使用（例えば放送、公衆送

信）に関する、二次使用料の請求権にほぼ集約される。

　それとは別に、そもそも実演家が貢献して製作した原盤の複製（オーディオレコードの製作）については、少なくともメインのアーティストとレコード会社との契約では、一般にアーティスト印税と呼ばれる支払いが設定されることが多い（一方、バック・ミュージシャンやレコーディングエンジニアも原盤製作に貢献するが、実演家としてのステイタスが認められにくい）。自分の演奏が固定された原盤が複製されて売れれば売れるほど、売り上げに一定比率をかけたアーティスト印税が一般的にはレーベルより入ってくる（多くて販売価格の 2%程度と言われる）。CM 使用、配信等での原盤使用についても同様である。もっとも、このアーティスト印税の有無とその率はレーベルとの契約次第で、ゼロもあり得るし、最初に一括して一定金額が支払われて終わり、ということもある。逆に、印税率が売り上げに応じてスライドして増加する形式もあり、様々である。音楽著作権の実務・法の専門家である安藤（2010; 2018）は、常々、この比率がアーティストにとって低すぎると批判している。

　前節で iTunes がレコード会社にとって打撃となったことを述べたが、特にアルバムのアンバンドリング現象は、原盤制作者であるレコード会社（あるいは原盤制作者から複製権のライセンスを受けているレコード会社）のみならず著作権者である作詞・作曲家、著作隣接権者である実演家にとってもマイナスの影響を持った。仮に実演家に対し、1 枚 2800 円のアルバムの容器代を除いて、2%分 50 円のアーティスト印税があったとして、iTunes 上では売れる曲はそのうち 3 曲ぐらいであろうから、印税が同じ 2%だとしても 3 曲 450 円のうち 9 円しか手にできない。iTunes では以前のアルバム CD より買いやすく、シングルの売り上げ数はもっと伸びるかもしれないが、この計算ではそれを 5〜6 倍にしない限り元の収入レベルには達しないことになる。

　Spotify のような配信サービスにより、1999 年以来 2014 年まで減少の一途をたどっていた世界の音楽市場が回復していることは確かであるものの（図表3A-1）、個々のアーティストが受け取る金額が微々たるものでしかないことは世界中で問題視されてきた。Spotify 会員数が少なかった当初においては、配分の源泉となる金額が小さかったため、テイラー・スウィフト級の人気アーティストが何千万回再生されようとも、たったこれだけか、という金額しか受け取れないことがメディアに暴露されていた（ただし、その後会員拡大とともに

図表 3A-1　世界の録音音楽市場収入別推移

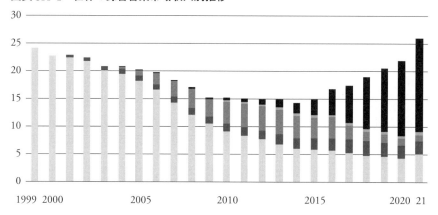

凡例：CD 等　■ 上演権　■ ダウンロード　■ その他利用　■ ストリーミング配信

出所：IFPI（2021）.

に、たとえ同じ再生回数であっても受け取れる金額は増えていくこととなった）。また初期においては、配信サービスが現れたせいで、CD やデジタルダウンロードからの売り上げが食われたという不満も大きく聞かれた（Marshall 2015）。

　CD やダウンロード販売の場合と異なり、各自がロイヤリティ収入を受け取る仕組みがわかりにくいことも不満・批判の一つであった。そこで Spotify は2020 年に独自のサイト（Loud & Clear Spotify）を設け詳しく説明するようになった。これによれば、Spotify は、徴収した会費（および広告費）から経費と自分たちの取り分（約 3 分の 1）を控除し、残りを「権利者への支払いRoyalty Pool」にしているという。その中で、①原盤の再生にかかる著作権使用料は Spotify から原盤の権利者（レーベル、アーティストマネジメント会社等）へ、そして②楽曲の使用にかかる著作権使用料はそれらを管理する団体（例えば JASRAC）を通じて権利者である作詞・作曲家（および音楽出版社）に支払われる。①であげた原盤権利者への支払いの大部分は、カタログを提供しているレーベル（もしくはレーベルの委託により流通販売に従事するディストリビューター、あるいはいくつものレーベルから委託を受けてまとめてライセンス事業に携わるアグリゲーターなど中間業者）に充てられる。この 2 種類

の支払いルートでは、いずれも毎月、地域的市場（例えば日本）における総再生回数に占める割合という基準で個々の権利者に配分される（安藤 2018, pp. 107-108）。

　上記で①にあげた原盤権利者への支払いは Spotify にとっての収入の半分以上にあたる大きなものであるが、録音された楽曲に関する公衆送信権を有する、レーベルからのライセンス契約なしにはこのビジネスそのものが成立しないから当然ではある。この支払いを受け取ったレーベルが「実演家であるアーティスト」（作詞・作曲も行う場合には、前述②のルートでも支払いがある）にアーティスト印税を支払うのだが、これがどのくらいかは、前述のように個別の契約による。ゼロから3パーセントぐらいの範囲と思われるが、Spotify の関知するところではない。

　著作権使用料、アーティスト印税がある場合には、作詞・作曲家、実演家の誰にとっても、再生回数が多ければ多いほど配分される金額も多くなる点については、公平であるように思われる。しかし、Spotify から、事前に再生1回あたりいくら、とロイヤリティが提示されているわけではなく、配分の原資は配信サービス会社の経営、すなわち会費収入と広告収入の合計に完全に依存している。Spotify が成長の一途をたどる限りにおいてはそれで良さそうであるが、パイの大きさという重要な要素に対して音楽業界は無力である。

　これは、「総再生回数に占める当該楽曲の再生回数の割合」という配分基準への不満にも関係する。再生1回当たりいくらではなく、相対的な人気度である点、正しいものかもしれない。しかし、個別の努力が、受け取るロイヤリティの増加に結びつかないと受け止められており、この計算方式がアーティスト間での不公平感を拡げている。Spotify オリジナルのプレイリストに載ることが成功につながると実証されている（Aguiar and Waldfogel, 2021）が、このプレイリストが誰によって（あるいは AI か？）どのように作成されるのかわからない。デジタル空間でアルゴリズムの推奨コンテンツが提示され、同じものばかりを消費する傾向が強まり、人々は「フィルターバブル」現象に陥る。何百万曲が提供されていようとも、会員の多くを占める音楽のライトユーザーほど同じ曲を何度も聞いているに過ぎない。CD の販売が主流であった時代に、大ヒットしないまでも一定のファンがいて、それなりの（例えば何十万円かの）印税が入ってきていたアーティスト層は、「再生割合」の中では影が薄

くなり、打撃を受けている。

　米国でのアーティスト調査からは、著作権（および日本で言うところの著作隣接権）関係からの収入が全収入に占める割合が驚くほど少なく、しかも減少傾向にあることが窺われる。例えば米国著作権局が出した報告書へのパブリック・コメントとして、音楽作家組合、メジャーレーベルの協会、インディーズ系レコードレーベルの協会とも「作詞・作曲家、ミュージシャン、レコード会社は21世紀に入ってから著作権収入が半分から3分の2にまで減少した」と述べている（US Copyright Office 2015, p. 69）。また、多ジャンルのミュージシャン（実演家、作詞・作曲家を含む）5000人以上への調査によれば、そもそもすべてのミュージシャンの、副業を除く「音楽関係の仕事」から得ている年収において、音楽著作権・著作隣接権に直接的に由来する収入の割合は6%でしかなく、5年前と比べて録音音楽からの著作権、著作隣接権収入は減っているという（DiCola 2013）。

　もっとも、より近年である2010年代後半については、Spotify調べではこれとはやや異なる状況を想像させる部分がある（Loud & Clear Spotify n.d.）。2021年のグローバル録音音楽市場全体で配信サービスの合計が169億ドルで、この数字は、2009年から2016年までの間の各年、音楽市場がCD等の売上げも含めて得ていた数字より大きいという。紙面の都合上詳述はできないが、Loud & Clear Spotify（n.d.）によれば、2021年には年当たり1万ドル以上のロイヤリティをSpotifyから受け取ったミュージシャンが5万人以上いたとのことで、レジェンドやチャート上位を占めるミュージシャン、あるいは環境音楽作曲家などタイプ別のミュージシャンたちがどれくらいロイヤリティを受け取っているか、興味深い平均像が掲載されている[1]。2010年代後半から今日までの間で状況は変わっているのかもしれない。英国における調査でも、作詞・作曲家が得た著作権収入は全体として2008年から19年にかけて、11%（当該期間のインフレ率で調整済み）ほど増加したことになるとされるが、この期間内で2010年に底を打ったとあり、参考になる（Hesmondhalgh et al. 2021）。しかし、それぞれの国の断片的な事情とSpotify公表情報だけで判断す

1　Spotifyの米国での再生回数上位曲の集中度が、2019年は前年に比べて大幅に減少したことにつき、Spotify側でそのような結果を生み出すようアルゴリズムの調整があったのでは、という見解がある（Hesmondhalgh 2020）。

ることは難しい。

　日本では同様の調査が不足しており、実態は明らかではない。文化経済学の研究（周防 2011）においても、また、日本芸能実演家団体協議会（芸団協）が「芸能実演家」を対象に行ってきた調査の第 10 回・2020 年版（芸団協 2020）においても、対象は主に舞台芸術関係のアーティストであり、著作権とはやや距離がある。芸団協（2020）では、元々芸能実演家の間では、収入の多くは出演料と教授収入である傾向が強く、「その他著作権料、著作隣接権料等」からの報酬が全くない人が 8 割近く、あっても収入全体の 10％以下に過ぎないという。「芸能実演家」はオーケストラ楽団員、歌舞伎俳優、落語家、バレエダンサーなど多岐にわたり、そこから音楽だけを取り出して分析することは不可能である。調査対象にはいわゆるポピュラー系のミュージシャンが含まれており、彼らがこのような収入があると答えているように思われるが、実態は不明である。

　いずれにせよどこの国でも、音楽関係のアーティストは、日本のアイドルグループのように CD に握手券などの特典をつけて大量に販売する例を除き、今や CD を売って収入を得るビジネスモデルから他のモデルに移行しつつある。まずは YouTube のような動画再生サイトの活用が大きな意味を持つ。ここでは再生回数に応じて YouTube が獲得した広告費の一部がアーティストに支払われる。再生回数は権利者に開示されることから、Spotify より透明度が高いと感じられるかもしれない。また YouTube で人気が出たり、楽曲をプロモートすることで、ライブコンサートの方に観客を呼び寄せることができる。新型コロナウイルス感染症が拡大した 2020 年初頭からの状況はさておき、2000 年代はじめより 2020 年までライブコンサート市場は右肩上がりであった（電通メディアイノベーションラボ 2022, p. 79）。コンサートには著作権のうち上演権が関係するものの、それよりむしろコンサート制作会社から一括で受け取るフィーが基本的な収入となる。日本だと、これに伴うグッズの販売収入も非常に大きい。グローバルなエンタテインメント市場では、かつての大物レジェンドたちが今も活躍しており、新しい楽曲を発表せずとも昔のヒット曲を中心にコンサートツアーを組み、多額の収入を得ている。K-Pop も同じビジネスモデルで、楽曲 MV をフルに YouTube 等で公開し、ツアー収入で稼いでいる。

　あるいはインディーズ系、中堅どころなどは、レーベルと契約せず、楽曲のプロデュース、公開、管理、場合によってはクラウドファンディングなども用いながら、特定のコアのファンと直接やり取りをしつつ活動している。限定グッズなどもウェブ上で販売し、高い利益率を狙っていくこともできる。さらにヒップホップなどのジャンルでは、アパレルなどファッション関係と連携し、アーティスト・ブランドを立ち上げる例もある。

5　おわりに

　以上、本章においては、著作権、中でも複製権を活用するコンテンツビジネスが大きく変容しつつある現状を明らかにした。デジタル化の進展とともに、コンテンツ企業のビジネスモデルは今や他のサービスとのバンドリング、あるいはグッズ販売・イベント等、面白いことに極めてアナログなビジネスから稼ぐ方向に動いている。個人アーティストにおいても、例えば音楽の分野ではもはや CD の売り上げに伴うアーティスト印税への依存は見込めず、IT プラットフォーム企業である Amazon や Spotify のような企業の成長にかけるか、あるいは自らデジタル技術・サービスを最大限活用して、ファンと密接な関係を保ちながら創作からマーケティングに至るまでをセルフプロデュースする方向に向かっている。企業レベル、アーティストレベルにおいて、もちろん、作品に著作権というものが存在するからこその活動であることは昔から変わらない。しかし、それをかつてのように複製権という形で活用することはますます難しくなっており、アーティストとしてのアイデンティティとブランドを確立するためのもの、と位置づけが変わっている。

　著作権がデジタル社会の実態に合わなくなっていることは、著作権リフォーム論（例えば中山・金子編 2017）として、法学界、文化審議会著作権分科会でも、何年も議論されてきている。いずれの方向に向かうにしても、ここでやはり創造的活動の源泉であるアーティストにとってのビジネス構造と著作権、著作隣接権との関係を検証し、本当にこうした権利とその運用の実態が創造活動のインセンティブあるいは報酬として機能しているかを考察する必要がある。これがあってこそ、現在課題となっている、コンテンツの円滑な利用促進とアーティストへの適切な利益還元のバランスをとることが可能となると思わ

れる。アーティストの収入、労働の実態について、調査に伴う困難が大きいことから、日本では大規模な調査は遅れてきた。皮肉なことにコロナ禍を経験し、アーティスト、そのスタッフの収入がどれほど減少したか、また、どのような労働環境上の問題を抱えているか、といった調査がいくつも出されて、困難な状況が明らかになってきている。しかし、収入の内訳とその推移がどうなっているのかはわからないままである。今後のコンテンツビジネスの持続的発展を展望する上で、結局のところ、アーティスト、クリエイターが仕事に思い切り取り組めるよう、経済面から最低限の支えが必要である。国や地域によっては（例えばニューヨーク市、サンフランシスコ市、英国）、アーティストにベーシックインカム、すなわち仕事の有無やアーティストとしての実力とも関係なく、一定金額を毎月支給することを検討する（アイルランドでは 2022 年 9 月に実験的に始まった）という状況も生まれている（Bishara 2022）。日本ではなかなか受け入れられない考え方かもしれないが、クリエイティブな力を創出・維持するには、今やここまで踏み込もうと考える国、地域があることを示している。従来、日本はコンテンツ創造力が多様かつ豊富であることを大前提に、その輸出振興を検討してきたが、日本においても、アーティスト、クリエイターの活力、創造性そのものをどのようにしたら支えていけるか、真摯に検討すべき時期にあると言える。

＊本章第 2・3 節は、河島伸子（2021）「コンテンツ産業と著作権活用」田村善之・山根崇邦編著『知財のフロンティア・第 2 巻』勁草書房の一部を、本書の趣旨に合わせ加筆修正したものである。

参考文献

安藤和宏（2018）『よくわかる音楽著作権ビジネス実践編　5ᵗʰ edition』リットーミュージック。

安藤和宏（2010）「著作権保護の目的と将来像：クリエーターとコンテンツ事業者との関係に焦点を当てて」高林龍編『著作権ビジネスの理論と実践』成文堂。

河島伸子（2020）『コンテンツ産業論：文化創造の経済・法・マネジメント（第 2 版）』ミネルヴァ書房。

電通メディアイノベーションラボ編（2022）『情報メディア白書 2022』ダイヤモンド社。

周防節雄（2011）「芸術家調査から見た 20 年間の日本の舞台演奏芸術家の所得分析」『文化経済学』8（2）, pp. 11-32.

スミス、マイケル D.・テラング、ラフル（2019）『激動の時代のコンテンツビジネス・サバイバルガイド：プラットフォーマーから海賊行為まで押し寄せる荒波を乗りこなすために』

白桃書房。

中山信弘・金子俊哉編（2017）『しなやかな著作権制度に向けて：コンテンツと著作権法の役割』信山社。

日本芸能実演家団体協議会（2020）「第 10 回芸能実演家・スタッフの活動と生活実態調査調査報告書」（芸団協）。

Aguiar, L. & Waldfogel, J. (2021). "Platforms, Power, and Promotion: Evidence from Spotify Playlists." *The Journal of Industrial Economics.* 69 (3), pp. 653-691.

Bishara, H. (2022). "A Universal Basic Income for Artists? US Cities Are Trying It." *Financial Times*, May 13, 2022. （最終閲覧 2022 年 11 月 21 日：https://www.ft.com/content/03574a31-27fa-4402-baac-8a512d8a98cd）.

DiCola, P. (2013). "Money from Music: Survey Evidence on Musicians' Revenue and Lessons about Copyright Incentive." *Arizona Law Review* (55), pp. 301-370.

Hesmondhalgh, D. (2020). *Written Evidence Submitted. Submission to the House of Commons Digital, Media, Culture and Sport Committees (DCMS) Inquiry into the Economics of Music Streaming.* UK Parliament Committees. November 2022. （最終閲覧 2022 年 11 月 25 日：https://committees.parliament.uk/writtenevidence/15321/html）.

Hesmondhalgh, D., Osborne, R., Sun, H. & Barr, K. (2021). *Music Creators' Earnings in the Digital Era.* Intellectual Property Office, UK.

IFPI. (2021). *Global Music Report 2021.* （最終閲覧 2022 年 9 月 5 日：http://gmr2021.ifpi.org）.

Knopper, S. (2017). *Appetite for Self-Destruction. The Spectacular Crash of the Record Industry in the Digital Age.* Createspace Independent Publishing.

Marshall, L. (2015). "Let's Keep Music Special. F-Spotify: On-demand Streaming and the Controversy over Artist Royalties." *Creative Industries Journal*, 8 (2), pp. 179-189.

Patry, W. (2012). *How To Fix Copyright.* Oxford University Press.

Spotify. (n.d.). *Loud&Clear.* （最終閲覧 2022 年 8 月 12 日：https://loudandclear.byspotify.com/?question=how-do-artists-get-paid）.

US Copyright Office. (2015). *Copyright and the Music Marketplace.* US Copyright Office.

B. 文化経済政策のリーガルデザイン

水野　祐

1　はじめに

　近年、日本においても文化経済を重視する政策が注目されてきている。政府は 2017 年に、いわゆる「骨太方針」において、「文化経済戦略（仮称）を策定し稼ぐ文化への展開を推進する」（下線筆者）ことを閣議決定した上で（内閣府 2017）、それを踏まえ「文化庁を越える相応の体制」として、内閣官房および文化庁に「文化経済戦略特別チーム」を組成した上で、文化と産業・観光業等他分野が一体となって新たな価値を創出し、創出された価値が、文化芸術の保存・継承や、新たな創造等に対して効果的に再投資されることにより自立的・持続的に発展していくメカニズムを形成することを目的として、「文化経済戦略」を策定した。また、文化庁は 2021 年に文化審議会内に文化経済部会を設置している。さらに、2022 年には経済産業省のクールジャパン／クリエイティブ産業課が文化経済政策の一環として、「アートと経済社会について考える研究会」を開催した[1]（経済産業省 2023）。

　そもそも「文化経済」という言葉には明確な定義が存在していない。文化芸術を対象とする経済学と文化政策との融合領域としては「文化経済学」が存在している。だが、政府の政策における「文化経済」は、「文化に対する戦略的投資を通じて起こる「文化芸術を起点とした価値連鎖」」（内閣官房・文化庁 2017）や、「文化と経済の好循環に関する事項」を広く指す形で使用されてい

1　ウェブサイトにおいては、デザイン政策、ファッション政策、コンテンツ産業などを主要政策に掲げられている。

る（文化庁 2022）[2]。

　クリエイティブ産業政策、クールジャパン戦略など、これまでも文化産業や文化の経済的側面に着目した政策はあった。しかし、「文化経済戦略」以降の文化経済政策は、文化芸術に対する戦略的な投資が経済活性化の起爆剤になり得るとの認識のもと、単なる文化芸術振興を越えて、純粋な経済政策としての側面も有している点に特徴がある。

　このような文化経済政策は、文化芸術をマネタイズの道具とする「文化の道具化（instrumentalism）」として批判される面もあるが（河島 2022）、元来潤沢であった文化予算の縮減に対する対抗原理として「文化の経済的貢献」を主張した海外先進諸国と、そもそも文化予算が圧倒的に少ない日本の状況は異なるとして、一定の評価をする指摘がある（河島・小田切 2021）。加えて、旧来的な文化政策では、文化芸術に対する持続的な投資を期待することがより厳しくなってきている社会環境の変化がある。すなわち、低成長時代に文化芸術に対して公的資金を投入する説得力のある議論を行う難易度が上がっており、国や地方自治体の財源に頼った文化政策は衰退せざるを得ず、このことは文化予算がそもそも少ない日本において文化芸術に対する致命的な打撃となる。また、企業価値創造や社会貢献事業といった観点から企業メセナ事業の活動費は一定の水準で推移しており（公益社団法人企業メセナ協議会 2022）、ESG やSDGs などのサステナビリティやダイバーシティへの投資が求められる世界的な潮流はあるものの、日本企業の産業競争力の相対的な低下等の要因により、これまでのように企業のメセナ事業に期待することも難しくなってきている。

　本章では、日本の文化政策関連法における文化経済的な視点の有無または程度を考察した上で、日本経済が低成長なため、文化芸術に対する持続的な投資が困難な時代における文化経済政策のあり方について、主に法制度の観点から検討してみたい。法制度の観点から検討する理由としては、筆者が法律家であるということが大きいが、後述するように近年、文化経済に関連する立法が相次いでいること、それらが経済発展・社会包摂的な政策における文化芸術に関する注目度の高まりに従って、政治的な関与のもと多くが議員立法の形で行わ

2　この文書で謳われている文化経済部会の設置については「我が国の文化と経済の好循環に資する事項について調査審議を行うため」と記載されている。

図表 3B-1　文化経済戦略概要

平成 29 年 12 月 27 日

文化経済戦略の全体像

文化経済戦略策定の背景となる基本認識

国際社会における文化	我が国の文化	経済における文化
国のプレゼンスを高める要素として文化の意義や重要性が向上	世界に誇るべき多様で豊かな文化芸術資源が存在	産業競争力を決定づける"新たな価値の創出"を文化が牽引

── 文化政策が歴史的転換期を迎えるなか「新・文化庁」として前例なき改革を断行 ──

国・地方自治体・企業・個人が文化への**戦略的投資を拡大**
文化を起点に産業等他分野と連携した創造的活動によって**新たな価値を創出**
その新たな価値が文化に再投資され持続的な発展に繋がる**好循環を構築**

文化経済戦略が目指す将来像

○**花開く文化**
未来に向けた「文化芸術の着実な継承」とともに、「次代を担う文化創造の担い手」育成、「次世代の文化財」の新たな創造

○**創造する産業**
文化芸術資源を拠り所とした新産業・イノベーションの創出
文化芸術を企業価値につなげる企業経営の推進

○**ときめく社会**
「文化を知り、文化を愛し、文化を支える創造的な国民層」の形成
「国民文化力」の醸成を通じた「文化芸術立国」への飛躍

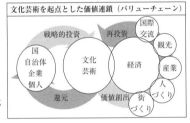
文化芸術を起点とした価値連鎖（バリューチェーン）

出典：内閣官房・文化庁（2017）。

れていること、特に日本においては文化政策を社会実装する際に法制度の影響
が良くも悪くも大きいこと等が挙げられる（小林他 2021）。

2　文化政策関連法における文化経済的な視点

　以下では、主要な文化政策関連法において文化経済的な視点が含まれている
か、について考察する。

（1）文化芸術基本法
　まず、日本の文化政策の根幹となる基本法である文化芸術基本法を見てみた
い。そもそも日本の文化政策に関する初めての基本法である文化芸術振興基本
法が制定されたのが 2001 年と 21 世紀に入ってからであり、その後継として
2017 年に制定された文化芸術基本法である。同法第 2 条（基本理念）は、「文

化芸術に関する施策の推進に当たっては、文化芸術により生み出される様々な価値を文化芸術の継承、発展及び創造に活用することが重要であることに鑑み、文化芸術の固有の意義と価値を尊重しつつ、<u>観光、まちづくり、国際交流、福祉、教育、産業その他の各関連分野における施策との有機的な連携が図られるよう配慮されなければならない</u>」と規定している（同条第 10 項、下線筆者）。

　「産業」という文言がその他の関連分野として明記されている一方で、「観光、まちづくり、国際交流、福祉、教育」という文言と並列して最後に配置されている。この規定ぶりは、文化芸術にとっても産業、本章で言えば文化経済的な視点が不可欠であるという認識を示しているとともに、文化芸術と産業との距離感に配慮したものと評価することが可能だ。その他の関連分野として「観光」、「まちづくり」が冒頭に挙げられていることに注目したい。文化芸術基本法において、経済や産業について直接的に言及されている点はこの第 2 条のみである（正確に言うと、同じく第 2 条に、文化芸術に関する施策の推進に当たっては、経済的な状況にかかわらず等しく、文化芸術を鑑賞し、これに参加し、又はこれを創造することができるような環境の整備が図られなければならない、との規定がある）。その他、文化経済的な視点として捉えられる規定として、文化財等の活用について規定している第 13 条、民間の支援活動の活性化等を規定している第 31 条などがある。

　一方で、文化芸術基本法第 7 条に基づく文化芸術推進基本計画として 2018年に閣議決定された「文化芸術推進基本計画—文化芸術の「多様な価値」を活かして、未来をつくる—（第 1 期）」では様相が異なる。前文において、「新しい文化芸術基本法の下、政府一体となって本基本計画を推進することにより、文化芸術の「多様な価値」、すなわち文化芸術の本質的価値及び社会的・<u>経済的価値</u>を文化芸術の継承、発展及び創造に「活用・好循環させ」、「文化芸術立国」を実現することを目指す」（下線筆者）ことが記載されている。また、今後 5 年間の文化芸術政策の基本的な方向性として掲げられた六つの戦略のうち、「文化芸術に対する効果的な投資とイノベーションの実現」が二つ目の戦略として打ち出されている。

　さらに、2023 年 3 月閣議決定されたばかりの「文化芸術推進基本計画（第2 期）—価値創造と社会・経済の活性化—」では、いよいよ副題にも「経済の

活性化」が明記され、前文においても、文化芸術が「創造的な社会・経済活動の源泉として、デジタル化等の技術革新を取り入れながら、新たな価値や収益を生み、それが本質的価値の向上のために再投資される好循環を通じて、我が国の発展に寄与し続けていくことが期待される」（下線筆者）と記載された（文化庁 2023）。そして、上記第 1 期基本計画における「戦略 2 文化芸術に対する効果的な投資とイノベーションの実現」を含めた 5 年間の施策の評価としては、概ね、計画期間当初には戦略に掲げた目標の一定の進捗が見られたものの、2020 年（令和 2 年）以降は、新型コロナ禍の影響を大きく受け、進捗が芳しくない、評価することが適切でないといった状況と結論づけた。

　以上の通り、文化芸術推進基本計画における文化経済的な視点として捉えられる記載の充実ぶりは、文化芸術基本法における経済や産業に対する控えめな規定ぶりとは対照的であると評価できる。

(2) 文化財保護法、著作権法、博物館法、図書館法

　次に、文化財保護法、著作権法、博物館法および図書館法といった文化政策関連法において、「経済」や「産業」という文言は条文上明示的には含まれていない。一方で、例えば、文化財保護法では文化財の「活用」が目的とされ（文化財保護法第 1 条）、文化財の所有者等はその保存活用計画を作成しなければならないと規定していることや、著作権法においても、著作物の利用の許諾（著作権法第 63 条）という形で、それぞれの保護対象となる文化財や著作物の活用についても規定している。

　ところで、文化芸術基本法においても文化財等の活用に定めていることは既述の通りであるが、文化政策関連法において「活用」や「活性」という文言はこれまでも議論を呼んできた文言である。このことは文化財保護法における文化財の「保存」と「活用」のバランスを巡る議論において顕著であったが、文化財の長期的な保存のためには、その財源の確保をする必要があり、そのためには文化財の「活用」が必要であるという認識が広まった。

　従来、文化財の「活用」については、文化財保護法においては専ら公開という方法による活用を念頭に規定しており、これは文化財の公開による鑑賞、学術的な利用を想定していた。しかしながら、文化審議会文化財分科会企画調査会による検討等において、文化財の活用については、公開による活用に留まら

ず、地域振興、観光・産業振興、まちづくり、教育等の地域振興等への活用も含まれ、文化財の活用に期待される効果や役割が拡大しているという認識が示された（文化審議会 2017）。これを受け、文化庁は、2018 年には市町村が区域にある文化財の保存及び活用に関する総合的な計画（文化財保存活用地域計画）制度を、2021 年には同制度に連動する形で、地域の実態に合わせた多様な保存・活用の仕組みを整備するための地方登録制度を整備する等、相次いで文化財保護法を改正している（文化庁 2018）。2018 年以降の改正文化財保護法では、文化財をまちづくりに活かすという意図が示されているが（文化庁 2018）、これはクールジャパン戦略と関連させて、文化財を観光資源化し、文化財で稼ぐことが含まれるとされており（小林他 2021）、後述する文化観光推進法制定の呼び水になったと考えられる。

　このように、文化芸術基本法以外の主要な文化政策関連法においては、文言としては文化経済に関する直接的な記載はほとんど見当たらないものの、「活用」、「活性」または「利用」という文言の中で、文化経済的な視点を読み取ることが可能であり、近年その傾向は強まっていると言うことができよう（河島 2022; 西村 2021）。

（3）劇場法

　2012 年に施行された劇場法（劇場、音楽堂等の活性化に関する法律）は、文化芸術基本法（制定当時は文化芸術振興基本法）の理念に従って制定された法律であり、劇場、音楽堂等の活性化を目的としているため、劇場、音楽堂等の「事業」、すなわち経済活動に関する規定が多数存在している（同法前文、第 1 条（目的）、第 3 条（劇場、音楽堂等の事業）、第 4 条（劇場、音楽堂等を設置し、又は運営する者の役割）、第 13 条（人材の養成及び確保等）、第 16 条（劇場、音楽堂等の事業の活性化に関する指針）等）。

　興味深いのは劇場法の前文にある「文化芸術の特質を踏まえ、国及び地方公共団体が劇場、音楽堂等に関する施策を講ずるに当たっては、<u>短期的な経済効率性を一律に求めるのではなく、長期的かつ継続的に行うよう配慮する必要がある</u>」という文言である（下線筆者）。劇場法は、「文化芸術を継承し、創造し、及び発信する」「地域の文化拠点」としての劇場、音楽堂等の事業支援法的な色彩が強い法律であるが、制定当時の文化政策関連法の中ではこのような

経済活動に関する規定は前例がなかったため、このような前文の文言が盛り込まれたのではないかと推察できる。

(4) 障害者文化芸術活動推進法

　2018年に施行された障害者文化芸術活動推進法（障害者による文化芸術活動の推進に関する法律）は、障害者による文化芸術活動の推進に関する施策を総合的かつ計画的に推進するための法律である（同法第1条）。同法は、第14条において「芸術上価値が高い作品等の販売等に係る支援」として、国・地方公共団体は、芸術上価値が高い障害者の作品等に係る販売、公演その他の事業活動について、円滑かつ適切に行われるよう、その企画、対価の授受等に関する障害者の事業者との連絡調整を支援する体制の整備その他の必要な施策を講ずることを規定している。

　障害者による文化芸術活動の経済的側面（作品等に係る販売、公演その他の事業活動）についてあえて法律で規定することや、法律が「芸術上価値が高い作品」か否かを峻別できるのか、峻別できるとして芸術上価値が高い作品のみが優遇されることの是非等に異論もあったが、「この法律で定める施策を講ずるに当たっては、障害者の作品等の評価に際し、既存の価値観にとらわれず、幅広い作品等の価値が認められるようにするとともに、その評価によって分断や差別が生ずることのないよう十分留意すること」との参議院における附帯決議がなされることで、規定自体は残ることになった。

　ここまで見てきたように、文化芸術基本法やその他の文化政策関連法においても産業、経済その他の文化経済に関する直接的な規定はほとんど見当たらない。これに対して、障害者の文化芸術活動に関する法律に経済活動に関する直接的な規定が存在していることは、障害者の経済活動に関してはより後見的な配慮が必要であることを考慮したとしても、均衡を失する面があることは否めない。

(5) 文化観光推進法

　2020年に施行された文化観光推進法（文化観光拠点施設を中核とした地域における文化観光の推進に関する法律）は、第1条（目的）において「豊かな国民生活の実現と国民経済の発展に寄与することを目的とする」と規定され

ており、日本の文化政策関連法の中で唯一、法目的に経済発展を明記している異色とも言える法律である。

　同法は、文化資源（有形又は無形の文化的所産その他の文化に関する資源）の観覧、文化資源に関する体験活動その他の活動を通じて文化についての理解を深めることを目的とする観光を「文化観光」と定義している（同法第 2 条第 1 項）。前述の法目的に照らすと、ここでは観光が経済発展に寄与することが当然の前提となっている。文化資源は文化財よりも広い概念であるが、同法については文化財の経済的な活用という側面における最も大きな変化であり、近年の文化政策において文化経済的な側面が重視されている傾向の顕著な現れ、という評価がある（河島 2022）。

（6）IR 整備法

　一般的には文化政策関連法に含めて考えられることはないが、本章における文化芸術に対する持続的な投資という観点からは、IR 整備法（特定複合観光施設区域整備法）にも触れておきたい。カジノを中心に宿泊施設、テーマパーク、商業施設などを一体的に整備する統合型リゾート（IR: Integrated Resort）の設立を推進する基本法で、議員立法として 2018 年に制定された。

　IR 整備法には衆・参議院両議院の内閣委員会において附帯決議が付されている。附帯決議の第 1 項には、「特定複合観光施設区域の整備を推進するに当たっては、我が国の伝統・文化・芸術を活かした日本らしい国際競争力の高い魅力ある観光資源を整備する観点、並びにそれらを通じた観光及び地域経済の振興に寄与する観点に特に留意すること」、第 15 項では「法第十二条に定める納付金を徴収することとする場合は、その使途は、法第一条に定める特定複合観光施設区域の整備の推進の目的と整合するものとするとともに、社会福祉、文化芸術の振興等の公益のためにも充てることを検討すること」と定められた（いずれも下線筆者）。IR への投資や IR によって生まれる利潤を文化芸術の振興に投資することが定められており、一般的には文化政策関連法には含まれない法律にも文化経済的な視点を感得することできる。

（7）考察

　以上、日本の文化政策関連法において、文化経済的な視点がどのように組み

込まれているかを検討してきたが、文化政策の基本法である文化芸術基本法を
はじめとして日本の文化政策関連の主要な法律レベルにおける文化経済的な視
点は総じて希薄であると評価できる。

　一方で、2017 年の「文化経済戦略」策定以降、日本の文化政策においても
文化経済的な視点が無視できなくなった、または重視されるようになってお
り、その結果として文化芸術基本法への文化経済に対する控えめな規定ぶりと
は裏腹に、同法に基づく文化芸術基本計画という計画レベルでは文化経済的な
視点が前景化していることや、2018 年以降に成立した障害者文化芸術活動推
進法に経済活動に関する規定が盛り込まれていること、文化観光推進法におい
ては法目的に正面から経済発展を規定すること等、法律レベルでも大きな変化
が見られることも指摘できるだろう。

　このような状況を生んだ要因としては様々な仮説があろうが、文化芸術基本
法が文化政策の基本法として改組されたのが 2017 年と最近であり、かつ、文
化政策関連法のほとんどが閣法（内閣提出法）ではなく議員立法であることと
相まって、当時すでに存在していた文化財保護法、著作権法、博物館法、図書
館法といった文化政策関連の主要な諸法律と文化芸術基本法の関係性・連携が
充分に整理されていないことが挙げられる。また、そもそも文化経済的な視点
への注目が比較的最近になって生じてきたもので、すでに存在してきた文化政
策関連法においては歴史的に保存や保護に主たる目的が置かれてきたこと、従
前の日本の文化政策においていわゆる「稼ぐ文化」へのアレルギーが存在して
きたこと等も要因として挙げられるだろう。

3　文化経済を推進する法制度の可能性

　日本の文化政策関連法において文化経済的な視点が希薄であったことはすで
に述べた通りであるが、今後、日本の文化経済政策を考える上で文化経済を推
進する法制度を作ることは有効か、その法制度にはどのような設計が考えられ
るだろうか、以下で検討してみたい。

（1）文化経済の推進を直接的に目的とする法律
　まず、素直に文化経済を推進する法律を正面から制定することが考えられ

る。このような推進法は、国や自治体の政策を計画的かつ継続的なものとすることには一定の寄与があると考える。この場合、立法技術的には、文化芸術基本法を改正するか、新しい法律を制定し、文化芸術基本法の下位法として位置づけていくか、いずれの可能性もあるだろう。

　一方で、このような推進法は当該分野に予算措置の根拠法となる側面がある。推進法は議員立法が多く、内容も訓示規定（各種の規定のうち、裁判所や行政庁に対する指示の性格を持つにすぎず、それに違反しても行為の効力には影響がないとされるもの）・プログラム規定（国の努力すべき政策・施策の基本的な目標を指示しながら、その具体的な内容については立法権・行政権の裁量に委ねるという性質を持つ規定）が大半で抽象的なものに留まることが多く、空文化しやすい弊害が指摘される。特に、低成長時代に文化芸術に対して公的資金を投入する説得力のある議論を行う難易度が上がっている時代背景において、このような推進法がどこまで実効性を持つのかは慎重に検討する必要がある。また、すでに文化芸術基本法に基づく文化芸術推進基本計画という計画レベルでは文化経済に関する直接的な記載が盛り込まれているが、法律レベルに規定することの意義と効果についても検証を要する。

（2）文化経済を間接的に推進する法律

　文化経済を推進する直接的な法律を制定する以外にも、文化芸術への投資が持続的になされる仕組みづくりを法制度的に支援することで、文化経済を間接的または実質的に支援することも考えられる（文化庁 2022）。この点については、様々なアイデアがあるだろうが、ここでは二つの法制度を提案してみたい。

a. 企業によるアート・クリエイティブ R&D 促進制度

　一つ目は、民間企業によるアート・クリエイティブ R&D（Research & Development、研究開発）促進制度である。

　商品やサービスがコモディティ化し、より探索的な企業経営や人材育成が求められている中、国・地方自治体の財政緊縮や企業のメセナ活動の先細りといった背景に鑑みれば、民間企業によるアート・クリエイティブ R&D は、企業の産業競争力の強化という観点からも、文化芸術に対する投資確保という観

点からも win-win の関係になり得る。

　アート・クリエイティブに限らず、一般的に企業の R&D 費用は会計処理上、無形資産としての計上が難しく、一般管理費として即時の費用処理が求められる。そのため、アーティストやクリエイターとの R&D に可能性を感じつつも、大きな費用計上は投資家への説明が困難であったり、広告宣伝費用の一部として切り出す形で少額を予算計上せざるを得なかった。世界有数のビックテック企業は、世界中のアーティスト・クリエイターたちとの R&D を行い、イノベーションの探索と自社の商品やサービスの差別化を図っている。日本のアーティストやクリエイターたちも例外ではなく、世界有数のビッグテック企業の R&D を行っているにもかかわらず、残念ながら日本企業はその機会を活かすことができていない。このようなアーティストやクリエイターとの R&D 費用を、例えば無形資産として計上するような企業会計処理の仕組みや、少なくとも費用処理のタイミングを段階的にするなどの優遇施策があることで、アート・クリエイティブ R&D に意欲的であるものの機会を逃している企業の支援になる。また、CSR や ESG 等を重視する国際的な潮流から、今後、企業の中長期価値に資する投資や人材育成等に関する非財務情報を開示することが重視されることになる。アーティスト・クリエイティブ R&D はこのような非財務情報として開示することで、企業の潜在的な競争力や「ダイバーシティ＆インクルージョン D&I」施策の一環として投資家へのアピールにつなげることも考えられるだろう。

　なお、現在の制度の下でも、「結果の再現性」がある一定のアート・クリエイティブ R&D に減税措置が適用される可能性があるとの指摘がなされている（経済産業省 2023）。

　また、「文化経済戦略」の具体化として実施されている 2020 年度の文化経済戦略推進事業としても、「企業と文化芸術の共創の機会の創出」を目的として、アーティストと企業の共創事業の実施されている。文化経済戦略推進事業は「文化と経済の好循環」の実現に向けた実証として位置づけられており、今後の同政策の継続性が注目される。

b.　より柔軟な「% for Art」制度

　二つ目は、「% for Art」制度をより柔軟な形で推進していくことが考えられ

る。

「% for Art」制度とは、公共工事、もしくは公共建築（建物・橋梁・構造物、公園等）の費用の数％を、その建築に関連・付随する芸術・アートのために支出する制度である。「% for Art」の源流は、1930年代の米国のニューディール政策において大恐慌において失職した芸術家の雇用政策または救済政策として、公共建築費の約1％を割き、建物や公園に飾るアート作品を発注したことに遡る。その後、この政策は雇用政策ではなく、文化芸術振興策の一つとして欧州で導入されていく。フランス、米国の州の一部、カナダ、アジアでは韓国、台湾が法制化している。

ただし、「% for Art」制度に対しては、必ずしも市民に歓迎されない無用なパブリックアートが街に乱立する可能性があることや、作品の維持・管理を誰がどのように、どの財源で行うのか等の懸念が指摘される。そこで、この「% for Art」制度をより柔軟に制度運用することが考えられる。具体的には、支出する文化芸術の対象をいわゆるパブリックアートのようなハードのみならず、パフォーマンスや映画・映像制作などソフトも含めて対象とすることである。また、対象とする建築物等においても、公共建築のみならず、一定規模の建築物に拡げる。例えば、都市計画法の総合計画制度は、いわゆる公開空地を設ける建築物に一定の容積率緩和を認めているが、この公開空地は誰にも利用されず、賑わいを産まない都市空間となっているケースが散見される。このような遊休地になってしまっている公開空地を地域の独自性を活かしたアートを含む文化芸術活動のために利用していくことが考えられる。別の制度だが、このような視点は、都市再生特別措置法に基づく都市再生特別地区制度（法第60条の2）による各都道府県の都市計画の決定において、実質的に考慮される事例も見受けられる。

加えて、このような柔軟な「% for Art」制度により制作された作品や実施された文化芸術活動を、街の賑わいにつなげていくために、エリアマネジメントや地域・都市経営の観点を加味した新しい公民連携の仕組みを作り出していく必要がある。これは、「文化経済戦略」においても重視されている、文化経済活動を通じた地域活性化にもつながるだろう。このような文化芸術と観光やまちづくりを融合した視点は、文化芸術基本法の目的や趣旨とも合致する。

なお、日本では、2023年1月に群馬県が日本で初めて「% for Art」の理念

を法制化した「群馬パーセントフォーアート」推進条例を施行した（群馬県 2023）。この条例においては、「パーセントフォーアート」とは、「予算の一定割合をアートの振興に関する施策に充てるとともに、県民、市町村及び事業者が主体的にアートに携わり、地域において新たな価値を創造することにより、県民の幸福度の向上を図る取組」と定義されている（第2条第2項）。

4　まとめに代えて

　本章では、文化経済的な視点が希薄だった日本の文化政策関連法と、一方で近年急激に文化経済への注目が集まる政府の方針に基づき、それが法制度にも反映されている様子を概観した。その上で、文化経済を直接的に推進する実定法を制定する可能性を排除せずに、日本経済の低成長時代における文化芸術への持続的な投資がなされる仕組みづくりの可能性を、主に法制度の観点から検討してみた。文化芸術の持続可能性に経済的側面が欠かせないのは明らかであり、活用されることで保存が可能となる文化財の存在や、文化芸術を起点とした観光やまちづくりへの注目のみならず、イノベーションの創出や経済発展、社会包摂的な価値など、文化芸術の価値は文化か、経済かの二項対立ではなく、多元的な視点をまたぎ、議論は広がってきている。

　もちろん、法制度の設計・実施は数多ある公共政策における選択肢の一つに過ぎない。一方で、日本の文化政策における文化経済的な視点の希薄さが、単に「稼ぐ文化」へのアレルギーに由来するものであればあまりにもナイーブであり、これを振興する法設計のあり方にはいまだ検討の余地があるだろう。もちろん、かかる検討にあたっては、イノベーションの創出や経済発展に直接的につながる（ように見える）文化芸術への支援の偏重を避ける等、慎重な検討が必要であることにも留意する必要がある。

　本章で示した視点が、文化経済政策、そして文化政策全般の今後の議論にわずかでも役立つことがあれば幸いである。

参考文献

河島伸子（2022）「日本の文化政策における「道具主義化」文化財政策に関する近年の動向と国民の意識調査より」『青山総合文化政策学』13（1）。

河島伸子・小田切未来（2021）「文化経済政策の在り方に関する政策提言：令和時代のシン・クールジャパンの構築に向けて」（最終閲覧 2023 年 3 月 31 日：https://ifi.u-tokyo.ac.jp/news/12621/）。

群馬県（2023）「「群馬パーセントフォーアート」推進条例案に関する意見募集について」（最終閲覧 2023 年 3 月 31 日：https://www.pref.gunma.jp/page/176976.html）。

群馬県（2023）「令和 5 年度「群馬パーセントフォーアート」推進会議（第 1 回）を開催します（文化振興課）」（最終閲覧 2023 年 12 月 31 日：https://www.pref.gunma.jp/site/houdou/617311.html）。

経済産業省（2023）「アートと経済社会について考える研究会報告書」。

経済産業省（n.d.）「文化経済政策（クールジャパン／クリエイティブ産業）」（最終閲覧 2023 年 3 月 31 日：https://www.meti.go.jp/policy/mono_info_service/mono/creative/index.html）。

公益社団法人企業メセナ協議会（2022）「2021 年度メセナ活動実態調査」。

小林真理、小島立、土屋正臣、中村美帆（2021）『法から学ぶ文化政策』有斐閣。

内閣府（2017）「経済財政運営と改革の基本方針 2017：人材への投資を通じた生産性向上」（骨太方針）。

内閣官房・文化庁（2017）「文化経済戦略」。

文化審議会（2017）「文化財の確実な継承に向けたこれからの時代にふさわしい保存と活用の在り方について（第一次答申）」。

文化庁（2018）「文化財保護法改正の概要について（平成 30 年 7 月）」（最終閲覧 2023 年 3 月 31 日：https://www.bunka.go.jp/seisaku/bunkashingikai/bunkazai/kikaku/h30/01/pdf/r1407909_03.pdf）。

文化庁（2018）「文化芸術推進基本計画：文化芸術の「多様な価値」を活かして、未来をつくる（第 1 期）」。

文化庁（2021）「文化経済部会の設置について（令和 3 年 12 月 20 日文化審議会決定）」。（最終閲覧 2023 年 3 月 31 日：https://www.bunka.go.jp/seisaku/bunkashingikai/bunka_keizai/01/01/pdf/93628701_01.pdf）。

文化庁（2022）「文化財保護法の一部を改正する法律等について（令和 3 年）」。

文化庁（2023）「文化芸術推進基本計画（第 2 期）：価値創造と社会・経済の活性化」。

西村幸夫（2021）「保存から保存＆活用へと舵を切る文化財：背景にある日本の課題と、法改正によって引き出される地域の魅力とは」國學院大學メディア（最終閲覧：2023 年 3 月 31 日：https://www.kokugakuin.ac.jp/article/253193）。

第 II 部

クリエイティブ・ジャパンを支えるビジネスとテクノロジーの生態系

A. 文化産業における企業活動支援施策の有効性と射程についての一考察

境　真良

　本論の目的は、文化産業における企業活動への政府支援のあり方について、これまでを総括し、それに基づいて今後の対応を提案していくことにある。

　そのため、政府部門による企業活動支援のあり方について概観し、また現在求められている産業界の転換について解説した上で、その状況下においてどのように支援が行われてきたか、対象及び手法について概観し、その有効性について論じた上で、提案に論を進めていきたい。

1　政府部門による企業活動支援のメニュー

（1）産業支援施策の決定過程とその自由度について

　政府によるクリエイティブ産業支援のあり方について考える際に、それが、一般的な経済政策、産業政策の枠組みという制約、規律の中で行われることについては、十分踏まえておくべきであろう。

　コンテンツ産業政策を担う経済産業省の事情を見てみたい。経済産業省ではこのためにコンテンツ産業課が 2001 年に設けられた（発足時の名称は文化関連情報産業課（通称・メディアコンテンツ課））が、その源流は通商産業省時代の生活産業局文化関連産業課[1]と機械情報産業局新映像産業室にある。消費者が感性的に価値を判断する情報材を巡る産業という特殊性は意識されているわけだが、その産業支援の手法については、経済産業省の政策フレームを踏襲している。

1　同課の「コンテンツ」以外の部分の政策を継ぐものとして、現在の経済産業省生活製品課、クールジャパン政策課がある。

　産業支援施策は、手法の次元で、二つに大別される。一つは経済的支援である。①政府予算の支出（民間の事業活動の必要経費の一部を負担する「補助事業」と、民間活動に関連する事業を政府予算で行う「委託事業」に大別される）、②政策金融（特定目的のために政府系金融機関から民間金融より優遇された条件で融資を行う）、③税制特例（特定目的のために一定条件を満たした事業について減税等措置を行う）、などがある。

　二つ目はその他の法制度の創設・改廃である[2]。毎年度、そのパッケージが提案、検討（審査、査定）、決定されていく。法制度の創設・改廃という手法の自由度は高いが、現実的には、手続的にも、影響を受ける産業界との調整という実体面でも、実現への現場負担感は高く、簡単には採られない。

　この施策メニューは長く固定的であったが、2000 年前後から企業の事業再編や事業再生を政府部門が支援するための投資を行う動きが始まり、2010 年代前半には多く官民ファンドの創設が見られ、新たに「投資」という支援項目が経済的支援ツールに加わった[3]。別項で特に分析される、クール・ジャパンファンドもそのうちの一つである。

　但し、メニューが一つ増えたとは言っても、それらのメニューでの支援策を組み合わせで政策全体を構成するという枠組みには変わりがない。そして、これらが、市場を歪めないという政府としての行動規律に縛られることも変わりがない。

　市場を歪めない、という考え方には補足が必要かもしれない。経済学は自由競争市場の社会資源配分機能を高く評価するものだが、そこで前提とされている自由競争市場の諸条件を現実の市場は満たしていないものである。例えばコンテンツ産業のフレームで言えば、コンテンツ（財・サービス）と消費者を結びつけるメディアの構造の中に、財の有限性（放送における電波帯域の有限性）や規模の経済性（ネットワーク経済性やバンドワゴン効果）などの歪みを見出すことができる。市場の理論的機能を評価する視座からは、こうした歪みを補正するための政策が要請されるし、逆に、そもそも市場の評価が文化とし

2　企業への働きかけ方は、産業政策論における政策手段の議論（例えば、三輪・ラムザイヤー（2002）と重なる。

3　なお、新しいメニューとしては、コロナ禍で一律給付金という手法が加わったことも指摘できる。但し、これは緊急時に現状を維持するための手法として適しており、本項で述べる産業のあり方をアップデートするという方向には使いづらい手法であるため、本章ではこれ以上触れない。

ての評価とは異なるという立場からも別の意味で現実の市場を補完する施策が求められることになる。

　したがって、市場を歪めないという考え方には、市場の現状を補正する（逆方向に歪める）ことは許されるという含意があり、この解釈や評価には恣意性がある。そのため、ある政策が市場を歪めないかという判断は、公募などの手法を用いて制度実施を公正・公平裡に行い、特定個社への支援を避けるといった一般的な規律を満たしているかという執行上の公平性で代替されるのが一般的である[4,5]。

（2）産業支援策における投資という選択肢について

　近代企業制度において、企業とは何よりも投資家が保有する資本（金）の拡大再生産の装置とされ、その機能が不全となったとき、資本は枯渇し、企業は清算等によりその活動を終える。これが企業に対する市場の選択である。

　政府が企業に投資することは、一方で民間資本家の意思決定に介入するものであり、他方で本来市場が退出すべきと断じた企業を生き延びさせることもありえるため、いずれにせよ市場を歪める。にもかかわらず、政府による企業投資が正当化される所以は、その企業活動が社会運営に不可欠なものであり、企業活動の停止が社会運営に大きな不利益をもたらすなど、特別な意義がある場合に限られる。

　例えば、クールジャパン・ファンドは、この投資の目的を「我が国の生活文化の特色を活かした魅力ある商品又は役務の海外における需要の開拓を行う事業活動及び当該事業活動を支援する事業活動」に対し直接、間接の資金供給等支援を行うことにより、対象事業活動の促進を図り、もって当該商品または役務の海外における需要および供給の拡大という、我が国経済の発展に正の外部性を発揮することが事業の正当性の根拠となっている。

4　現在の産業政策では東芝の再編支援のように個社に対する直接的介入を行うことがあり、この考え方も政策判断の範囲内であることがわかる。

5　文化庁は、文化振興の側面からこの枠組みで個別の作品製作支援をしている（2022年文化芸術振興補助金事業では、映画作品のジャンルや条件に応じて50％（若手監督の低予算長編劇映画の場合）～15％の上限補助率で支援が行われる）

2　21世紀初頭における文化産業の課題克服と政府支援

(1) 文化産業の一般性と特殊性

　一般的に、企業は自身の生産した財（物質、商品）、サービスと、消費者の対価とを市場で交換することで収入を得る。この過程で、別の企業による関与が行われることもあり、また、広告型ビジネスモデルのように消費者の対価負担を第三者（広告の場合は広告主企業）が肩代わりすることもある[6]。そこで得られた収入が生産費用を上回ることにより企業活動は利潤を発生させ、その回収が資本保有者に分配される。この仕組みは、文化産業においても大枠として何ら変わらず大前提とされている。

　文化産業が生産するものは、一般的に「作品」だと考えられているが、その物理的な実体は、固定された（または固定されうる）一定の情報の束（コンテンツ）である。これを、再生手段を持つ消費者に直接複製して渡したり、それをサービス化して消費者に体験させたりと、多様に活用することで消費者に「鑑賞体験」として提供して収益を上げることが文化産業の所為である。その価値については様々な議論があるが、消費者の消費選好が当該「作品」の文化価値と合致すると考えるならば、文化政策の側面からも、文化産業のこのエコシステムは文化の発展のフレームとして是認できる。

　ここにおける「作品」には、無視できるほどの費用で複製できるという製造業的な意味での正の外部性だけでなく、その内容が消費者の生活感をリードしたり、ブランド効果が認められることから、他の産業に対する影響力という意味での外部性が強いと考えられており[7]、これが先に触れたクールジャパン・ファンドの戦略的正当性ともなっている（株式会社海外需要開拓支援機構法）。

(2) 文化産業と産業環境、そして世紀交代期におけるその動揺

　情報の束であるコンテンツを、生産者・供給者と消費者の間で金銭と交換せ

6　広告費は、広告主のビジネスモデルの中で、広告主から財やサービスを購入する購入者の支払いに還元できる。

7　これを象徴する言葉として、"Trade follows Films（外国でその国の映画が流行れば輸出も増える）"がある。

しめるには、一定の社会的な環境整備が必要である。

　メディア関連技術の発展史の中では、長く、その技術の行使は特別な装置と専門性が高い技能が必要であるとされ、ここに、洋の東西を問わず、消費者のニーズに応じて「作品」を供給する、いわゆるメディア事業者[8]が生まれることになる。この事業者たちは産業界の共通ルールを生み出していくことになるが、この産業規範は、アウトサイダーによって破られることも想定されるため、国家がそれを法制化して担保することも行われた。英国の印刷出版業者の間の共通ルールの法制化が端緒となった「著作権」制度はその好例である。

　ここにおいて、この、技術・設備インフラと産業規範・法制度に支えられ、「作品」について、消費者に対し直接・間接の支出と引き換えにその鑑賞を含む利活用をさせる事業活動は、「作品」一つ一つの事業的成否が決定される社会的産業環境となった。

　さて、1990年代に本格化したコンピュータとインターネットの発達と普及は、旧来の物理メディアからパソコンを用いてコンテンツだけを抜き出すことを含む様々な情報加工と、それを世界で単一化されたインターネットを通じて自由にやりとりすることを万人に開放した。それまでの産業環境の前提である技術・設備インフラはここに圧倒的に大衆化され、それらを産業界が独占していることを前提にしていた産業環境は再調整が不可避となった。

　その具体的な現象としての現れが、コンテンツを載せた物理メディアを物体として売買する形態や「放送」のようなリアルタイム情報流通を用いた形態でのコンテンツ市場の縮小であり、コインの裏側としてのデジタル海賊版の隆盛であった。我が国コンテンツ産業にとって、今世紀最初の10年は、この市場の再構築を目指した10年だったと言ってよい。

(3) 変革期の産業政策とその手法

　だが、政府は、この局面で市場の再構築以上のことを産業界に期待していた。その期待は、大きく二つの問題意識で説明できる。

8　ここでは「消費者」に供給する界面を問題にしているので、「メディア事業者」とは、「創作者」と「消費者」との間での「作品」が移転していくモデルになぞらえれば、「流通事業者」と言ってもよい。しかしながら、例えば小売書店が「本」を売る過程の中で棚作りやポップ制作によって様々な意味を作り出すように、メディア事業者も一定の創作行為、あるいは消費者の作品体験の一部を作り出している側面があることは見逃せない。

　一つは、受動的対応として、消費者がインターネット上のコンテンツ利用環境として受容できる産業環境を従来型メディア自らが構築することであった。それには、自らが従来メディア上のコンテンツをインターネットへ正規にメディア転換を行い、個々の作品毎の事業を支える横断的なコンテンツ利用サービス（以下、産業プラットフォーム）を新たに打ち立てることが必要だった。これは前インターネット期の海賊版対策の黄金策[9]とも合致するものであった。

　今一つは、より積極的な文化産業市場のグローバリゼーションを果たすことであった。そもそも文化産業市場は言語やインフラの構造上、各国国内のコンテンツ産業が「作品」を取引する貿易型のモデルが一般的だったが、インターネットの登場後、供給側ではなく、需要側が国境を越えて外国の供給側に直接アクセスし、さらに供給側機能を代替する需要側の自律的な運動（ファンサブや転載）が大きく拡大した。これは、国際市場の構造変化の可能性を予感させていた。

　とはいえ、このような進化が政府の一存で実現するわけはないし、政府と産業界が一体となっても一気に実現できるわけではない。それは、この産業環境の定立には、消費者の受容が不可避だからである。

　ゆえに、産業環境はそれを構成する個々の事業活動という「タテ」の動きと、それらを横串で支える諸機能の整備という「ヨコ」の動きが、消費者を巻き込んだエコシステムとして正の循環の中で成長していくことが必要になる。例えば、今では誰もが使う産業プラットフォームの一つに YouTube があるが、そもそも YouTube に話題性がある動画の投稿あればこそ、私たちは YouTube を使うようになったのである。YouTube 側も、広告費配分機能や、違法動画の排除機能などを備えることで、「成功すれば収入になる」環境整備に努めた。だからこそ、多くの YouTuber が登場するなど新たなコンテンツの拡充が起き、利用者は（YouTube というサービスではなく）その上で視聴できるコンテンツを見るために YouTube にアクセスすることになった。

9　海賊版の横行は市場における供給と需要のミスマッチが原因である。一般的な財ならばそれは価格メカニズムで調整されるが、複製コストが小さい情報財は海賊版が商品の欠落を埋めることでこれを調整する。やがて、供給側が十分な安価とアクセシビリティを備えた産業プラットフォームを構築することで、初めて需要は購入という行為を受容し、ここに市場が生まれる。90 年代のアジアにおけるマンガ出版市場の正規化を始め、多くの海賊版対策はこの模式に沿っており、後に、Apple が iTunes Music Store（現・iTunes Store）を開始した時もこの理論を標榜している。

図表 4A-1 「タテ」アプローチと「ヨコ」アプローチのアクターたちとその関係

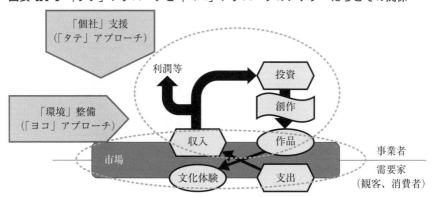

出所：筆者作成。

　このようなサイクルを回し、日本から産業プラットフォームを生み出すべく、またそのビジネスのグローバル化を目指し、企業支援策が用いられることになったのである。

(4) 21世紀初頭の文化産業政策の展開について

　それでは、具体的にどのような整理によってどのような企業支援策が用いられたのだろうか。概括してみたい。

①産業プラットフォームの整備・構築

　産業環境の定立には、消費者に利用できるデジタルコンテンツの整備と違法利用の取り締まりを進めつつ、なるべく業界横断的な産業プラットフォームの構築を期するという三点を重点として政策は整理された。

　第一の方向では、既存「作品」のメディア転換が課題となったが、しかし、個々の企業にとっての「商品」作りに補助金や委託金を充てることへの一般規律上の忌避感があった[10]。もう少し広く用い得ただろう政策金融は、90年代以

10　例外的に、出版産業についてはコンテンツ緊急電子化事業で、主要出版社が創設する事業体に産業革新機構が出資を行い、これが既存出版物のデジタル化事業を東北地方で行うことに対して復興支援として総額約18億円の補助金支出が行われた。但し、現在の電子書籍配信の主流ビジネスには直接つながっておらず、その誘引的効果のほどについての評価は後世に委ねたい。

降、日本の金融市場が超低金利状態にあったため、誘導力が極めて薄かった。
だが、最大の問題は、例えば配信収入の配分率を巡る作品制作関係者と従来メ
ディア事業者の対立[11] に代表されるような産業間調整を行うことが事業実施に
先行して必要だった点であり、ゼロ年代には新たに経団連を巻き込んでまずは
暫定的な配分方法を構築しようという調整も行われた（経団連 2005）が、大
きな動きにはつながらなかった。ここにはそもそもメディア転換は従来のメ
ディア事業者にとって必ずしも得策ではなく産業界を挙げての動きは起きにく
いという構造上の問題があったこと、そしてその合理性を覆すほどの支援策
（例えばデジタル展開したコンテンツに対する大幅減税）はとられなかったこ
とを指摘するべきだろう。

　第二の方向では、メディア事業者に共通のニーズがあり、比較的官民の方向
性が揃った領域である。これはコンテンツ海外流通促進機構（CODA）創設
（2002 年）に当たっての初期重点事業と位置づけられ、問題を可視化するため
の公的調査の実施や、共同化によるコスト削減への誘導、そして外国市場対策
への刑事司法の巻き込みという側面支援が中心となった。

　これが直接奏功したわけではないが、この CODA を含む枠組みは国内市場
においても、後に成長する産業プラットフォームと連携した半自動化取り締ま
りスキームの構築につながったことは特筆に値しよう[12]。

　第三の方向では、各事業者の散発的な対応が続き、産業界を挙げた対応が実
現するまでには時間がかかった。実現したものとしては、斜陽にあったラジオ
産業の正規配信である radiko（2010 年）や、マンガ産業による同時多発的な
電子コミック・スマホアプリの開始（2014 年頃）があるが、それぞれ従来市
場の縮小への対策として業界内から自律的に起きた対策である。前者につい
て、総務省・文化庁はマルチキャスト再送信を放送再送信の一部として認める
措置を講じ、後者については文化庁はいわゆる電子出版権の法制化に踏み切っ
ており、法制度の創設・改廃という支援策が用いられた。なお、地上波テレビ
産業による TVer（2015 年）には特段の政府支援は行われていない。

11　著作権法を修正してこれに対応することは多方面から提案されたが、そもそも契約上の利害調整
　を、社会的相場感が定まる前に法定することは市場を過度に歪めるという見方が強く、また各業
　界の代表者も参画する審議会では合意を形成できず、見送られている。
12　例えば、YouTube の「コピーライトマッチツール」「Content ID」（竹野 2023）、ニコニコ動画の
　「ライツ・コントロール・プログラム」などがある。

②海外市場展開の強化

　国内の関連産業の海外展開は今世紀に入って以来のコンテンツ産業政策の柱の一つであるが、CODA の活動は海賊版対策から海外展開支援には展開せず、むしろ、映像産業振興機構（VIPO）等を通じた国内における映像マーケットの整備を含めた見本市市場への参加支援、字幕等必要なコストの補助（補助金）など、要素となる行為への散発的な支援が行われるに留まっている。

　個別の作品自体への支援はかなり抑制されており、まさにこの領域の欠落を埋めるために、クールジャパン・ファンドの補助的投資が当初叫ばれた。但し、その後の展開を見ると、情報劣位等により収益が見込まれる案件を獲得することが難しいという事情によるものであろうか、直接の作品製作への参加ではなく、海外向け作品を制作、投入する事業への投資ファンドへの参加という間接的な手法が選択されるようになっている。

（5）総括

　旧来型市場構造から新たな市場構造への転換による文化産業の発展を目指すという目的で企業活動支援は様々に行われてきたが、それらが体系的に行われたとは言い難い。

　とりわけ、グローバルな産業プラットフォームについて言えば、Netflix や Amazon Prime、Spotify といった海外の産業プラットフォームがグローバル展開することで（そして、その一部として日本国内に展開することで国内的にも）実現されたわけで、日本からこれを生み出すことはできなかった。政府の施策はここには直結できなかったと言える。

　但し、国内だけに限って言えば、radiko や各種コミックアプリなど存在感ある産業プラットフォームを生み出したものもあり、これらは産業団体（主要企業によるコンソーシアム的アプローチを含む）による面的アプローチが生まれればこれを支援するという産業政策としてはある意味常識的な、受動的、支援的アプローチが成功例を生んだものと言える。

　このように、経験的な目線でみても、文化産業と政策支援の関係は、やはり既存の大きなフレームの中に収まっているのである。

3　今後求められる政策支援のあり方について

　ここまで今世紀初頭の文化産業に対する企業支援策を概観してきたが、今や産業プラットフォームの確立がそのものが課題とされる時代から、確立した産業プラットフォームの上で（またそれを含めた産業環境全体の中で）、いかに有意な（文化産業の文脈で言えば「ヒットする」）「作品」をより生み出せる環境作りが課題とされる時代に変わっている。

　よい「作品」の創作を期する時、一般的に、文化産業政策はヒット確率を所与のものとし、その生産数を上げるアプローチを重視するように思われる。この視点で、あえて2（4）では触れなかった文化産業と「作品」の関係性について触れてみたい。

（1）市場と「作品」

　あらゆる産業において商品は、市場での成功を目指し、産業環境の要請に従って開発、供給されるが、文化産業も例外ではない。この市場を支える要素としては所謂「文化風土」も含まれるが、それだけではなく、産業界の慣行や慣習も含まれる。例えば、我が国において地上波テレビのドラマ系コンテンツは10〜12話の連作をフォーマットとして供給されるが、これは四半期ごとに広告費の配分を見直す広告業界（と民間放送業界）の慣習によるものであり、これを「文化風土」というにはやや違和感がある。

　ここにおいて、グローバルな産業プラットフォームの成長は、我が国の文化産業に対し、グローバル市場に向けた「作品」の投入量を増やすべく、産業環境のグローバル化対応を迫っていると言ってよい。これに果敢に挑戦し、もっとも顕著な成功を収めているのは、隣国である韓国の文化産業であろう。

　韓国の文化産業の成功は、1997年のアジア経済危機の際に国内メディア企業の業績不振により国内産業エコシステムが不全状態に陥る中、よりグローバルな産業環境に直接適応することによる再生を目指した官民の努力の成果であると言える。その内容をここで一々語る字数は割けないが、この韓国文化産業の発展史の中で、時に学ぶべき先進例として、また時に主要な海外市場として我が国の文化産業も深く関わっている。

　文化産業の市場は、個々の文化風土の意味合いを考える時、完全な世界統一市場にはなりえない。しかしながら、グローバル産業プラットフォームの成長は各国の共通部分を確実に拡げており、自国の文化風土や慣行に過度に依存する戦略は、いたずらに市場を縮小させるだけに終わる。韓国の成功とは、単に海外における市場シェアを拡大させたという事実だけを指すのではなく、むしろ海外の文化産業界からの評価が高い作品を多数生み出せていることを含意している。我が国の文化産業の成長を考える時、我が国固有の市場環境での事業活動を維持することはもちろんだが、グローバル産業プラットフォームの上での成功を目指すことが必要不可欠だという教訓にもなる所以である。

　このため、ここでは先行例として韓国の成功例を参照しつつ、今後の我が国の文化産業の発展のために適切な企業活動支援のあり方について提案したい。

（2）作品製作の資本規模の拡大について

　一人あたり GDP の逆転など、日韓の経済格差は質的次元ではほぼ解消されてきているが、文化産業について言えば、日本の映像作品の製作費はそれでは説明できないほどのレベルで大きく遅れをとるに至っている。

　その原因は国際市場からの収益可能性にあり、国内産業プラットフォームのエコシステムの上に安住しつつ国内向けに大量生産を続ける我が国文化産業とのコントラストは著しい。これは、国内作品に対する評価の相対的低下につながり、また、グローバル産業プラットフォームの上で身近になった韓国や米国など外国作品への日本国内市場の消費者による選好につながっていることは、原因を考えれば皮肉なことである。

　ただし、一足飛びに海外市場からの収益増加が見込めない中で、製作費を増加させようとすれば、従来型の文化産業の内部循環以外の、いわば業界の外からの製作投資を呼び込むことによる産業エコシステムの調整という考え方が出てくる。もちろん、これが持続するためには国内メディア事業者を通じた収益と同じかそれ以上の有意な収入確保が継続的に見込めることが必要であるが、グローバル産業プラットフォームを通じた海外市場収益が存在することは、その可能性を従来よりは高めている[13]。

13　2022 年以降、為替相場で円安基調であることはさらにこの見通しにポジティブな効果を持つが、

　実は、この資金調達の多様化というアプローチはかつて90年代後半からゼロ年代前半にかけて注目を集めたもので、新しいものではない。しかしながら、その先駆例とみなされたジャパン・デジタル・コンテンツ信託が失敗に終わったことから、産業政策上の方向としてはその後長く顧みられていない[14]。問題の一端は、資金提供者の目線では投資と言うべき作品製作費が、他方で文化産業の従事者の目線からすれば個々人の収入となるという利益背反構造にあり、故に制作経理の徹底等による管理強化がこの業界外からの資金導入には必要となる。それを前提とする限り、むしろ現在は外部資金を集めることに適した局面にあり、例えば、作品製作への出資を含めた投資に対する研究開発税制同様の減税措置など、文化産業への投資促進策を講じる余地があるであろう。

　なお、製作費そのものの増大をあらゆるコンテンツに実現するという企業支援は、その影響範囲が極めて広範囲に及ぶもので、特定の用途や特定の種別、特性に限定して支援する従来型の文化産業事業者向けの補助金や政策融資の規模に収まるものではなく、そもそも異なるものとみてよいだろう。

　もう少し絞りこみつつ類似の効果を持つ施策としては、例えばグローバル産業プラットフォームの配信契約収入を担保として制作資金を融資し[15]、作品ごとの成否による失敗のリスクは、融資対象の分散や事業の長期的調整の中で帳尻を合わせていくような支援スキームの構築もあり得よう。コンテンツのビジネス的成否に関する直接の業界関係者と比較しての情報劣位が指摘されるクールジャパン機構の弱点を越えるアプローチとして、可能性があるかもしれない。

（3）ビジネスプロセスの開放化と国際化について

　韓国の文化産業の成長の中でひときわ目立つものにBTSをはじめとした芸能産業を挙げることができるだろう。だが、その成功分析を学ぶ限り、例えば

　　このトレンドがどこまで続くかは注意が必要である。

14　本来はクールジャパン・ファンドはこの列に並ぶ試みと見なされるべきだろうが、ジャパン・デジタル・コンテンツ信託が業務上の不祥事で失敗したという事情から、関係者にしてみれば、同列に見られることはむしろ迷惑だったという事情もあろう。

15　ここでは、配信契約の変動部分を見積り、最小保証額より高い額を市中の無担保融資よりやや高い利率で融資することを想定する。資金提供側は変動部分の収入を得られるかがリスクであり、利率のプレミアム部分が報酬となる。これにより、制作側は当初よりも大きな製作費を調達できることになる。

ファンを巻き込んだ成長戦略等、我が国でもすでに開発され尽くした感のある手法であり[16]、新しいものは多くない。むしろ、例えば80年代における音楽番組へのリクエスト運動のように我が国でも既知になっていた手法を、現代においてグローバルな動画・音楽試聴プラットフォームでの再生回数増加運動に発展させられなかったことの方が問題とされるべきであり、翻って、グローバル市場を強く意識したこうしたアプローチを着実に実行したのが韓国であるとも言える。

　同じ技術要素があってもその発揮の仕方が異なるという点に鑑みると、問題の根源は我が国の文化産業に国内市場志向が強いということに求めなければならないように思われる。これは、国内市場の規模が比較的大きく、作品に関する（欧米との比較においての）特殊性の問題から、言語や業界慣行の壁を乗り越えても応分の成果が得られにくいことが、海外市場に立ち向かうインセンティブを小さくしているとしばしば説明されてきた。但し、ひとり文化産業に限らず、我が国全体の国際的ポジションには前項で指摘した通り、変化の予兆が見られる。もしも海外収益への期待が今以上に高まってくれば、この傾向は修正されていく可能性がある。

　例えば海外市場での成功確率が比較的高いアニメーション産業の分野では、今や、国内で意識されているファン生態系と連携したプロジェクト設計は、多くの大規模プロジェクトで世界市場を視野に入れて行うことが不可欠になっている。また、クランチロールに代表されるような、ファン活動由来の新たなビジネスを提携パートナーとしてビジネスの構造自体を組み替えることも起きている。これらに鑑みれば、こうしたファン人材について、国内企業の雇用か、国内での起業か、あるいは海外での事業活動とのパートナーシップの締結かを問わず、日本国内の文化産業にこれを巻き込むことを支援する施策の重要性が高まっているというべきであろう。

16　21世紀初頭において、知的財産保護が強調される中で、ファンに対し一定の無許諾利用を認めるアプローチが抑制的に解されたことは記憶しておいてよい。しかしながら、二次創作に寛容な創作者やファンの盛り上がりを重視するアーティストなどの声に推され、また特にSNSにおけるファン活動がビジネスにプラスの効果を持つとの認識が拡がったことから、2020年代初頭段階では、文化産業側もファンが既存著作物を利用することには再び寛容な姿勢に転じているようである。

（4）デジタル技術の活用促進について

　文化産業の消費者との接点がデジタルネットワークに大きく傾斜してきていることを踏まえれば、文化産業におけるデジタル技術の利活用は産業としてのテーマとならざるを得ない。但し、デジタル技術といっても、①既存のジャンルにおける創作のためのツール、②消費者と接点を作るためのツール（プロモーションの一環としてのコミュニケーション、あるいは単純に作品の提供行為を支える産業プラットフォームのどちらの意味でも）[17]、③新たなジャンルにおける創作のためのツールなど、目的によってツールの使い方は異なる。

　デジタル技術の問題として常に意識すべきは、ノウハウの蓄積面でも、作品の相互利用の面でも、産業全体でツール間の連携可能性が確保されることであり、採用したツールが他のツールとの間でデータ構造などが異なると、それによって実際の業務デザインや、甚だしい場合は事業の展開可能性に大きく影響する。したがって、上記③に挙げた新領域の技術開発的アプローチを例外として、常に既存の標準的な情報技術との整合をとらないといけない。これは当該ツールの普及度とも相関するので、常にローンチカスタマー（立ち上げた時に利用を確約した顧客）を確保しながらツールの開発や調達を行い、プロダクトアウトなアプローチを避けることが賢明となる。

**（5）支援の手法について〜プロジェクト支援か、個社支援か、
　　事業環境整備か**

　以上、三つの支援のあり方を提案してみたが、その支援に適した政策ツールのあり方はいずれも異なる。例えば、製作資金の規模拡大について政策的な製作資金供給源の拡充を行いつつ、それを活用するためには、制作工程に一定程度の修正を求めることになろう。次に、ビジネスプロセスの開放化については、その個別性が高いため、個社またはプロジェクト単位で、条件に見合った

17　本項は主として作品そのものの質的向上を主眼としているため、この②領域のことはすでに解決したものとしてここでは言及していない。但し、今後の問題として、社会的影響力から一定の作品（コンテンツ、著作物、情報）の選別を行わざるをえなくなったグローバル産業プラットフォームがその選別基準を乱暴に（あるいは"グローバルに"）適用することで、個々の文化コードを毀損するリスクへの関心には注視すべきである。この疑義は、グローバル産業プラットフォームのあり方を制約し、かつての貿易的モデルを復活させる可能性をはらむ。これは2. で述べた課題が部分的に復活しうる可能性を暗示する。

ものを選別し、支援を行うというスキームが適切である。さらにデジタルツールの導入支援については、手法的には導入補助金や標準的なツールの委託開発ということになろうが、既に述べたように、プロダクトアウト的なアプローチが難しいため、支援対象として決定する前に、決定した場合に十分な数の事業者の導入がなされることの目論見を事業者側に求めるなどの工夫を施すべきであろう。

　これらの支援は、産業内の既存事業者の中に少なくない範囲で国内市場特化を志向する事業者が見込まれる以上、産業界で「ヨコ」で足並みを揃えての動きとして成果を上げることは不可能である。むしろ、意欲ある事業者の先進的事業活動を支援するという「タテ」のアプローチしかあり得ない。しかしながら、当初は「タテ」から始めざるを得ない動きが、成功すれば「ヨコ」の市場環境整備につながりうることは 2.（3）後段で既に述べた通りである。

　故に問題は、この「タテ」の成功をいかに起こしうるかであり、市場の不確実性を考えると、呼応する事業者数が十分に見込める範囲で適切な条件付けをデザインし、その厳格な実施を期するという枠内で事業を行っていくことが適切であろう。ここにおいて、産業団体が主導的にこれを支えることはあり得ないと見切った上で、産業政策当局自らが構想、判断の上でこの条件のデザインを行っていくことになる。まさに産業政策当局の腕の見せ所、ということになろうか。

4　最後に

　インターネット上でのグローバル産業プラットフォームの成長という世界のメディア史に残る一大変革の中で、我が国の文化産業（特にコンテンツ産業に偏っていることはご容赦いただきたいが）の発展のために、企業活動の支援スキームがいかに作用しうるかについて、考察してきた。

　最後に、ここまでの考察が漏らしている点について一言だけ附言したい。それは、筆者の役割分担からはやや逸脱するが、作品そのもののクオリティを上げていくための技能的向上のあり方（ヒット作の「確率」を上げるアプローチ）についてである。

　産業メカニズムの調整は、多産多死を前提としてより多くの作品が制作され

ることにより、より激しい競争でよりよい作品が生まれることを目指す分散型のアプローチを採るにせよ、制作作品数を絞っても一作品あたりの投入資源を増加させようという集約型のアプローチを採るにせよ、これはあくまで成功を生み出す環境の調整にすぎず、どのようにすれば「よい作品」(「ヒットする作品」と言い換えてよいかには議論があろうが)を生み出すか[18]という手法を説明しない。

　我が国では、この面での品質向上、技能向上のためのアプローチが産業組織の中に暗黙知的に保有されるのみで、その知識が共有されない傾向を指摘することができる。しかしながら、メディア環境が激変する中で、従来のメディア産業を基盤に組み立てられていた産業組織によって保有された暗黙知というだけでは、検証、更新される機会があまりに少ない。それでは政策を実現するにも必要な社会の理解を得られないかもしれないし、仮に制度的対応ができたところで、それに与して文化産業に資源投入を行う良い支援者を他の産業界に生み出せないのではないかと危惧する。筆者は、個人的には、これを何らかの形で形式知化し、研究、検証、更新される社会的な基盤が必要であると感じている。

　今後、こうした文化基盤と文化産業基盤の両面の整備により、我が国が引き続き有意な作品や人材を輩出し続けられることを願ってやまない。

18　一つの例外として「メディアミックス」のビジネス手法的アプローチがあるが、それも組み合わせられる個々の要素の品質向上の手法は含んでいない。

参考文献

イ、ジヘン（2021）『BTS と ARMY：わたしたちは連帯する』イースト・プレス。

カン、ハンナ（2022）『コンテンツ・ボーダーレス：世界の潮流からヒントを得る新しいコンテンツ戦略』インプレス。

株式会社海外需要開拓支援機構法。

経団連（2005）『映像コンテンツのブロードバンド配信に関する著作権関係団体と利用者団体協議会の合意について』（最終閲覧 2024 年 3 月 18 日：https://www.keidanren.or.jp/japanese/policy/2005/017.pdf）。

小宮隆太郎、奥野正寛、鈴木興太郎編（1984）『日本の産業政策』東京大学出版会。

竹野弘祐（2023）「YouTube と JASRAC の新契約で何が変わるのか？著作管理システムや配分までの流れを聞いた」『ケータイ Watch』（最終閲覧 2023 年 12 月 5 日：https://k-tai.watch.impress.co.jp/docs/news/1486157.html）。

三輪芳朗、J・マーク・ラムザイヤー（2002）『産業政策論の誤解：高度成長の真実』東洋経済新報社。

ジャパンデジタルコンテンツ（2004）『コンテンツビジネスの資金調達スキーム』九天社。

B. アートは未来創造のキーワードとなるか

崎本哲生

1　はじめに

　企業による文化支援の手法としては、投資、補助金、給付金、環境整備、マッチングなど様々な切り口からのアプローチが可能であると思われるが、当然そこには、民間企業のみならず、政府や自治体との適切な協力関係がなければならないことは容易に想像できる。我が国における官民一体となっての文化政策の代表的なものとしては、2013 年 11 月に設立された海外需要開拓支援機構（クールジャパン機構）による政策があり、クールジャパン政策として数々の施策が試みられてきた事例がある。

　2021 年 5 月に発表された「IFI Working Paper No. 6 我が国におけるアート×デジタルテクノロジー等に関するビジネス展開から考える今後の文化政策展望」（小田切 2021, p. 12）によると、クールジャパン政策の結果として主な問題点が次のとおり指摘されている。

① 　そもそものクールジャパン政策の着眼点や狙い、目指すものについての認識が不十分といった本質的課題が存在する。（中略）必ずしも経済目的に限らない広い外交上の利益に資するという「ソフトパワー論」の本質に迫ることなく実利的な部分に徹しすぎている。

② 　日本人と異なる世界の人々の感覚・目線の不足、供給者側で考えるプロダクトアウトの思考から抜け出せない。

③ 　日本の本来存在する魅力の深みの掘り起こし不足。

　一方、世界に通用する日本のアーティストあるいはアート関連の施設は近年

増えており、それぞれどのような努力によって今日を築いたのか、あるいは現在どのような問題を抱えているのかを丁寧に見ていくことによって、上記総括の中で指摘されている「本質的課題」「ソフトパワー論」の中身に迫れるのではないかと考える。そこで今回、2022 年 2 月に開館した大阪中之島美術館、そして、第 18 回ショパン国際ピアノコンクールにおいて日本人として 51 年ぶりに 2 位入賞を果たしたピアニスト反田恭平氏率いる Japan National Orchestra 株式会社に焦点を当て、官民を巻き込んだ文化支援のあり方、克服すべき課題ならびに解決のためのヒントになりうるものについて、クールジャパン政策の批判的再検討という形で考えてみたい。

2　文化支援の事例紹介

〈事例 1：大阪中之島美術館の新しいスキーム〉[1]
大阪と京都の美術系アートシーンの変遷

　大阪中之島美術館の菅谷富夫館長によると、大阪では 10 年くらい前まで「貸し画廊」というビジネスモデルが成り立っており、なかなか売れない現代美術の作家が画廊を借りて発表の場を持っていた。京都はそれまで、目立つものはなかったのに、現在では大阪と立場が逆転している。それには次のような原因があるのではないかと考えている。

① 　ここ 20 年くらい「文化は京都だ」というイメージづくりに官民協力して継続的な努力を払ってきた。

② 　京都府が「新鋭選抜展」など新人作家を対象とした発表の場を持ち、若手作家の製作意欲を刺激した。

③ 　行政が主体となって美術教育機関の活動を振興したことで、作家を目指す若手の居心地が良くなった。

④ 　学びの場、発表の場などの環境が整ってきたことで、受け狙いではなく、作家がやりたいことを自分で作品にするアーティストが住み着いた。

　一方、京都のような取り組みをしなかった大阪において、今後の官民一体

1　事例 1 は筆者による菅谷富夫氏（大阪中之島美術館館長）インタビュー（2021 年 12 月 28 日実施）に基づく。

となった文化支援を考える上で示唆に富むのが大阪中之島美術館の事例である。まず、この美術館の特徴を中心に見ていこう。

大阪中之島美術館設立の経緯と仕組み

作家はどこに住んでいても良いとは言われるが、やはり地元は重要だと言わざるを得ない。これまでも何とかアーティストを大阪に呼び込みたいとの希望を持っていた中で、2019年に地方独立行政法人大阪市博物館機構が設立され、大阪中之島美術館もその中の一つとして位置づけられるに至った[2]。

官民連携の手法については、個別委託、第三者委託、デザイン・ビルド・オペレート（DBO）、プライベート・ファイナンス・イニシアティブ（PFI）、コンセッション[3]などいくつかの手法があるが、大阪中之島美術館は、コンセッション方式、つまり利用者から料金を徴収する施設において、その所有権は行政が保持したまま民間が「運営権」を買い取って運営する方式を基本として、これを変形して採用した。

図表 4B-1 をご覧いただくと、大阪市の中に地方独立行政法人大阪市博物館機構という法人格を持った組織を設立し、同機構の一つとして「大阪中之島美術館」を位置づけた。この枠組みの中で美術館を運営するために、大阪市から学芸員職員を同機構に移籍させ、さらに同機構から運営会社である「株式会社大阪中之島ミュージアム」に対して当該学芸員職員を出向させる形をとっている。一方で、美術館の収支を予測すると、事業収入より事業支出が過大となるため、その差額を「サービス対価」として同機構から運営会社に支出され、同機構には大阪市から運営交付金の一部として支出される流れとなっている。

ここで特徴的な点は、民間が運営権を買い取った関西国際空港などとは違

2　地方独立行政法人大阪市博物館機構を構成する施設は次の6施設である。大阪市立自然史博物館、大阪市立東洋陶磁美術館、大阪市立科学館、大阪歴史博物館、大阪市立美術館、大阪中之島美術館。

3　デザイン・ビルド・オペレート Design Build Operate：資金調達や工事発注、所有は公共側が担うスキームで、民間事業者に公共施設等の設計・建設の一括発注と、維持管理・運営等の一括発注を包括して発注する方式（内閣府 民間資金等活用事業推進室 2017, p. 13）。
プライベート・ファイナンス・イニシアティブ Private Finance Initiative：公共施設等の建設、維持管理、運営等を民間の資金、経営能力及び技術的能力を活用して行う新しい手法。
コンセッション Concession：利用料金の徴収を行う公共施設について、施設の所有権を公共主体が有したまま、施設の運営権を民間事業者に設定する方式（内閣府ホームページ n.d.）。

図表 4B-1　大阪中之島ミュージアムをとりまく全体のスキーム

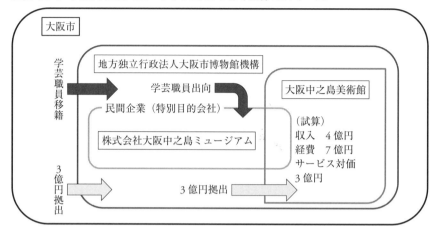

出所：筆者による菅谷富夫氏インタビュー（2021年12月28日）に基づく。

い、美術館では全国でも前例のない混合型のコンセッション方式（運営権を買い取らない方式）で設定したことであり、この点が非常にユニークな点として全国から注目されている。

　通常のコンセッション方式では運営権を民間企業が買い取り事業を運営する。しかし、美術館のような施設で運営権を買い取ってまで事業に参加する民間企業を募集することが困難と予測されるため、金融機関からの借入金の担保となる運営権の設定にとどめているのである。

　また、もう一つの特徴として、大阪中之島美術館は、企業からの寄付金を直接収受できない。なぜなら美術館には法人格がなく、寄付金は法人格を持つ地方独立行政法人大阪市博物館機構への寄付となるからである。つまり、同機構と株式会社大阪中之島ミュージアムとは PFI のコンセッション方式で運営する契約であり、そのためのサービス対価を決めている。したがって、契約以外の資金の受け入れが認められないのである。ただし、同機構が寄付金で美術作品を買うことはできる。その作品の人気により美術館への来場者が増えることにより増収になったからといって、それを禁止するものではない。このあたりが微妙なところで、ユニークな取り組みではあるが、解決すべき課題が潜んでいるように思われる。

〈事例2：DMG 森精機株式会社と Japan National Orchestra 株式会社の取り組み〉

　Japan National Orchestra 株式会社は、奈良を拠点に持続的かつ発展的な活動を行い、音楽家自らが活躍の場を創出することを目的として、一般財団法人森記念製造技術研究財団と反田恭平氏が代表取締役社長を務める株式会社 NEXUS の共同出資により、2021 年 5 月 20 日、資本金 1000 万円で設立された。一般財団法人森記念製造技術研究財団は、DMG 森精機株式会社が行ってきた社会貢献活動を同社に代わり、一定の規模で安定的に取り組むために設立された財団である。

経営の哲学

　2022 年 4 月 19 日、DMG 森精機株式会社の伊賀事業所を訪ね、同社コーポレートコミュニケーション固定資産企画管理担当執行役員、また、Japan National Orchestra 株式会社の取締役を兼務されている波多野雅美氏にインタビューを行った。広大な敷地に整然と配置された建物群の中からご案内いただいたのはマシンの組み立て工場で、工場の壁面に所狭しと飾られているアート作品の数々に目を瞠った。世界を相手に 24 時間 365 日勤務が必要な部署もあり、従業員の方々の精神的な安らぎとなるとともに新進気鋭の作家の貴重な発表の場にもなっているとのことである。また、事業所を一歩出ると、かつての耕作放棄地を DMG 森精機が買い取り、一面のブドウ畑としてイチから耕作を始めている。将来はワイナリーに育てたいとのことである。これら一連の取り組みは、「地元をはじめとして周囲の助けがあって会社が大きくなった。その『恩返し』をしたい」とのことであった。このような意図を持った取り組みに、DMG 森精機株式会社の経営哲学の原型が込められていると言えよう。

DMG 森精機株式会社と反田恭平氏のコラボレーションの経緯[4]

　そもそもなぜ両社が協力して奈良県を舞台とした音楽振興の取り組みを始めることとなったのか？　同社専務執行役員であり、Japan National Orchestra 株

4　以下の「コラボレーションの経緯」と「支援の考え方」、「奈良県の対応」は、筆者が 2022 年 4 月 19 日、川島昭彦氏に行ったインタビューによる。

式会社代表取締役会長の川島昭彦氏はそのきっかけとなる出来事を次のように語った。

> 　今から数年前、ドイツの DMG 本社でドイツと日本の架け橋となるコンサートの企画が持ち上がり、私がその企画を担当していました。そのプログラムの中にラフマニノフのピアノ協奏曲第 2 番というピアニストにとって大変な難曲が含まれており、そのソリストを務める予定だったイタリア人ピアニストが急遽ケガで参加できなくなったんです。これは大変なことになった、本番まで数日しかない。
>
> 　そこで、大のクラシックファンであり、反田恭平氏のファンだったので、反田氏がたまたま 2 年前にその曲をレコーディングしていることを知っていて急遽代役を依頼しました。反田氏は快諾してくれ、コンサート前日の午前 11 時すぎのデュッセルドルフ行きに乗れば間に合うことがわかり、現地に駆け付け見事その代役を果たしてくれました。結果は大成功で、スタンディング・オベーションの嵐となりました。

　この「恩返し」がしたいと川島氏は考え、反田氏に打診した。反田氏は自身のサポートというより、「同世代の若手が活躍できる場をつくりたい。そのためにアカデミーをつくりたい」と答え、そこで、その夢を実現できるようチームで取り組もうということとなった。反田氏は既に 8 名からなる室内楽団を組織していたため、川島氏はそれを母体として、そして DMG 森精機発祥の地である奈良県を拠点とした新しい共同出資型のビジネスモデルを模索したいと提案したところ、反田氏も大いにその構想を気に入った。こうしてまとまった Japan National Orchestra 株式会社の設立には次のような思いが込められている。

① 　音楽家自らが株式会社を設立、活躍の場を創出し、持続的かつ発展的な活動を確実にする。

② 　志のある音楽家が、安心して音楽を学び、音楽活動に専念できる環境の確保。

③ 　奈良を中心に地域社会に親しまれ、愛されるオーケストラを目指す。

④ 　2030 年にはアカデミー（音楽院）の創設。

DMG 森精機株式会社の支援の考え方

　ここで注目したいのは、川島氏の「サポート費用は出すが、それをコストとは考えていない。いわば地元への恩返しのための無形資産のようなもので

す」という言葉である。文化の発展のためには必ず資金が必要となる。その資金の多くは投資回収という発想の中でいつしか文化の発展への貢献度が低下してしまうことが多いように思われる。このような過去の経緯がある中で、敢えて株式会社化した点を川島氏は次のように語る。

> 現在は時代の変革点にある。中世の時代、音楽は教会に属した祈りのための道具であったり、王族や貴族のパトロネージュのもと、彼らの生活を飾るものとして成り立っていました。現代になって、音楽（クラシック音楽）の世界は、音楽家の演奏を音源としてその権利を管理・販売するレーベルと、コンサートなどを興行する興行主とが収入をもたらす主体となり、音楽家はひたすら芸術性の追求にのみ専念してきました。ところが現在SNSなどの発展によって、アーティストが聴き手である聴衆に直接つながることができるようになってきました。これによって、これまで閉ざされた世界であったレーベルや興行をアーティスト自らがプロデュースできる環境が整いつつあるため、株式会社を設立して貸借対照表と損益計算書を管理し、財務的に中長期的な成長のシナリオを描くことができるようになったのです。

この考え方に基づき、Japan National Orchestra は活動を広く認知してもらうために、SNS を有効に使いながら、関心の度合いに応じた関わり方ができるよう随所に工夫がされている。SNS を通して固定ファンとのつながりが強固になるとチケットはそのルートでも販売できるため、販売効率が大幅に向上する。また、ファンクラブには興味の度合いに応じた階層が設けられており、プレミアム会員になると、Japan National Orchestra のメンバーのレッスンを受けられる。これは大変大きな魅力である。世界レベルのメンバーにアマチュアであってもレッスンを受けられるとなると、これは文字通り千載一遇のチャンスであり、新たなファンを呼びこみ、強固なつながりへと育っていく起爆剤になるように思われる。このような自由な発想が資金的な面を含めて展開できるのは株式会社化の大きな効果の一つであろう。コンテンツのデジタル化による成功事例ではないか。

最後に、川島氏の言葉でもう一つ印象に残ったのは、「赤黒トントンで良いから、自前で収支を合わせられる会社に成長してほしい」という言葉である。文化の支援について「いつまでも資金援助を続けるのではなく、スタートして暫くは、もちろんサポートが必要であっても、自立できるような成長をサポートする」という視点は示唆に富んでいる。

奈良県の対応

　さらに、この取り組みには奈良県も素晴らしい対応を見せ、次のような官民が協力した新しい文化政策のあり方を提示あるいは実践していることが、インタビューを通して明らかになった。

① 　単なる寄付だけでなく、地元に根付く文化がなければ地元の財産とはならないと県も考えている。

② 　アウトリーチとして、学校を訪問し、世界レベルの音楽家の奏でる音楽に触れることのできる機会を持つための費用を県の予算として確保している。

③ 　反田恭平氏を奈良県の文化政策顧問に迎え、県に対する文化的なアドバイスを受ける。

④ 　文化会館を改修し、反田恭平氏をアドバイザーとしてクラシックのコンサートが可能な環境を備えたホールを建設する予定である。

3　二つの事例から学べること

（1）文化支援において企業と政府自治体に求められること

　これら二つの事例から学べることは、情熱を秘めたアーティストを取り巻く環境を整備することがいかに大切かということである。アーティストが大輪の花を咲かせ、人類が普遍的に持つ「真・善・美」への憧れを様々な形で体現することで、世界から人々は集まり、また、世界に出ていくことが可能となる。それにあたっては、官民が一体となってつくる環境がいかに大切かという点、そしてそのためには、「企業における価値観の転換」と「環境づくりのために必要な人材の育成」がこれまで軽視されてきたのではないか。この点が「本質的課題」あるいは「ソフトパワー」に大きく関係しているのではないかと思われる。

　大阪中之島美術館の例で言うと、学びの場、オリジナルな発想を発表する場、流通市場の整備などを通してはじめてアーティストの住み心地の良さが実現できる。住み心地が良くなければ、集中して作品の製作ができないことは容易に想像できる。また、そのようにしてできあがったオリジナルな作品は、最初は誰にも見向きもされないかも知れない。したがって、それを受け入れ、世

界に発信する「場」も併せて必須となる。ユニークな形でのコンセッション方式ではあるが、それだけでは完結しえないそのような総合的な仕組みを考えようとした場合、何をどのように補わなければならないかという点が一つの論点となるのではないだろうか。

一方、DMG 森精機株式会社の文化支援の考え方においては、支援に要する資金をコストとは考えず、無形資産と捉えるための理論的支柱と、それに伴う公的な政策が伴わないと、特殊な事例と片付けられてしまう可能性が高い。それは誠に惜しいというべきであり、この二つの事例にからむ企業の文化支援のあり方について以下で少し踏み込んで考えてみたい。

(2)「公益資本主義」という考え方

「企業（株式会社）は誰のものか？」という問いはこれまでもしばしば発せられ、そのたびに様々な見解が述べられてきた。株主のもの、従業員のもの、社会のもの、あるいはそのすべてなど、である。

そこで、文化支援に取り組む企業の理論的支柱構築の参考となる文献として、公益資本主義を提唱する原丈人（2017）に基づいていう「公益資本主義」と従来の「株主資本主義」とを比較してみよう。

原氏は「『公益』とは企業を構成する個々の社中（株主、従業員、取引先、顧客、地域社会、地球）に配分される利益の総和であり、多くの利益を上げることが最も大きな前提」と言う（原 2017, p. 4）。

人類にとって文化、あるいはアートは私たちの生活にとって不要不急である

図表 4B-2　公益資本主義と株主資本主義の比較

公益資本主義	株主資本主義
中長期の勝負	短期の勝負
新たな富を生む（プラスサムゲーム）	新たな富を生まない（マネーゲーム、ゼロサムゲーム）
層の厚い中間層を生む	一部の超富裕層と大多数の貧困層を生む
大多数の日本人と世界の大多数の国民が望む資本主義	英米の金融界、メガファンド、投機家、ウォールストリートが望む資本主義

出所：原丈人（2017, pp. 172-173）。

どころか、必要不可欠な要素であることはここ数年、世界を襲ったコロナ禍の
もとで明らかになった。アートは人類にとっての普遍的価値の一つであり、
アートのもたらす一連の恩恵としての公益（＝利益の総和）を最大化すること
は公益資本主義の考え方に沿うものであるから、それに沿って経営の価値観を
転換し、その転換を促進するための政策が実行されるべきである。

(3) 公益資本主義の観点から見た「新」クールジャパン政策

　このように見てくると、「目指すものについての認識が不十分といった本質
的課題」、「必ずしも経済目的に限らない広い外交上の利益に資するという『ソ
フトパワー論』の中身の深掘り」といった、「新」クールジャパンに課せられ
た課題を克服するためには、アーティストにとって居心地のよい環境整備のた
めの施策、そして、ソフトパワーを発揮するための人材育成のための施策が大
きな政策課題となってくる。

　本質的課題の一つである環境整備については、アート支援に関する特区の設
置であったり、企業が中長期的な視野で経営ができるような新たな企業価値評
価制度の制定、また、文化支援にかかる税制改革（＝投資減税など）、あるい
は国や金融機関と連携した融資制度改革などが考えられる。これらを上手く組
み合わせなければ、現行制度下での企業の努力のみでは課題を克服することは
困難であると言わざるを得ない。大阪中之島美術館型のコンセッション方式を
例にとれば、「運営権」は設定のみで買い取りはしない制度となっている。そ
こには「運営権」を買い取るリスクを冒してまで、計画を進められないという
企業側の事情が垣間見える。しかもコンセッション方式による契約で、サービ
ス対価以上の企業や個人からの金銭面での支援が受けられない制度となってい
る。これではアーティストに居心地のよい環境づくりにまで手が回らないとい
うジレンマを抱えざるを得ない。運営会社が提供できる環境としては、精一杯
頑張っても製作の場、発表の場、交流の場を整えるところまでであり、学びの
場、住環境の整備などは行政の役割になろう。したがって、行政は官民一体と
なった施策の実施を可能にする「特区」の設置など政策の整備に向けて具体化
を図るべきではないか。

　一方、ソフトパワーの中身についてはどうか。ソフトパワーとは、「軍事力
や経済力ではなく、文化や価値観などがもたらす力」（玉木, 2016, p. 13）だと

言われる。

　DMG 森精機株式会社の取り組みを例にとると、既に企業活動の中に、経営の意思として文化支援策が位置づけられており、アートを愛し本気で取り組む人材が育っている。この事例からわかることは、望ましい人材の有り様（継続的な熱意を持ち、アーティストが目指す世界に対して最低限の知識を有し、アーティストの目線に自らを同期させられる人材）を確保し、そしてその人材資源をどのように増やしていくかが大きな課題であるということである。これらのことを DMG 森精機株式会社は手弁当で行っているともいえ、このような人材育成の仕組づくりを政策課題として位置付ける必要があるのではないか。このような人材を育てるには、官庁や企業などで頻繁に見られる人事異動を前提としては困難である。じっくりと腰を落ち着けて、自らの使命を自覚し、その意義に目覚め、覚悟を持って取り組むことのできる人材を有する組織が必要ではないか。折しも、政府が 2022 年 5 月 31 日に示した経済財政運営の基本指針「骨太の方針」と「新しい資本主義」実行計画の原案は、軽視されてきた「人への投資」を抜本的に強化し、人材と資金を成長分野に向かわせて、経済のダイナミズムを取り戻すことを狙うと謳っている。そうであれば、公益資本主義の考え方に立ち、国としての政策目標を明確に定める必要がある。

　例えば、これら二つの事例から次のような課題が浮かび上がってくる。画家にしろ、音楽家にしろ、これまでは時間や空間のみならず、売買や所有形態についても物理的制限の中で行わざるを得なかった。これらの制限の中では、そもそも知ってもらうこと自体に労力がかかり、ましてや、興味を持ち絵画を購入する、あるいはコンサートに足を運んでもらうには数々のハードルがあった。これらを克服するには、デジタルテクノロジーを活用することが有効だと思われ、Japan National Orchestra においては既に SNS 等を活用しながら部分的にはこれらの課題を解決しつつあるが、我が国の美術系アーティストには活用事例があまり見当たらない。将来の発展を見据えるならば、部分的活用のみならず、アーティストのやり甲斐、生活基盤の確保、また、我が国発の文化の世界へ向けた発信と認知を得るという観点から、NFT やメタバースといったデジタルテクノロジーの可能性をこれまで以上に追求していくべきであろう。併せて、テクノロジーを用いて教育を支援する EdTech（Education＋Technology）

を活用した「人の心に火をつける」仕掛けを備えた人材育成財団などの設立も視野に入れて取り組むことができれば、ソフトパワーを育む一助となるのではないか。

4　まとめ

　アートが未来創造のキーワードとなるか否かについては、環境整備については公益資本主義の考え方に沿った新たな企業価値評価制度の検討および官民が協力できる政策立案ができるかどうか、ソフトパワーについては、個人の趣味嗜好とか組織での役割を果たすといった次元を超えた、実現可能な社会的価値達成への取り組み、世界に向けた我が国の文化の発信といった使命感、情熱を持ち続けられる視点の高さを持った人材を育成できるかどうかにかかっている。ここで大切なことは、「社会的使命感の創出を図る」ということである。この点で「マインドの法則」（久瑠 2012）が参考になる。「人は多かれ少なかれ『夢を実現したい』『そこに賭けてみたい』『その夢を信じてみたい』という想いが潜在意識にあります。また、そういった情熱を持った一人の人間の夢を共有できたとき、目に見えない高い次元で共鳴がおこり、自分もその夢やそのビジョンを一緒に実現したいという情動に駆られるのです。そうした、一人ひとりの高く引き上げられた心の視点は各々に社会的使命感を生み出し、自分の社会的な役割を明確にしていきます。自らの信念で動く使命感を持った人間のエネルギーはとてつもなく強いのです」（久瑠 2012, p. 208, 214）というくだりがある。これこそが、上述の個人の趣味嗜好などの次元を超えるということの意味であり、世界に向けて各種の文化を発信するソフトパワーの源泉（＝人材）を育成することにつながるのではないだろうか。

参考文献

小田切未来（2021）「我が国におけるアート×デジタルテクノロジー等に関するビジネス展
　開から考える今後の文化政策展望」IFI Working Paper No. 6、p. 12。

久瑠あさ美（2012）『人生が劇的に変わるマインドの法則』Clover 出版、p. 208, p. 214。

Japan National Orchestra（2021）「Japan National Orchestra 株式会社設立〜音楽家活躍の場の創
　出、奈良を新たな文化芸術創造の地」（最終閲覧 2022 年 10 月 28 日：https://morifound.dm
　gmori.co.jp/pdf/20210525_jno.pdf）。

玉木俊明（2016）『〈情報〉帝国の興亡：ソフトパワー五〇〇年史』講談社現代新書、p. 13。

原丈人（2017）『「公益」資本主義：英米型資本主義の終焉』文春新書、p. 4, pp. 172-173。

内閣府 民間資金等活用事業推進室（2017）「PPP/PFI 手法導入優先的検討規程運用の手引」
　（最終閲覧 2022 年 10 月 28 日：https://www8.cao.go.jp/pfi//yuusenkentou/unyotebiki/pdf/unyo
　tebiki_01.pdf）。

内閣府（n.d.）「PPP/PFI とは」（最終閲覧 2022 年 10 月 28 日：https://www8.cao.go.jp/pfi/pfi_j
　ouhou/aboutpfi/aboutpfi_index.html）。

内閣府（n.d.）「公共施設等運営（コンセッション）方式」（最終閲覧 2022 年 10 月 28 日：
　https://www8.cao.go.jp/pfi/concession/concession_index.html）。

A. 企業・ビジネスパーソンによる アート作品の購入と活用の実態と課題

綿江彰禅

1 はじめに

　筆者は、政府や企業に対して文化芸術をテーマとするコンサルティングを行う「一般社団法人芸術と創造」という法人の代表を務めており、コンサルティング会社に勤めていた前職の時期より 20 年以上ビジネスとアートのつなぎ役としての役割を担ってきた。その上で、近年は特に経営者を含むビジネスパーソンによるアートへの関心が高まっていると感じている[1]。

　関心の高まりについての具体例を挙げるとすれば、2017 年に「美術とおカネ全解剖」（週刊ダイヤモンド誌 4/1 号）、2021 年に「アートとお金」（週刊東洋経済 2/20 号）といったビジネス誌としては異例の特集がなされた。また、著作家・経営コンサルタントである山口周氏は、2017 年の著書『世界のエリートはなぜ「美意識」を鍛えるのか？』にて、ビジネスにおいては論理だけではなく美意識も重要であることを主張し、本書はアートに関する書籍として異例の 20 万部を超えるベストセラーとなった。さらに、2020 年には美術教師・アーティストである末永幸歩氏が「『自分だけの答え』が見つかる 13 歳からのアート思考」を出版、アートを通した思考力の強化の可能性を説き、こちらも多くのビジネスパーソンに支持され販売部数は 16 万部を超えた。

　このように、近年、アートとビジネスをテーマとした著作の出版が相次いで

1　本章における「アート」とは「視覚芸術（絵画、彫刻、版画、写真、メディアアート等）」を指し、「アーティスト」は本分野で活動する芸術家を指すものとする。ただし、文脈によって「アート」と称するのに違和感が生じる場合は、同様の意味において「美術」という言葉を使用している。

いる。2010 年以降の出版数を集計した結果が図表 5A-1 である。2010 年〜18
年の間は年に数冊あるかないか、最も多い 2015 年でも 5 冊であったが、19 年
以降は急激に増え、20 年には 10 冊が出版された。ちょっとしたブームと言っ
ても良い状況になっている。

　これらの著作が扱っている内容は「①アート業界の仕組みやアート作品の購
入」と「②ビジネスにおけるアートの活用」に分類することができる。前述の
ビジネス誌の特集は①に、山口氏・末永氏の著作は②について論じている。出
版数を見ると①を扱う著作は以前より一定程度存在したが、②を扱う著作は
2018 年以降に増加していることがわかる。

　しかしながら、これらの書籍を見てみると、ビジネスとアートの関係性を議
論する上で、必ずしも「ビジネスパーソン・企業によるアート作品の購入」や
「ビジネスパーソン・企業によるアート活用」についての客観的な分析が十分
に行われていない。前者については、①の著作にて言及されているものの、大

図表 5A-1　アートとビジネスをテーマとした出版点数の推移

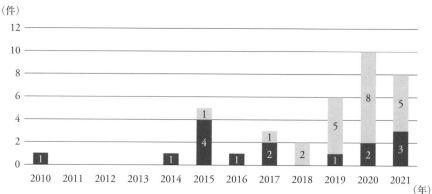

※ワード群 A：「アート」「美術」、ワード群 B：「ビジネス」「経営」、「経済」「投資」「市場」「バブル」
「金（マネー）」「アート思考」を設定し、出版書誌データベース（https://www.books.or.jp/）、アマゾ
ンジャパンサイト（https://www.amazon.co.jp/）等にてワード群 A と B のそれぞれを 1 つ以上含む組
み合わせにて書籍名を検索し、該当したものをカウント。なお、書籍は何らかの出版社により紙媒
体でも販売されているものに限定し、雑誌等の特集は除外した。また、アートというワードを使っ
ているが視覚芸術を扱っていない（デザインについてのみ言及している）ものは除外した。「①アー
ト業界の仕組みやアート作品の購入」、「②ビジネスにおけるアートの活用」の分類は書籍の内容に
基づき筆者が判断した。
出所：各種公開情報を基に筆者作成。

半はアーティストやアートディーラー等の業界関係者による経験や感覚に基づく主張であり、定量的な分析に基づく主張は限定的である。なぜなら、そもそも我が国においては美術品の売買を把握できる統計情報が存在せず、長い間この実態がわからなかったからである。

また、後者についても、②に関する著作にて言及されているが、活用の効果等の構造化を試みている著作は限定される。そのため、弊社には企業から、「アート活用によって具体的にどのような効果が期待できるのか」、「どのような取り組みが考えられるのか」という問い合わせが多く寄せられている。

本章では、これらの事柄の一部を明らかにすることで、「アート作品の購入」や「アート活用」についてのビジネスパーソン・企業の理解・普及の促進に資することを目指している。

第2節では「ビジネスパーソンによるアート作品の購入実態」について分析する。政府統計（総務省が行う「家計調査」「全国家計構造調査」「経済センサス」等）は、アート作品の売買の状況が捕捉できるような商品区分・産業区分になっておらず、実態がわからない。この状況を踏まえ、我が国において初めてアート作品の購入実態を大規模な消費者調査を基に明らかにしようとした研究が筆者の「日本における美術品購入の現状と市場規模拡大に向けた課題」（2014）である（本調査では回収数は約1万人）。そして、この研究成果を基に、2016年から「一般社団法人芸術と創造」と「一般社団法人アート東京」が共同で、「日本のアート産業に関する市場調査」（2016-2021）を行ってきた（本調査では回収数は約2万人）。第2節では、主にこの調査データを分析し、実態の一部を明らかにする。なお、「企業によるアート作品の購入」も議論の対象とすべきではあるが、企業にとっては購入状況を開示するインセンティブがなく、企業を対象とした新たな調査を行うことも非常に困難であるため、議論の拠り所となる情報が致命的に不足している。そのため、本章ではビジネスパーソンに絞って分析を行っている。

第3節では「企業によるアート活用による効果と活用手法」を整理している。我が国において企業によるアート活用の効果を体系的に整理しようとした先行研究として、電通美術回路編『アート・イン・ビジネス　ビジネスに効くアートの力』（2019）、文化庁「令和元年度　文化庁文化経済戦略推進事業報告書」（2019）が挙げられる。これらの先行研究の課題を踏まえ、本章は効果を

整理するとともに、この整理結果を基に、アート活用の効果検証を試みた国内外の有力な研究論文も紹介していく。なお、アートの活用についても「ビジネスパーソンによる活用」と「企業による活用」に分けて議論すべきであるが、結局のところ企業とはビジネスパーソンの集合体であり、議論を単純化するためにビジネスパーソン個人としての活用も企業による活用に包含されるものとして、企業を主語として議論を展開する。

2　ビジネスパーソンによるアート作品購入の実態

　本節では「ビジネスパーソンによるアート作品の購入実態」を「日本のアート産業に関する市場調査」の分析結果を基に明らかにする。本調査は 2016 年から毎年行っており、外部の調査会社が持つインターネットアンケートモニターから抽出した約 2 万人を対象としている。また、本調査は、この約 2 万人について、総務省「労働力調査」を基に「性（2 区分）」、「年代（6 区分）」、「就労状況（就業者・非就業者の 2 区分）」、「所得（就業者は個人年収により 9 区分、非就業者は世帯年収により 6 区分）」を基に割り付け（回収数のコントロール）を行い、回答者の構成が日本の縮図となるように設計している。なお、本調査の集計・分析におけるビジネスパーソンとは、就業状況を問う設問に対して「会社員」「会社経営（経営者・役員）」「派遣社員」「個人事業主・フリーランス」を選択した方々の集合体として定義している（営利事業に直接的には携わらない「公務員」や「パート・アルバイト」「専業主婦・主夫」「学生」、「無職」はビジネスパーソンに含めていない）。

　ここでまず、購入実態に係る議論の前提として日本のアート市場規模の推移を確認したい（図表 5A-2）。市場規模は 2016 年から 19 年までは増加したが、新型コロナウイルス感染症拡大（以下、コロナ禍）の影響を受け 20 年以降は減少している。アート購入ブームとまでは言えないが、平時においては市場が拡大していたことが確認できる。

　日本における各種属性別の過去 3 年間のアート作品の購入率を整理した結果が図表 5A-3 である。2021 年時点での過去 3 年間の購入率は全回答で 2.8％、ビジネスパーソンで 3.5％である。2019 年時点では、それぞれ 6.3％、7.6％であったことから、コロナ禍の影響を受け割合が大きく下がったと考えられる）。

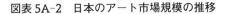

図表 5A-2 日本のアート市場規模の推移

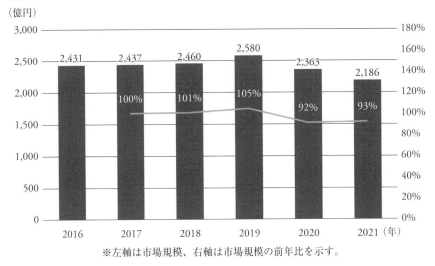

※左軸は市場規模、右軸は市場規模の前年比を示す。

出所： 一般社団法人アート東京・一般社団法人芸術と創造「日本のアート産業に関する市場レポート 2021」を基に筆者作成。

ビジネスパーソンの購入率は高いように思えるが、図表 5A-3 の個人所得別の全回答およびビジネスパーソンの結果からもわかるとおり、アート作品の購入は所得と高い相関があり、同時に、ビジネスパーソンの所得は高い傾向がある。そのため、同じ所得階層ごとに互いを比較すると必ずしもビジネスパーソンの購入率が高いとはいえない。

　年代別では、年齢層が高いほど所得が高くなる傾向があるため、全回答とビジネスパーソンは、ともに 60 代の割合が高くなっている。しかしながら、ビジネスパーソンでは 30 代の購入率が高く、若い世代の関心の高さも窺える。

　就業状況別では、「会社経営（経営者・役員）」「個人事業主・フリーランス」の購入率が高く、また、職種別では「企業等の経営者・役員」「基礎・技術研究」「個人事業主・店主」「商品企画・開発」「経営・事務企画」の購入率が高い。つまり経営層や企画・研究系の社員がアート作品の購入を牽引していることがわかった。

　では、ビジネスパーソンはどのような動機でアート作品を購入しているのだろうか。「過去 3 年間のアート作品の購入者の購入の目的・理由」「アート作

図表 5A-3　各種属性別の過去 3 年間のアート作品の購入率

2021 年調査	n 数	購入率
全回答	24,959	2.8%
ビジネスパーソン	10,576	3.5%

2021 年調査		全回答		ビジネスパーソン	
		n 数	購入率	n 数	購入率
個人所得	100 万円未満	8,265	1.7%	879	1.4%
	100～200 万円未満	3,482	1.9%	766	1.3%
	200～300 万円未満	3,001	1.9%	1,368	1.2%
	300～400 万円未満	2,311	2.7%	1,508	2.4%
	400～500 万円未満	1,591	3.7%	1,167	2.8%
	500～700 万円未満	1,796	3.4%	1,287	3.3%
	700～1000 万円未満	1,865	5.3%	1,381	5.4%
	1000～1500 万円未満	1,548	5.2%	1,306	5.5%
	1,500 万円以上	1,100	7.6%	914	8.0%
年代	20 代	2,703	2.1%	1,157	2.5%
	30 代	3,446	2.5%	2,048	3.2%
	40 代	4,474	2.7%	2,776	3.1%
	50 代	4,860	2.6%	2,713	3.0%
	60 代	5,695	3.3%	1,456	5.3%

2021 年調査	
就労状況 ※全回答	会社経営（経営者
	個人事業主・フリ
	その他の職業
	公務員（正職員）
	会社員（正社員）
	専業主婦・主夫
	無職
	公務員（契約職員）
	会社員（契約社員）
	学生
	パート・アルバイ
	派遣社員

※ 2021 年は基本属性として職種を調査していないため、2019 年調査を参照。
出所：一般社団法人アート東京・一般社団法人芸術と創造「日本のアート産業に関する市場レポート」

品の購入・保有から期待できるプラスの効果」を整理した結果が図表 5A-4 である。購入の目的・理由は、全購入者とビジネスパーソンともに「居住空間に飾る」「気に入って衝動的に購入」「コレクションする」の割合が高かった。そして、互いの割合の差分を見ると、全購入者ではビジネスパーソンよりも「気に入って衝動的に購入」「実用品として使う」の割合が高く、ビジネスパーソンは全購入者よりも「店舗・オフィスに飾る」「作家を支援する」の割合が高い傾向があった。

　プラスの効果については、全購入者とビジネスパーソンともに「リラックス・気分転換・ストレスの軽減」「自身の嗜好の認識・理解」「教養の習得」

	n数	購入率
・役員)	872	8.8%
ーランス	1,377	4.1%
	315	3.2%
	794	3.1%
	7,238	3.0%
	5,031	2.7%
	4,246	2.3%
	173	2.3%
	678	1.9%
	793	1.9%
	3,031	1.5%
	411	1.0%

2019 年調査		n数	購入率
全体		23,280	6.3%
ビジネスパーソン		9,893	7.6%
職種 ※ビジネスパーソン	企業等の経営者・役員	601	12.3%
	基礎・技術研究	198	11.6%
	個人事業主・店主	1,067	10.5%
	商品企画・開発	194	10.3%
	経営・事務企画	466	9.7%
	人事・総務・経理	1,160	8.7%
	情報処理（システム）	527	8.0%
	営業・販売	1,494	6.7%
	技術開発・設計	591	6.6%
	製造・生産・品質管理	862	6.0%
	購買・仕入業務	112	5.4%
	物流・配送	217	2.8%

※ 1：職種が把握できているサンプルは 9,891。
※ 2：「広報・編集」は回収数が少ない（100 未満）のため除外。

（2019 年版・2021 年版）を基に筆者作成。

「創造力の養成」の割合が高かった。互いの割合の差分においては、ビジネスパーソンは「ビジネス上のコミュニケーションの促進」「新たなコミュニティへの参加」の割合が高い傾向があった。

　以上をまとめると、ビジネスパーソンの間では所得の高い 60 代だけではなく 30 代の購入率が高く、経営層や企画・研究系など知的労働の色が濃い職種で特に購入されている傾向がある。目的・理由として「店舗・オフィスに飾る」「作家を支援する」の割合が、期待として「ビジネス上のコミュニケーションの促進」「新たなコミュニティへの参加」の割合が高く、嗜好品というよりは、ビジネスと関連性がある事柄における使用価値を意識して購入してい

図表 5A-4　「アート作品の購入の目的・理由」と「アート作品の購入・保有から期

■アート作品の購入の目的・理由（2021 年調査）

	A：全購入者[2]	B：ビジネスパーソン[3]	B−A
n 数	**705**	**370**	−
居住空間に飾る[4]	**36.3%**	**35.4%**	−0.9%
気に入って衝動的に購入	**32.5%**	**30.5%**	**−1.9%**
コレクションする	**27.0%**	**29.5%**	2.5%
実用品として使う	22.1%	20.8%	**−1.3%**
記念品とする	20.6%	20.5%	0.0%
作家を支援する	14.2%	17.3%	**3.1%**
自分や家族の美術の知識を深める	10.4%	11.4%	1.0%
プレゼントする	9.4%	10.0%	0.6%
店舗・オフィスに飾る	5.1%	8.6%	**3.5%**
作家と関係を持つ	5.8%	5.9%	0.1%
投資・運用	3.4%	4.6%	1.2%
付き合いで仕方なく購入	3.3%	3.5%	0.3%
その他	2.7%	2.2%	−0.5%
特に目的・理由はない	2.4%	1.4%	−1.1%

※1：網掛けは各区分の中で割合が高い上位 3 項目と、差分が大きな項目を示している。　※2：　過
※3：過去 3 年間にアート作品を購入したビジネスパーソン。
※5：調査では「あなたは、美術品を購入・保有することで、人々に以下のようなプラスの効果がも
　　　対して、各項目ごとに「そう思う」「どちらかといえばそう思う」「どちらかといえばそう思わ
　　　う思う」か「どちらかといえばそう思う」を選択した人の割合を示している。
出所：一般社団法人アート東京・一般社団法人芸術と創造「日本のアート産業に関する市場レポート」

る傾向も読み取れる。したがって、アート作品の購入とビジネスにおけるアートの活用は互いに独立した関係にあるというよりは、ビジネスにおける何らかの好影響（活用）を期待してアート作品の購入を行っているビジネスパーソンも少なくないことが窺える。

待できるプラスの効果」

■アート作品の購入・保有から期待できるプラスの効果（2019 年調査）[※5]

	A：全購入者[※2]	B：ビジネスパーソン[※3]	B−A
n 数	1,456	751	－
リラックス・気分転換・ストレスの軽減	83.2%	81.2%	−2.0%
自身の嗜好の認識・理解	73.7%	69.0%	−4.7%
教養の習得	62.6%	63.6%	1.1%
創造力の養成	63.9%	63.1%	−0.8%
自身のアイデンティティの認識・理解	63.5%	61.3%	−2.2%
家族・恋人、友人・知人等とのコミュニケーションの促進	58.8%	57.4%	−1.4%
日本・他国の文化の認識・理解	59.0%	56.6%	−2.4%
ダイバーシティ（多様性）の認識・理解	40.3%	39.8%	−0.5%
新たなコミュニティへの参加	37.0%	39.3%	2.3%
社会問題・課題の認識・理解	35.2%	36.9%	1.7%
ビジネス上のコミュニケーションの促進	32.3%	36.4%	4.0%
資産運用におけるリスク分散・安定性の保持	33.8%	35.3%	1.5%

去 3 年間にアート作品を購入した人。
※ 4：リモートワークで居住空間を活用している場合を含む。
たらされると思いますか。それぞれ最もあてはまるものを一つだけ選択してください。」という設問に
ない」「そう思わない」「わからない・判断できない」から一つを選択してもらった。(a)本表では「そ

（2019 年版・2021 年版）を基に筆者作成。

3 ビジネスにおけるアート活用の効果

　本節では、「企業によるアートの活用」の実態について「日本のアート産業に関する市場調査」のほか、筆者による各種先行研究・事例研究や弊社がこれまで行ってきた自主調査や受託調査（経済産業省（2022）「文化資本経営促進に関する調査研究事業成果報告書」等）の成果を基に整理を行う。

　本章における「企業によるアートの活用」の定義を行うにあたり、企業とアートの関わりを「アート作品の売買による直接的な収益期待（以下、収益期待）」と「本業に対する好影響の期待（以下、本業への期待）」の二つの視点で整理する（図表 5A-5）。「収益期待」と「本業への期待」がともに高い活動には、例えば、百貨店等が本業として行うアート作品の売買等が位置づけられる。そして、「収益期待」が高く、「本業への期待」が低い活動には、投資・投機的なアート作品の購入等が位置づけられ、「収益期待」と「本業への期待」がともに低い活動には、純粋な慈善活動（旧来型のメセナ活動）や経営者の趣味・嗜好のみに基づくアート作品の収集等が位置づけられる。これらのいずれでもない、「収益期待」が低いが、「本業への期待」が高い活動をアート活用と定義したい。

　「企業によるアート活用」の議論の前提として、企業によるアートの活用への期待にはどのようなものがあるのか見ていく。概念的には、企業として意思を持ちうるわけではないので、「日本のアート産業に関する市場調査」を基にビジネスパーソンの認識を分析した。芸術的視点の重要性に関する結果を整理した結果が図表 5A-6 である。

　本設問では、芸術に係る五つの事柄について「そう思う」から「そう思わない」までの四つのスケールに「わからない・判断できない」を加えた五つの選択肢にて認識を回答してもらっている。「①芸術は、人々が豊かに生きるために必要である」「②芸術的視点は、地域の魅力の向上において重要である」に関して、「そう思う」の割合が「そう思わない」を上回るが、「③芸術的視点

図表 5A-5　ビジネスとアートの関係性の整理

		本業に対する好影響の期待	
		高	低
アート作品の売買による直接的な収益期待	高	本業としてのアート作品の売買等	投資・投機的なアート作品の購入等
	低	企業によるアート活用	純粋な慈善活動、経営者の趣味・嗜好にのみ基づくアート作品の収集等

出所：筆者作成。

は、産業競争力の強化において重要である」「④芸術的視点は、企業のより良い経営において重要である」「⑤芸術的視点は、あなたの仕事において重要である」に関してはこの割合が逆転する。ビジネスパーソンでも、ビジネスにおけるアートの活用の有効性を感じている人は限定的であることがわかった。しかし、これを職種別に見ると、③④⑤のいずれに関しても「商品企画・開発」のほか「個人事業主・店主」「企業等の経営者・役員」において「そう思う」の割合が高く、企業の経営層ではアートの活用への関心が高いことがわかった。

では、アート活用の効果はどのように整理できるのだろうか。二つの先行研究の整理を確認したい（図表5A-7）。電通美術回路『アート・イン・ビジネス』では、ビジネスにおける主要な「アート効果」を「イノベーション」「組織活性化」「ブランディング」「ヴィジョン構想」の四つに分類し、アートをビジネスに取り入れることを「アート・イン・ビジネス」と呼び、その実践方法タイプを分類している。また、文化庁「令和元年度文化経済戦略推進事業報告書」では、「企業が行う文化芸術活動の類型」に試みており、「文化芸術活動」を「事業活動」と「支援活動」に分け、さらに、「事業活動」を「プロダクト・ブランディング」「コーポレート・ブランディング」「エンゲージメント」、「インスピレーション」等に、「支援活動」を「育成支援」「裾野拡大」「利益還元」に分類している。

これらの分類により、様々な活動の意義がわかるように思える反面、これらの分類においては「アート活用の効果」と「アート活用の手法」が必ずしも明確に切り分けられていないことが課題であると感じている。例えば、電通美術回路の分類では、「ヴィジョン構想」とあるが、ヴィジョンを整理すること自体は何らかの効果を期待する際の手法であると考えられるし、「アート・イン・ビジネスの実践方法タイプ」には逆に「ブランディング」のような効果が混在している。文化庁「文化経済戦略推進事業」での分類における、「育成支援」「裾野拡大」も、効果というよりは手法に位置づけられるようにも受け取れる。

先行研究のこのような課題を念頭において、アート活用の効果と手法を明確にした筆者による分類案が図表5A-8である。まず、効果は次の五つに分類できる。「①企業ブランディング」は、企業総体としてのイメージ向上を指し、

図表 5A-6　芸術的視点の重要性

■ビジネスパーソンの割合

	そう思う(A)	どちらかといえばそう思う(B)	どちらかといえばそう思わない(C)
①芸術は、人々が豊かに生きるために必要である	17.9%	37.8%	17.8%
②芸術的視点は、地域の魅力の向上において重要である	9.4%	37.2%	21.0%
③芸術的視点は、産業競争力の強化において重要である	6.3%	29.2%	25.2%
④芸術的視点は、企業のより良い経営において重要である	5.4%	25.1%	29.1%
⑤芸術的視点は、あなたの仕事において重要である	6.3%	19.5%	27.9%

■職種別のビジネスパーソンの割合　※「そう思う」・「どちらかといえばそう思う」の合計

	商品企画・開発	個人事業主・店主	企業等の経営者・役員
n 数	601	1,067	466
③芸術的視点は、産業競争力の強化において重要である	43.3%	37.0%	40.8%
④芸術的視点は、企業のより良い経営において重要である	36.1%	35.3%	34.1%
⑤芸術的視点は、あなたの仕事において重要である	37.1%	36.4%	33.4%

出所：一般社団法人アート東京・一般社団法人芸術と創造「日本のアート産業に関する市場レポート

図表 5A-7　先行研究によるアート活用のパターンの分類

■電通美術回路『アート・イン・ビジネス』での分類

・アート効果

ブランディング	組織活性化
イノベーション	ヴィジョン構想

・アート・イン・ビジネスの実践方法タイプ

With：“アートとともに”ある／考える／交流する活動	アートサークル
	アートインオフィス
	アーティストカンパニー
By：“アートによって”新しいしかけをつくる活動	ブランディング
	コミッションワーク
	プロトタイピング
For：“アートのために”支える／応援する活動	コレクション
	スポンサーシップ
	アートアワード

出所：電通美術回路『アート・イン・ビジネス』、文化庁「文化経済戦略推進事業（令和元年度）報告

そう思わない (D)	わからない・判断できない	A＋B 合計	C＋D 合計
9.3%	17.2%	55.7%	27.1%
11.7%	20.7%	46.6%	32.7%
15.5%	23.7%	35.6%	40.7%
16.3%	24.1%	30.5%	45.4%
25.7%	20.5%	25.9%	53.6%

基礎・技術研究	営業・販売	経営・事務企画	技術開発・設計	情報処理（システム）	人事・総務・経理	製造・生産・品質管理	購買・仕入業務	物流・配送
1,494	198	592	194	112	863	527	217	1,160
35.9%	**38.8%**	38.2%	37.0%	35.7%	35.6%	30.9%	34.8%	28.6%
31.8%	32.7%	32.6%	27.4%	28.3%	31.0%	25.1%	30.4%	24.0%
29.3%	26.4%	25.1%	23.5%	21.4%	21.2%	19.9%	18.8%	16.1%

2019」を基に筆者作成。

■文化庁「文化経済戦略推進事業（令和元年度）」での分類
・企業が行う文化芸術活動の類型

文化芸術活動	事業活動	体外発信／事業開発	プロダクト・ブランディング
			コーポレート・ブランディング
			ローカル・ブランディング
		社内改革／人材開発	エンゲージメント
			インスピレーション
	支援活動	育成支援	
		裾野拡大	
		利益還元	

書」を基に筆者作成。

対象として「社会（特に顧客・消費者を想定しない社会全般からの企業イメージの向上）」、「顧客・消費者」、「社員（社員からの企業イメージやロイヤルティの向上、いわゆるインナーブランディング）」の三つを想定している。「②高付加価値の商品・サービスの開発」は、商品・サービスにアートの要素を取り入れることで従来よりも高付加価値な商品・サービスが生み出されることを指す。「③商品・サービスのブランディング」は、顧客・消費者に対する特定の商品・サービスのイメージ向上を指し、「④商品・サービスのプロモーション・販売促進／小売店舗の集客」は特定の商品・サービスの販売が促進される効果や、小売店舗を構えている場合はその集客力の向上効果を指している。「⑤組織の活性化」は、組織そのもの、言い換えると、企業を構成する経営層や社員の活性化に係る効果を指し、これをさらに「1 社員の健康状態の良化」、「2 社員の集中力・生産性の向上」、「3 社員間のコミュニケーションの促進」、「4 社員の創造性の促進」、「5 企業の多様性の促進」の五つに分類している。「5 企業の多様性の促進」は、アートを通して様々な価値観を認められるようになったり、社員の発想が広がることにより、思考的に企業の多様性が促進される効果を指している。

　また、手法は次のように八つに分類できる。「Ⅰ オフィス・店舗でのアート作品の展示」は、待合室・会議室等の来客スペース、執務スペース、小売店舗等でアート作品を展示する取り組みを指す。これは、古くから多くの企業により行われているが、近年は、特定の効果を期待して積極的に展示を行う事例が見られるようになっている。「Ⅱ 美術館・アートスペースの運営、展覧会・アートイベントの実施」も歴史が古く、企業として美術館やアートの活動を行うためのスペース等を運営したり、企業が直接展覧会・アートイベントを主催・運営する取り組みを指す。「Ⅲ 文化施設・展覧会・アートイベントの支援」は、我が国において 1990 年代以降、メセナ活動に位置づけられ、多くの企業によって行われてきた取り組みである。基本的には金銭的な支援を行うケースが多いが、近年は、アートイベントなどを対象に、ボランティアあるいは高度な専門性が伴ったボランティアであるプロボノという形で社員が人的な支援を行うケースも見られるようになってきている。「Ⅳ アーティストの支援」もⅢと同様に多くの企業によって行われてきた。支援の形としては、金銭的支援、作品の購入、発表機会の提供、作家のプロモーション支援など様々な取り組み

があるが、支援の対外的な発信力を高めるためにアワードの一環としてこれらの支援が行われるケースも多い（アワードの副賞としての賞金、応募作品の買い上げ・展示、展覧会の開催等）。「Ⅴアート作品の充実を特徴とした施設・サービスの開発」は、商業ビル、ホテル、観光地・複合リゾート等の集客が要となる施設・サービスにおいて、アート作品を積極的に設置する、ないしは商業ビルの場合はアート作品を販売するテナントやアートイベントなどを充実させるなど、アート作品の充実自体を付加価値としようとする取り組みを指す。「Ⅵアーティストとの商品開発」は、企画・開発段階から企業がアーティストと協業しながら、商品開発を行う取り組みを指す。アパレル製造業においてこのような取り組みが多いが、他の業種においては、まだまだ取り組み事例が少ない。「Ⅶアート作品を使った商品のパッケージング」は、比較的知名度の高いアーティストのアイコニックな作品を既存商品のパッケージとして活用する取り組みを指す（ただし、あえて無名なアーティストを採用するケースもある）。基本的には、スタンダードな商品パッケージが存在した上で、その派生形や一時的なキャンペーンとして扱われる事例が多い。「Ⅷアート作品を使った対話型鑑賞、アーティストとのワークショップ等」は、アートの鑑賞を通して参加者同士の対話を行ったり、アーティストが参加する形でワークショップを行ったりする取り組みを指す。例えば、大日本印刷株式会社は「対話型美術鑑賞ワークショップ」を開発し、会議等のコミュニケーションの促進に活用されている。KDDI 株式会社では「『アート思考』のオンライン学習プログラム」を実施し、受講者の創造力の促進を狙っている。八つの手法の全てについて、近年、企業からの注目が集まっているが、中でもⅧは特に新しく注目されている手法であると言える。

　上記の議論を踏まえ、図表 5A-8 で整理したアート活用の効果と手法を統合した結果が図表 5A-9 である。この整理により、企業が「どのような目的で」「誰に向けて」「どのような手法によりアートを活用しようとしているか」という全体像が明らかになる。全体としては、「①企業ブランディング」に結びついている手法が多いことがわかる。近年の注目度が特に高い「⑤組織の活性化」に結びつくものは、「オフィス・店舗でのアート作品の展示」や「アート作品を使った対話型鑑賞、アーティストとのワークショップ等」など、社員が直接的にアート作品やアーティストに接することができる手法に限られる。各

図表 5A-8　筆者によるアート活用の効果と手法の整理
■アート活用の効果

① 企業ブランディング	1 対社会
	2 対顧客・消費者
	3 対社員
② 高付加価値の商品・サービスの開発	
③ 商品・サービスのブランディング	
④ 商品・サービスのプロモーション・販売促進／小売店舗の集客	
⑤ 組織の活性化	1 社員の健康状態の良化
	2 社員の集中力・生産性の向上
	3 社員間のコミュニケーションの促進
	4 社員の創造性の促進
	5 企業の多様性の促進

■アート活用の手法

Ⅰ オフィス・店舗でのアート作品の展示
Ⅱ 美術館・アートスペースの運営、展覧会・アートイベントの実施
Ⅲ 文化施設・展覧会・アートイベントの支援（金銭的支援、人的支援等）
Ⅳ アーティストの支援（金銭的支援、作品の購入、発表機会の提供、プロモーション支援等）
Ⅴ アート作品の充実を特徴とした施設・サービスの開発（商業ビル、ホテル、観光地・リゾート等）
Ⅵ アーティストとの商品開発（ファッション等）
Ⅶ アート作品を使った商品のパッケージング（消費財等）
Ⅷ アート作品を使った対話型鑑賞、アーティストとのワークショップ等

出所：筆者作成。

手法とも、図表を縦に見ていくと、全ての目標をカバーできるものではないことが明らかである。すなわち、全ての手法が万能ではなく、アートの活用を検討している企業は、手法から議論するのではなく、しっかりと期待する効果を定めた上で、最も効果的・効率的な手法を探ることが重要であることを示唆している。

　これまでアート活用の効果と手法を整理してきたが、次に実際の効果の検証が課題となるだろう。アート活用の効果の多くは、必ずしも定量的に捕捉できるわけではないため、すべての検証は難しいが、こうした検証を試みる国内外

の研究がいくつか存在している。現段階にて、当該分野の研究は限定的であるが、その中でも有力な八つの論文を紹介したい。効果と手法に対応させる形で整理した結果が図表 5A-10 である（他にもアート活用に係る論文が確認できたが、科学的な検証が十分でないと筆者が判断したものは掲載していない）。

　ブランド価値や商品価値に関する研究（効果の①②③に該当）は効果検証のための手法の研究も進んでおり、成果の捕捉も比較的しやすそうである。一方、「⑤組織の活性化」に関する研究は不足しており、図表 5A-10 に掲載している二つの論文（「創造性育成のための〜効果」、「絵画鑑賞は〜促進するのか？」）も必ずしも企業によるアート活用に限定したものではない。これらの効果検証に係る研究の不足は、企業によるアート活用の普及における課題となるであろう。

図表 5A-9　アート活用の効果と手法の対応

			手法	
			I オフィス・店舗でのアート作品の展示	II 美術館・アートスペースの運営、展覧会・アートイベントの実施
効果	① 企業ブランディング	1 対社会	●	●
		2 対顧客・消費者	●	●
		3 対社員	●	●
	② 高付加価値の商品・サービスの開発			
	③ 商品・サービスのブランディング			●
	④ 商品・サービスのプロモーション・販売促進／小売店舗の集客		●	●
	⑤ 組織の活性化	1 社員の健康状態の良化	●	
		2 社員の集中力・生産性の向上	●	
		3 社員間のコミュニケーションの促進	●	
		4 社員の創造性の促進	●	
		5 企業の多様性の促進		

出所：筆者作成。

図表 5A-10　企業によるアート活用の効果検証に関する研究論文例

研究により証明された事柄	効果	手法
芸術団体への支援・コラボレーションを行っている企業とコミュニティやステークホルダーとの関係維持に正の相関がある。	①-1	Ⅲ・Ⅳ
企業が美術展、美術館等などの「ハイ・カルチャー」を支援することで、消費者からの企業評価が長期的に高まる。	①-2	Ⅲ・Ⅳ
高級ブランドが積極的にアートを扱うことが顧客の企業へのブランドイメージ・愛着にプラスに働く。	①-2	Ⅲ・Ⅳ
高級ブランドにおいて、アーティストとコラボした商品のほうがそうでない商品よりも商品価値（金銭的価値）が高く評価される。	②	Ⅵ
商品パッケージへアート作品のビジュアルを使うことで商品イメージが向上する。	③	Ⅶ
商品パッケージにアート作品のビジュアルを使うことが有効で、ファインアートだけではなくグラフィティ等のアート分野でもその効果がある。	③	Ⅶ
絵画の鑑賞ワークショップへの参加により、創造的な活動を行うことに対する不安が低下するとともに他者への開放性が高まる。	⑤-4	Ⅷ
絵画の鑑賞により、表現を行うことに対する意欲が促進される。	⑤-4	Ⅷ

出所：各種論文を基に筆者作成。

手 法					
Ⅲ 文化施設・展覧会・アートイベントの支援	Ⅳ アーティストの支援	Ⅴ アート作品の充実を特徴とした施設・サービスの開発	Ⅵ アーティストとの商品開発	Ⅶ アート作品を使った商品のパッケージング	Ⅷ アート作品を使った対話型鑑賞、アーティストとのワークショップ等
●	●	●	●		
●	●	●	●		
●	●	●			
		●			
				●	
				●	
					●
					●
					●

著　　　者	論文名（英語のものは筆者が翻訳）
Lewandowska, Kamila.	アートとビジネスの関連性：スポンサーシップからパートナーシップへ。
Schwaiger, Manfred, Marko Sarstedt, and Charles R. Taylor.	企業のためのアート：スポンサーシップが企業評価に与える影響—アウディ、BMW グループ、ダイムラークライスラー、モンブラン、シーメンス、フォルクスワーゲンの事例から。
Koronaki, Eirini, Antigone G. Kyrousi, and George G. Panigyrakis.	アートに関連する取り組みがもたらす感情的な価値：高級ブランドと消費者の関係を強化する。
Lee, Hsiao-Ching, Wei-Wei Chen, and Chih-Wei Wang.	高級ブランドで知覚される「プレステージ」の向上におけるビジュアル—アーツの役割。
Hagtvedt, Henrik, and Vanessa M. Patrick.	アートとブランド：ブランドの拡張性を高めるためのビジュアルアーツの役割。
Baumgarth, Carsten, and Jennifer Bahati Wieker.	古典的なアートからアーバンアートの挿入効果へ：ストリートアートやグラフィティが消費者の製品評価に与える影響。
清水大地、蓬田息吹、王詩㑳、岡田猛。	創造性育成のためのアートプログラムの構築とその効果。
石黒千晶、岡田猛。	絵画鑑賞はどのように表現への触発を促進するのか？

4　おわりに

　本章では「ビジネスパーソンによるアート作品の購入実態」と「企業による
アート活用による効果と活用手法」の整理を行った。十分に明らかにできたと
は言えないが、ビジネスパーソン・企業によるこれらへの理解・普及の促進に
幾分か貢献できたのではないかと思う。

　アートの活用は、今後、文化政策や産業政策の面でも重要になると思われ
る。本章では主にアート作品の購入やアートの活用といった需要サイドのみに
焦点を当ててきた。しかし、政策的な議論を行う際には、供給サイド、すなわ
ち、アーティストが企業のアート活用への関与することについて、十分な状況
把握や議論が必要である。そして、この点に関して、筆者は需要量に対して供
給量が追いつかなくなる、もしくは既に追いついていないのではないかと懸念
している。多くのアーティストにとってアート作品の販売は、作品の制作、公
開・展示と同様に重要な活動の一つであると考えられている。しかしながら、
アート活用への関与に対してどのようなモチベーションを感じるのであろう
か。

　アーティストのモチベーション構造を統計的に確認したいが、我が国におい
てアーティストの意識に係る大規模調査は存在しない。そこで、多少なりとも
議論を進めるために比較的有用な調査である「新文化戦略に関する芸術文化団
体・アーティスト等アンケート（2022 年）」を活用したい。本調査の結果を整
理した結果が図表 5A-11 である。なお、この調査は、東京都に居住もしくは
東京で活動するアーティストのみを対象としていることに留意されたい。

　本アンケートによると、美術分野のアーティストが芸術文化に関する活動・
仕事を行うにあたって重視している事柄として「活動を継続すること」や「芸
術文化の新たな表現の追求」「好きな活動を行うこと」の割合が高い。一方
で、一般的なビジネスで重要視される「収入の拡大」や「利益の確保・拡大」
「収入源の多様化」の割合はこれらと比較して必ずしも高くはない。つまり、
アーティストにとって表現・活動の中身は、経済的報酬よりも活動上重要な位
置付けであることが確認できる。これは一般的なビジネスのプレーヤーの思考
回路と異なる点だろう。しかしながら、アート活用に関心がある企業やビジネ

図表 5A-11　アーティストが芸術文化に関する活動・仕事を行うにあたって重視している事柄

n 数		882
活動を継続すること		82%
芸術文化の新たな表現の追求		65%
好きな活動を行うこと		64%
人々への芸術文化の普及啓発		62%
収入の拡大		61%
あなた自身や作品・活動の知名度の向上		57%
他のアーティスト・芸術団体等との交流・連携		47%
利益の確保・拡大		46%
あなた自身や作品・活動のコアなファンの拡大		45%
収入源の多様化		40%
アーティスト・後継者の育成		38%
芸術文化による各種波及効果の創出		30%
国内外の専門家・関係者による表現に関する評価の向上		29%
技能の伝承		21%
あてはまるものはない		0%

※美術（絵画、彫刻、映像作品、写真、工芸、陶芸等）を活動の主体とし、「作品の創作　※含む創作のアシスタント」を行っている方の、「あなたが、芸術文化に関する活動・仕事を行うにあたって、重視している事柄はどのようなものですか。」という問いへの回答結果（複数回答）。
出所：東京都「新文化戦略に関する芸術文化団体・アーティスト等アンケート」（2022 年 1 月調査）を基に筆者作成。

スパーソンは必ずしもこの構造を十分に理解していない場合が多い。これが、筆者がアート活用に係る供給不足を懸念している理由である。

　このことを踏まえると、企業とアーティストをつなぐ事業者・サービサーには、企業によるアートの活用の内容がアーティストにとっても魅力的な表現として位置づけられるように工夫したり、多くのアーティストの関心（個々のアーティストの「好きな活動」の具体的な内容）を把握し、企業需要側との適切なマッチングを行うプラットフォームを構築することが求められる。

　アートの購入やアート活用に関して、政策的に推進する際には、本章の結果等も踏まえながら、需要と供給の後押しを行うための適切な現状把握と方策の検討が慎重に行われることを期待したい。

参考文献

石黒千晶・岡田猛（2018）「絵画鑑賞はどのように表現への触発を促進するのか？」『心理学研究』90（1）、pp. 21-31。

一般社団法人アート東京・一般社団法人芸術と創造『日本のアート産業に関する市場レポート』各年版。

経済産業省「文化資本経営促進に関する調査研究事業成果報告書」（最終閲覧 2023 年 2 月 9日：https://www.meti.go.jp/meti_lib/report/2021FY/000556.pdf）。

清水大地・蓬田息吹・王詩雋・岡田猛（2021）「創造性育成のためのアートプログラムの構築とその効果」日本認知科学会第 38 回大会 予稿集、pp. 873-876。

電通美術回路編（2019）『アート・イン・ビジネス：ビジネスに効くアートの力』有斐閣。

東京都（2022）『東京文化戦略 2030【資料編】』（最終閲覧 2023 年 2 月 9 日：https://www.seikatubunka.metro.tokyo.lg.jp/bunka/bunka_seisaku/houshin_torikumi/0000001668.html）。

東京都（2022）「新文化戦略に関する芸術文化団体・アーティスト等アンケート」。

文化庁（2019）『令和元年度 文化庁文化経済戦略推進事業 サマリ版 報告書』（最終閲覧 2023 年 2 月 9 日：https://www.meti.go.jp/shingikai/mono_info_service/art_economic/pdf/001_08_02.pdf）。

綿江彰禅（2014）「日本における美術品購入の現状と市場規模拡大に向けた課題」慶応義塾大学大学院文学研究科修士論文。

Baumgarth, C., & Wieker, J. B. (2020). "From the Classical Art to the Urban Art Infusion Effect: The Effect of Street Art and Graffiti on the Consumer Evaluation of Products." *Creativity and Innovation Management* 29, pp. 116-127.

Hagtvedt, H., & Patrick, V. M. (2018). "Art and the Brand: The Role of Visual Art in Enhancing Brand Extendibility." *Journal of consumer psychology* 18(3), pp. 212-222.

Koronaki, E., Kyrousi, A. G., & Panigyrakis. G. G. (2018). The Emotional Value of Arts-based Initiatives: Strengthening the Luxury Brand-consumer Relationship." *Journal of Business Research* 85, pp. 406-413.

Lee, H-C, Chen, W-W., & Wang, C-W. (2015). "The Role of Visual Art in Enhancing Perceived Prestige of Luxury Brands." *Marketing Letters,* 26(4), pp. 593-606.

Lewandowska, K. (2015). "From Sponsorship to Partnership in Arts and Business Relations." *The Journal of Arts Management, Law, and Society,* 45(1), pp. 33-50.

Schwaiger, M., Sarstedt, M., & Taylor, C. R. (2010). "Art for the Sake of the Corporation: Audi, BMW Group, DaimlerChrysler, Montblanc, Siemens, and Volkswagen Help Explore the Effect of Sponsorship on Corporate Reputations." *Journal of Advertising Research,* 50(1), pp. 77-90.

B. プロデューサーシップと 今後のコンテンツ産業

山下　勝

1 業界は政策に従うのか？

　著名な経営史研究者であるアルフレッド・D・チャンドラーは、いくつかの大企業の膨大な史料を整理し、経営陣の策定する戦略に応じて組織構造が変化する状況を記述した（Chandler 1962）。経営環境が変化すれば、仕事の進め方や作業方法を変えていかねばならないが、それは自然に変わるというものではなく、明確に戦略を策定することを通して変化を促すものである。以降、"組織は戦略に従う"という命題について検討が重ねられてきた。

　この命題に対し、加護野（1988）は組織には独自の認識（モノの見方）が定着していて、必ずしも戦略変更に従うわけではないと反論する。例えば、環境の変化にあわせて組織構造を職能別組織から事業部制組織に変更したとしても、現場の仕事の進め方や作業方法を容易に変えることができず、また従業員側も気が進まず、経営効率だけが悪くなり、結局また職能別組織に戻してしまうというようなケースもある。単に戦略が策定され、指示命令があるだけでは組織は変わることができない。認識自体を変えることが求められ、そこには組織変革が必要とされる。

　これと同様なことが政策にも当てはまると言えるだろう。本章が対象とする日本のコンテンツ産業においては、以前よりクールジャパンといった合い言葉のもと、日本のコンテンツの海外展開が国家戦略の一つとなってきた。日本を取り巻く経済環境の変化の中で、クールジャパンはたしかに適切な政策であるかもしれないが、はたして日本のコンテンツ産業は、この政策に従ってくれるのだろうか。

　本章では、日本の数あるコンテンツ産業の中でも、主に映画産業を中心に検討を行う。というのも、筆者自身が数十年にわたって調査してきたフィールドであり、また伝統のある産業であるために、その歴史的なコンテクストを見ることで、後述する組織編成原理の理解もしやすいからである。さて、その日本の映画業界では、2000年代より劇場での観客動員と興行収入を増やしてきた。動画配信メディアの台頭もあり、近年は劇場収入が頭打ちになる傾向はあるもののコンテンツ制作は活況である。その2000年代以降の日本の映画制作に大きな影響力をもたらしたのが製作委員会という企業同士による相互連携であることはよく知られている（若林他　2015）。若林ら（Wakabayashi et al. 2014）は製作委員会の実態を複数のコンテンツ流通企業の共同事業体だと表現しているが、アニメーション映画の製作委員会の場合、まず大手配給会社が参加する。他にテレビ局、広告代理店が参加し、原作となるマンガがあればその出版社が、児童向けの原作であれば玩具メーカーなども加わる。ずっと以前にはビデオ出版社が参加するケースも多く見られたが、近年はテレビ局等がグループ子会社を使ってビデオ販売するようになり、製作委員会に個別のビデオ出版社の名が見られなくなってきた。このように、製作委員会はコンテンツ制作のスペシャリストがコンテンツのクオリティを高めるために集っているのではなく、完成したコンテンツの宣伝や流通に従事する企業が集い、互いに得意分野ごとに分業することで映画コンテンツに貢献している。この製作委員会の各企業がそれぞれの売り場でキャンペーンを開催することによって、コンテンツの公開自体があたかもお祭りのようにイベント化され、観客動員を伸ばしてきたのである。

　それでは、映画の製作委員会を構成する各企業はコンテンツの海外展開について、どのような立場をとりうるのか。中心となる大手配給会社は日本全国に広がる配給ネットワークを用いて宣伝を行うことができる反面、海外の劇場にはアクセスできず、売上も見込めないため、コンテンツの海外展開にはネガティブだと考えられる。テレビ局や広告代理店も同様で、それぞれが持つネットワークの範囲内でビジネスを展開しようとするため、海外展開にはネガティブである。マンガや玩具を海外で販売したいと考える出版社や玩具メーカーは海外展開にポジティブであるかもしれないが、これは各国の当該商品の流通網への参入障壁の高さによるであろう。その他、クリエーター自身に海外展開の

意志があればよいのだが、多くは自分たちの制作環境さえ整えば良いのであって、すでに日本国内で名をなしているクリエーターが海外を視野に入れる必要はないだろう。

　周囲でどれほどコンテンツの海外展開が叫ばれたところで、上記のように日本の映画産業においては、少なくとも製作委員会を構成する企業群には、コストパフォーマンスを考慮すればあまり喜ばれる戦略にはなりにくい。クリエーター本人もあまり関心がないとなればなおさらである。どうにも業界は政策には従わないように思われる。

　この状況を変えていくためには、加護野（1988）が述べたように、業界の中から組織変革を行っていく必要がある。特に本章は、規定の分業枠組みを変革するプロデューサーの役割を重視し、その育成について検討したい。そのことが、産業の外で合理的に策定された政策の実践につながるものと考えられるからである。

2　日本のコンテンツ業界の人材育成

　はたして、日本のコンテンツ業界において分業枠組みを変革できるような人材が育成されているのだろうか。結論を先取りすれば、通常の環境ではそのような人材は育成されないということになる。その大きな障壁となっているのは、業種にかかわらず、人材育成の手法を決めている組織編成原理である。ここでは、まず組織編成原理について一般的な議論を経た上で、日本の映画制作現場での人材育成について検討する。なお、本章における日本の映画業界やアニメーション制作に関する記述の多くは、筆者が関係者に直接ヒアリングした内容に依拠している。

・タテ型構造の組織編成原理
　日本ではゼネラリストが育成され、スペシャリストが育ちにくいと言われることが多々ある。コンテンツ業界の場合は特にスペシャリストが求められているが、現在の日本のコンテクストでは、やはりスペシャリストが育ちにくいという環境があるように感じられる。結局のところ、人材育成は組織編成原理の影響を強く受けるからである。

　日本人の組織編成原理は、中根（1967）が唱えるタテ社会によってもっともよく特徴づけられる。先に欧米に見られる組織編成原理について言及しておこう。欧米では"資格"による集団化を基本としている。例えば、貴族階級のように同じ立場、待遇の者同士が集まり一致団結することによって、他の集団との権限争いを行うような状況である。この場合の集団メンバーは原初的に同質的であり、あまり価値観や意見に相違は見られない。また、そのメンバー間は対等な関係になりやすいといった特徴がある。プロフェッショナルというのも一つの資格や立場であり、同様の教育を受けることで、同様の知識体系と価値観を持ち、原初的に同質である。同じプロフェッショナル同士はやはり対等な関係になりやすい。このような資格をベースとする集団内のメンバー同士が対等にならず序列を作ってしまう場合もあるが、それは概ね他の集団との権限争いが少ないときに限られている。鶏が先か、卵が先かという議論はあるが、プロフェッショナル集団は他集団との闘争に勝利するために、自集団の価値観を揃えて団結しやすい状況を作っておく必要もあるので、さらに職業ごとの人材育成を徹底しようとするだろう。業界団体として、職業訓練プログラムが一層整備されていくことになる。スペシャリストが育成されやすい環境というのは、このような組織編成原理が機能しているときである。

　これに対して、日本では歴史的・文化的に資格による集団が作られない状況があった。一般庶民は古くから移動を厳しく制限され、ムラ社会的な環境に慣れてきたことも影響するのか、人を信頼する際に場所の近接性を重視してきた。まさに、遠くの親類よりも近くの他人、といった感覚だろう。そういった背景の中で、異なる資格を持った者同士であっても、"場"によって集団が形成されてきた。一方で、共通の資格を持たない者同士が特定の場を基準としてひとつの組織にいるだけでは、一致団結が困難になってしまう。それを補うための仕掛けとして求められたのが、資格の異なるメンバー同士の情緒的なコミュニケーションの強要であった。各メンバーには組織との直接接触の機会を多く持たせることで、資格ではなく気持ちで結びつけようとしたのである。現在に至っても、日本の多くの組織は資格よりも互いの情緒や思い入れの方を優先する傾向が強い。この直接接触の機会の多さが組織で重んじられると、自然に直接接触の多い者が優位となる序列が生まれる。こうして年長者が優位となり、年少者が劣位の立場に置かれるようになっていく。

　日本によく見られる年功を尊重する社会は、例えば企業の同期入社社員であっても、そもそも異なる資格（能力や出自）を持った者たちなので互いに価値観や意見も異なっている。この社会の大きな特徴は、同期入社社員のように同じ序列の者同士の間で激しい競争が繰り広げられる点にある（竹内1995）。このヨコ関係の競争に勝利するために用いられるのがタテ関係の強化である。年長者同士の競争では、より優秀な新参者を仲間に加えることで他の年長者よりも優位に立てる。同様に、新参者同士の競争も、より力の強い年長者に組み従うことで他の新参者よりも優位に立てる。日本の組織化原理は、表面的には同期入社社員同士で仲良くしているように見えるが、原初的にはヨコ関係は競争関係にあり、タテ関係で強固につながりやすいのである。いずれにせよ、資格の異なる者同士で集団が構成されていることに変わりはなく、スペシャリストの育成には不向きで、様々な専門性を持った者同士でうまくコミュニケーションを取って作業を進めていくようなゼネラリストが育成されやすい。このように、タテ社会は情緒的な一体感を強められるところにメリットがある反面、どこでも通用するような専門能力が育ちにくいというデメリットがある。もとよりタテ社会を横断することは憚られるが、汎用的なスキルを獲得できていないという点からも企業間の転職の大きなハードルとなっている。

　本章では便宜上、このタテ社会の特徴を持った組織編成原理のことをタテ型構造、欧米の対等的な同資格者を核とする組織編成原理のことをヨコ型構造と呼ぶことにする。組織編成原理が分業枠組みにも影響を与えていることについては後述するが、タテ型構造における分業は、分業の線引きが不明確であるにもかかわらず、その曖昧な分業に対して個々のメンバーが忠実に取り組むように仕向けられ、そしてその忠実さが評価される。他方、ヨコ型構造における分業は、標準化された分業の線引きが明確であり、その規定された仕事の範囲内で個々のメンバーは能力を発揮し、その成果によって評価される。このような組織編成原理の相違が、人材育成の方法の相違を生み出していることは明らかである。

・日本の映画業界の組織化原理と人材育成
　本章が対象としている日本の映画業界の組織化原理について考えてみよう。今ではフリーランスのスタッフが集まって撮影を行っていることが多いが、も

　もともとは映画業界のスタッフはみな大手映画会社に雇用された正規従業員で
あった。他業種のメーカー企業と同様に、映画会社では職能別組織の体制が取
られ、演出部、撮影部、照明部といった各部署に分かれており、例えばカメラ
マンはみな撮影部に所属することになっていた（斉藤他編 1995）。

　しかしながら、実際に映画を制作する際には、監督が黒澤明であれば黒澤
組、小津安二郎であれば小津組というふうに監督を頂点とした「組」という時
限プロジェクトチームが作業を担うこととなる。そこでは、自然に監督が望む
スタッフが集められ、スタッフの顔ぶれもほぼ固定になりやすい傾向がある。
これは概ね現在に至るまで変わっていないと言ってよいだろう。カメラマンの
ような各専門スタッフは実践の場としては、その組の文化の中でスキルを高め
ていくことになる。他方、米国では、一般的にプロデューサーが主導して制作
チームを組織するが、その際は作品に新規性を求めるためか、各スタッフの組
み合わせについても新規になされることも多いし、そうでなかったとしても継
続性をさほど重視しておらず、必ずしもスタッフの顔ぶれが固定化しない。す
ると各技術スタッフはどの現場にも通用する汎用的なスキルを学習しようとす
る。

　日本のように組が固定化されることを前提とすると、各スタッフの作業の
フォーマットは監督の特性にあわせて組ごとに異なってくる。つまり、同じ職
能（例えば照明部所属）であっても細かな仕事の手法については個人ごとに違
いが出てくるので、どのスタッフがどの組を担当しても完璧に代わりが利くと
いう状況にはなりにくい。人によって作業フォーマットが異なれば、それらの
スタッフを組み合わせることで余計な時間やコストが発生する。いわゆる摺り
合わせの必要性がより高まるのである。日本のコンテンツ制作の現場がたいて
いそうであるように、制作費や制作期間といった資源が十分でないと、新規ス
タッフをチームに迎えたときに摺り合わせが不十分となるため、そこで制作さ
れるコンテンツはクリエイティブな成果にはつながりにくくなる。結局、摺り
合わせを避け、組の固定化がますます助長されるのである。

　日本の映画業界では、このスタッフの固定化が、タテ型構造の基礎となって
いると考えられる。各職能の専門スタッフは本来であれば、同じ専門性を持つ
者同士で組織化し、それぞれの職能に求められる技術や知識の標準化を図り、
自主的に人材を再生産していくことが良しとされる。それがその専門性の

フォーマットを形づくることとなり、形式的な免許の有無にかかわらず、その
スタッフが正当な有資格者（専門家）かどうかを明確に判断できるようになる
からである。標準化されたスキルを有した正当な専門家が業界で育成されてい
れば、彼らはどの組においても一定水準の役割を果たすことができるだろう。
ところが、日本の映画制作の現場では、組を基準として転用の利きにくい特殊
なスキルを身につけてしまう傾向があり、その組全体のトップである監督や各
技術パートのトップである技師の規範に従おうとする。同種の技術スタッフ同
士（ヨコ関係）は互換性が不十分だという点で同じ資格を持った者同士として
組織化されにくく、職場を共有する組（タテ関係）とのつながりがますます強
まっていく。そしてヨコ関係は競争関係となってしまうのである。

　かつては大手映画会社に正社員として雇用されていた技術スタッフたちで
あったが、映画会社は1960年代に制作機能のほぼすべてをアウトソーシング
に切り替えたことで、彼らの多くがフリーランサーとなった。前述のように、
組の影響力が強い中にあっても、各技術スタッフには所属する部署があり、そ
こで職能ごとの連携や人材育成もできたが、その部署がなくなり、一個人と
なってしまうと、人材育成機能が弱体化してしまう。米国のようにヨコ関係が
強固な同資格者組織が整備されていればまだ良かったのだが、タテ型構造の中
でアウトソーシングがなされたため、技術スタッフたちの組への依存度もます
ます高まる結果となった。

　ここまで、日本映画の制作現場の人材育成についてその概要を論じてきた。
組に依存した人材育成が汎用的なスキルを獲得させないという負の側面ばかり
を強調してきたが、それは日本映画のスキルが低いということと同義ではない
ことを断っておく必要があるだろう。優れた監督のもとで緻密な摺り合わせが
なされ、そこで生み出された素晴らしい作品に特有の技術が盛り込まれている
ことも多い。それは他の撮影チームには容易に模倣できないスキルである。ま
た、組の中に限って見れば、技師と助手の間でスキルの継承が行われており、
人材育成がまったく行われていないわけでもない。ただ、前近代的とも言える
属人的な技術継承の域を出ない点には課題が残されている。

3　プロデューサーシップの開発

　それでは、コンテンツの戦略に関連して根本的な変革を担うであろうプロデューサーはどのように育成されるのだろうか。撮影現場の技術スタッフは、組の中で技師と協働することによって、さらに直接指導を受けることによって育成されるというのは前述の通りである。しかし、プロデューサーにはそれがないことが多い。撮影現場の管理はプロデューサーにとってはその役割のごく一部に過ぎず、多くの場合、プロデューサーには弟子となるようなアシスタントも付かないからである。本節では、プロデューサーの役割について議論した上で、どのように育成していくべきなのかを検討する。

・プロデューサーの3要素
　コンテンツを開発するプロデューサーの役割は非常に多岐にわたる。山下（2014）によると、原案作成、収支計画、座組づくり、予算の決定、脚本づくり、スタッフィング、演出確認、納期と予算の管理、トラブル対応、編集、宣伝の11個の役割が挙げられている。けれども、これらをわかりやすく大別すると、図5B-1のように整理される。
　概ね、原案作成と脚本づくりは「企画」に、スタッフィング、演出確認、納期と予算の管理、トラブル対応、編集は「制作」に、収支計画、座組づくり、宣伝は「販売」に集約され、予算の決定はこの三つのバランスをとるものと位置づけられる。プロデューサーの仕事が他の技術スタッフと異なるのは、一人で完結するものではなく、常に専門家と協働しながら最終的な意思決定を行うという点にある。企画はクリエイターが基礎的なアイデアを考案し、プロデューサーもそこに参加し検討する。プロデューサーは優れたコンテンツをつくるためのクリエイター意識が求められ、そしてその企画に対する責任が求められる。制作は制作スタッフが企画を基にコンテンツを期限内で作り込み、プロデューサーがそのクオリティを管理する。作り込みの際に品質を落とさぬよう、しかし納期を厳守することが求められ、制作スタッフたちの気持ちが理解できなければいけない。販売はマーケティング担当者が計画を作り、プロデューサーがその是非を判断する。そのコンテンツにとっての最良の売り方を

図 5B-1　プロデューサーの 3 要素

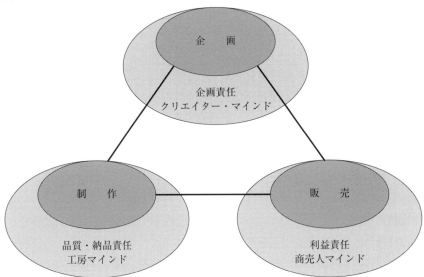

出所：筆者作成。

模索することと同時に、スポンサーに対する利益責任が求められる。

　このように、プロデューサーの仕事が多岐にわたり、しかも協働する相手も
それぞれ大きく異なることが、プロデューサーの育成を極めて困難にしてい
る。通常は、特に予算規模の大きなプロジェクトになれば、プロデューサーは
企画、制作、販売のすべてを一人では全うできないため、プロデューサー・
チームを作ることになる。例えば、日本のアニメーション制作のプロデュー
サーは概ね「制作」に基盤を持つ人である。制作進行、制作デスクという肩書
きを通して、数多い作画スタッフに仕事をアサインし、品質と納期を管理する
作業を長く経験することによって、「制作」には長けているが、一方で彼らは
企画の大半は監督に任せ、販売については所属会社の営業担当者に任せるケー
スが多い。品質・納品責任に強く、企画責任と利益責任に弱いのである。もち
ろん、企画や販売を基盤にしたプロデューサーもいるが、その場合はまた異な
る強みと弱みを持つことになる。

　少なくとも映画やアニメーションの現場では、上記のような状況になるとあ
まり良い成果が出ていないようである。部分最適に陥ることなく、プロデュー

サーの「企画」「制作」「販売」の 3 要素が統合されていることが肝要である
にもかかわらず、前述のように、タテ型構造の社会ではプロデューサー・チー
ム内のヨコ連携がうまく機能せず、3 要素が統合されにくいからだと考えられ
る。逆に、複数の要素について十分にキャリアを積んでいて、双方（あるいは
3 要素すべて）に強みを持つプロデューサーが稀にいるのだが、彼らは大概に
して高業績である。日本の文脈では、優れたプロデューサーに共通する重要な
ポイントは、なるべく分業しないという点にある。

・プロデューサーの育成

　ここまで述べてきたように、欧米と日本とでは、そもそもの組織編成原理に
大きな違いがあった。ヨコ型構造を持つ欧米、特に米国が顕著であるが、そこ
では相当程度システマチックに分業することが可能であり、それぞれ標準化さ
れた役割の中でそれぞれが部分最適を目指すことで全体の成果も高めることが
できた。このような社会では、プロデューサーの仕事自体も分業することで効
率的かつ効果的に進めることができる。前節で見た映画業界のケースでは撮影
現場に多くの技術スタッフがいるが、これも同様に米国では役割が標準化され
ているので、摺り合わせが最小限でよく、プロデューサーはスタッフの多様な
組み合わせによってクリエイティブな成果に繋げていくことができる。

　ところが、日本の組織編成原理はタテ型構造となっているため、多様な組み
合わせはあまり有効に機能しない。映画業界でいえば、米国と比べて人材に限
りがあるため、組み合わせによる新規性もさほど期待できない。日本のプロ
デューサーに求められているのは、比較的固定化されたタテ型構造の中で、規
定の分業の枠組みをいったん壊し、作品ごとに最適な分業を再構築する能力で
ある（山下 2014）。

　例えば、プロデューサーと監督の間の分業を考えてみよう。コンテンツの質
に責任を負っている監督の立場からすれば、販売の仕方によってはコンテンツ
の特性が損ねられるかもしれず、場合によっては販売についても言いたいこと
があるだろう。他方で、コンテンツの売上に責任を負っているプロデューサー
の立場からすれば、売上に貢献するようなコンテンツの特性を求め、やはり制
作の細かなところで言いたいこともあるだろう。概ね、監督とプロデューサー
の分業は慣習的に決まっているわけだが、コンテンツにとって最も良い分業の

線引きは、本来はその時々で変わってくるはずである。前節でも言及したように、タテ型構造では、そもそも分業が曖昧であるために、分業の線引きを変更すること自体はヨコ型構造に比べて容易である。ただ、曖昧であってもその分業を忠実に守ろうとするメンバーも多いため、それを実行するのには困難が伴う。ここに、タテ型構造における優れたプロデューサーの条件があり、業界の慣行を変えていくポイントがある。

では、分業の枠組みを再構築する優れたプロデューサーはどのようにして育成されうるのだろうか。それは、プロデューサーになるまでのキャリアを見ることである程度は理解できる。図 5B-1 でも見たように、プロデューサーの役割は三つの要素に大別されるが、その出自は現場の管理スタッフ、演出家、スポンサー企業の担当者など、「企画」「制作」「販売」のいずれかに従事している人たちである。

例えば、アニメーション制作の現場では、プロデューサーの多くが「制作」を起点としているということは前述した通りである。彼らは、品質を確保する、予算と納期を守る、ということに強みを発揮できるが、そもそもアニメーションをどのように設定するか、そのアニメーションでどれだけ収益を上げるか、といった役割を苦手としている。企画は監督に、販売は会社の営業担当者に丸投げしている状況もあるようだ。しかしながら、中には、キャリアとしては回り道になるものの、監督をサポートする設定制作といった演出の仕事を経験する者もいて、後に「制作」だけでなく「企画」にも精通したプロデューサーとなっていくケースもある。あるいは、制作現場でいったん挫折してアニメーション音楽の営業を経験した後に、「制作」と「販売」の双方に強いプロデューサーとなっていくケースもある。ここで重要なことは、このように複数の要素を経験してきたプロデューサーは概して、単一の要素しか経験していないプロデューサーよりも高業績であるということである。

たとえ助手であったとしても、自身もその要素（企画・制作・販売）について一定の経験があれば、その専門家の考え方を理解することができ、共通の価値観を持って対話することが可能となる。企画に強みを持つプロデューサーも、制作現場の経験を持っていれば、そこの技術者たちにモノを言いやすく、また受け入れてもらいやすいだろう。

さらに仕事仲間との関係も鍵となる。タテ型構造においては、メンバーは

キャリアを積み上げる中で、ある程度の継続性をもった仕事仲間を作っていくことができる。多くの場合、固定的な仕事仲間はその職場の伝統的な価値観や考え方を互いに注入しあうことになるが、そこには前述してきた規定の分業枠組みも含まれている。けれども稀に、それらとは異なる価値観や考え方を生み出し、共有していく仕事仲間ができることもある。たとえ異なる職種であったとしても、彼らの間ではよりいっそう互いにモノが言いやすく、理解しあえるだろう。

このように、プロデューサーになるまでに、（1）直線的なキャリア形成ではなく、他の要素を取り込むような冗長的なキャリア形成がなされていること、そのキャリアの中で（2）新しい価値観や考え方を共有できる仕事仲間（パートナー）を持つことにより、プロデューサーは分業の線引きを変更する、つまり分業の枠組みを再構築することが可能となる。

総じて、日本のコンテンツ業界が注意すべきなのは、組織編成原理がヨコ型構造をとっている欧米を単純に模倣できないということである。そして、多くの場合、われわれはタテ型構造をもってつながっているので、それに適した人材育成を検討しなければ、業界を変革していくような者は現れない、ということとである。

容易に想像がつくように、タテ型構造においては若者は権威を持った年長者に従わざるを得ない状況が多い。そのような中で、分業枠組みの変革をもたらしてくれるプロデューサーが自然に育つのを待つというのも非常に無理がある。かと言って、タテ型構造の中では、優れたプロデューサーを制度的に育成していくこともまた困難である。年長者が一方的に職場の価値観を押しつけるのではなく、若者たちが新しい価値観を生み出してくれるのを見守るような役割を積極的に引き受けていく必要があり、そういった個々の地味で地道な人材育成が、いずれはクールジャパン政策にも合致する新しい分業枠組みの構築へとつながっていくのである。

参考文献

加護野忠男（1988）『組織認識論：企業における創造と革新の研究』千倉書房。

斉藤正夫、田中康義、宮川昭司、吉田剛、渡辺浩編（1995）『人は大切なことも忘れてしまうから：松竹大船撮影所物語』マガジンハウス。

竹内洋（1995）『日本のメリトクラシー：構造と心性』東京大学出版会。

中根千枝（1967）『タテ社会の人間関係』講談社現代新書。

山下勝（2014）『プロデューサーシップ：創造する組織人の条件』日経BP。

若林直樹、山下勝、山田仁一郎、野口寛樹（2015）「凝集的な企業間ネットワークが発展させた映画製作の実践共同体：製作委員会方式による日本映画ビジネスの再生」、『組織科学』48(4)、pp. 21-34。

Chandler, A. D.（1962）*Strategy and Structure,* The MIT Press.【邦訳：有賀裕子訳（2004）『組織は戦略に従う』ダイヤモンド社】

Wakabayashi, N., Yamada, J. & Yamashita, M.（2014）."The Power of Japanese Film Production Consortia: The Evolution of Inter-firm Alliance Networks and the Revival of the Japanese Film Industry." In DeFillippi, R. & Wikström, P.（Eds.）*International Perspectives on Business Innovation and Disruption in the Creative Industries: Film, Video and Photography,* pp. 50-65, ch. 4. Edward Elgar Publishing.

—— 第6章 ——・

技術と産業の仕組み

A. 技術変化に対応するための クールジャパン政策
——コンテンツ、技術、ビジネスの相互作用——

生稲史彦

1 イントロダクション—コンテンツのビジネスと技術—

　情報通信技術 ICT の発展に伴って、コンテンツとそれを扱うビジネスは近年大きく変化した。音楽や映画、ゲームをインターネット配信で楽しんだり、NFT が付されたデジタル・コンテンツを購入したりする現状は、ほんの数年前まで当たり前ではなかったが、いまは現実化している[1]。こうした変化を捉えるために、本章では、①技術と②コンテンツ、そして③ビジネスの関係を三つの分野—音楽、ゲーム（家庭用ゲーム）、マンガ—で生じた主要なエピソードに着目して考えてゆく。

　デジタル・コンテンツビジネスを構成する三つの要素は、「技術を使ってコンテンツが創られ、それがビジネスの対象になる」という単純な関係を想定するだけでは理解できない。コンテンツが変わることで技術の利用方法が変わったり（②→①）、ビジネスの論理でコンテンツが創られたり、技術の開発が進んだりする（③→②、③→①）ことがある。だからこそ、この三つの要素を組み合わせ、お互いに影響を及ぼし合う関係として理解することが重要である。

　三つの要素が相互作用し、複雑に絡み合うからこそ、時折、思いもよらない大きな変化が起こる。それは①技術だけ、②コンテンツだけというように一つの要素の変化を追うだけでは見通せない変化である。だからこそ本章では、実際のところ三つの要素がどのようにコンテンツビジネスを変えてきたのかを読

1　デジタル・コンテンツという「形のないもの」の購入、それを対象としたビジネスについては、野島（2008）の先駆的な研究がある。

み解いていく。さらに、そうした理解の上に立って、良い（クールな）コンテンツが日本から発信されるようになるために求められる政策の発想法を提案したい。それは、経営学で間接経営戦略（沼上 1995）として提唱されたアプローチの応用である。

　こうした目的を持つ本章の構成は、以下のようになる。まず、第 2 節で、①技術と②コンテンツと③ビジネスの基本的な関係図式を提案する。複雑な相互作用と言っても、二つずつの要素の組み合わせを重ねることで読み解けることを想定し、提案する。続いて、第 3 節で基本図式を過去と現在の事例に当て、相互作用を確認する。対象となる分野は音楽、ゲーム、そして、現在新しい動きが見られるマンガ、ウェブトゥーン Webtoon である。3 要素の相互作用としてデジタル・コンテンツビジネスの変化を捉えることを前提とし、第 4 節では政策を考えるための間接アプローチを提案する。これは、一筋縄ではいかない複雑な現象に向き合うために、時間軸を取り入れ人の動きを見越すことによって成果を狙う思考法である。最後の第 5 節では、全体を取りまとめ、デジタル・コンテンツビジネスとそのための政策、そして今後の課題を展望する。

2　三つの要素が重なるデジタル・コンテンツ・ビジネス

　デジタル・コンテンツのビジネスは三つの要素が組み合わされることで成り立っている。その三つの要素とは、コンピュータやスマートフォン、インターネットに代表される①技術、テキストや音声・音楽、映像などの②コンテンツ、そして、企業が営利目的で進める③ビジネスである。三つの要素の組み合わせとして考えることによって、デジタル・コンテンツ・ビジネスの世界で起きている多くの変化を理解し易くなる。本章では、技術経営とイノベーションの観点でコンテンツビジネスを考察した武石（2004; 2005）の枠組みと概念を参考にして、三つの要素の関係を捉えていく。

　武石はヒューズ（Hughes 1983; 1989）の研究成果を応用して音楽産業の変化を読み解いていた。考察の結果、音楽産業は「それぞれが自律しているが、しかし相互に関係した、サブシステムから構成される大規模システム」であるため、その動向を理解するためには、複数のサブシステムとシステム全体を視

野に入れる必要があると述べている。つまり、①技術も、②コンテンツも、③ビジネスもそれぞれがおのずから機能し、変化するシステムと呼べる。だが、より巨視的な視点で見るとデジタル・コンテンツビジネスの一部であることからサブシステムとも呼べる。

　武石が提示した枠組みを、それ以外のコンテンツの分野も想定して、より詳しく考えておこう。技術は、新しいコンテンツを創造することを可能にし、ビジネスもまた技術を活用することで利益を生み出す仕組みを変えることができる。ICT の発展が、コンピュータゲームという新しいコンテンツの分野を作り出し、ゲームビジネスが 40 年ほどで大きく成長したことはその一例である。同時に、技術を活用したコンテンツが創り出されると、ビジネスや産業化の対象、つまり、利益を生み出す源泉が変わっていく。ゲームはもちろんのこと、YouTube などで提供される動画によって企業や個人が対価を得ていることは、新しいコンテンツが利益の源泉になっている好例である。また、ゲームや動画などのコンテンツを通じて技術の使い方の見本が提示されると、われわれは技術の可能性を身近に感じるようになり、より良い使い方を見出す。現在のVR や AR はまだ発展の途上だが、様々なコンテンツで活用されることで、より使いやすく、馴染みやすい技術に仕上がっていくことだろう。そして、ビジネスという要素は、技術の開発やコンテンツの創造のための原資を提供する。その原資も、元を辿れば企業が技術やコンテンツを提供した対価として得たものだが、それが企業という社会的主体によって再び技術やコンテンツを創り出すために使われ、創造のサイクルが回っていく。このように、①技術、②コンテンツ、③ビジネスという三つの要素は相互に支え合っており、それぞれの要素に分けて現実を読み解くと、一見複雑なデジタル・コンテンツビジネスの現状と変化を理解しやすくなる。

　ただし、一つ忘れてはならないことがある。それは、この三つの要素はお互いに支え合うけれども、三者三様の目標と世界を持って変化していることである。

　①技術の世界では、より効率的な技術を目指し、技術者が日々開発を行っている。②コンテンツの世界では、より楽しい、魅力的なコンテンツを創造するために日々クリエイターが創作に打ち込んでいる。また、③ビジネスの世界では、より多くの利益をあげるために、ビジネスパーソンが投資判断を行った

図表 6A-1　コンテンツ、技術、ビジネスの相互作用

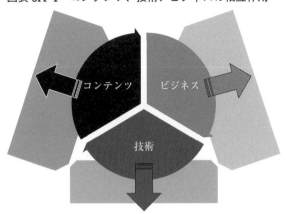

出所：筆者作成。

り、ビジネスモデルや戦略を検討したりしている。こうして三つの要素はそれぞれの世界で、それぞれの目標を持って日々変わっていく。そのため、互いが支え合うだけではなく、矛盾や対立が生じてしまうことがある。技術の発展によってラジオや TV が登場したときには、それによって利益が減ることを恐れて、レコードや映画のビジネスに携わる人々が反発した。最近では、インターネットの登場で多くのコンテンツをデータとしてやり取りできるようになった時に、音楽や映画のビジネスに携わる人々は違法なやり取り（配信）をなくそうとして法的な対応を取った。また、利益が大きいコンテンツに対して、儲かるものが良いコンテンツとは限らないと言い、コンテンツ制作者やユーザが拒否反応を示すことも繰り返されてきた。

3　技術が切り開くコンテンツ創造とビジネスの可能性
　―音楽の過去、ゲームの変遷、マンガの将来―

（1）音楽ビジネスのダイナミズム

　音楽ビジネスは、1990 年代から 2000 年代にかけて大きな変化を遂げた。インターネットの登場でいち早く変化が生じた分野である。この変化を、武石（2004）に依拠して、長い期間の変化として読み解いてみよう。

　武石によれば、主に技術革新に端を発して、ビジネス、そして音楽コンテンツそのものの変化が生じ、対立が生じることもあったという。それでも、ビジネスを担う企業と、音楽コンテンツを生み出すクリエイターは変化に対応し、対立を発展的に解消して、現在に至っている。

　音楽ビジネスの歴史では、これまでに大きく五つの変化と対立があったという。まず生じたのは、レコードの登場に伴う著作権者とレコード会社の対立だった。次にラジオが登場してレコードビジネスが一時的に停滞した。しかし、その後はレコードとラジオの間で補完的な関係が成立した。第三の変化はテープの登場であった。テープというメディアの技術が実用化されたことで、ビング・クロスビー Bing Crosby に代表される新しい音楽コンテンツが可能になり、人気を博した。同時に、レコード制作も変化し、ラジオ番組の制作方法も変化した。4 番目に生じたのはテレビの登場であり、ラジオのビジネスが停滞した。ただし、同時期にレコードの技術変化が起こり、エルビス・プレスリー Elvis Presley やビートルズ The Beatles に代表されるロックミュージックなど、新しい音楽コンテンツが登場した。結果としてラジオの放送内容が変化し、テレビ登場以前とは異なる放送メディアとして生き残った。そして 5 番目に、インターネットの登場によって音楽コンテンツの配信がビジネスになり、CD に代表されるパッケージメディアとの対立が生じた。

　これらの技術的もしくは社会的な転機が生じた後では、レコード会社などの企業にも、ユーザにも一定のメリットをもたらし、音楽ビジネスの成長が促された。この点において、五つの転機は「合理的」であった。ただし、技術はそれ自身の論理に従って進歩し、高度化した。企業も、ユーザも、利益の増大や利便性の向上を期待して技術を利用した。より多くの利益を望む企業と、より高い利便性を求めるユーザが技術の高度化を後押しし、技術の開発者はそれに応えてきた。その結果として、あともどりのできない技術、社会とビジネスの変化が生じた。その際、音楽ビジネスの企業だけではなく、ビジネスの周縁部に位置づけられた様々な企業——音響機器のハードウェア企業、デジタル情報を扱うハードウェア企業、ソフトウェア企業、レンタル企業など——が、変化の担い手だった。

　様々な社会的主体の行動によって生じた、複数の技術の発展が、1990 年代後半に組み合わさったことで意図せざる結果が生じた。一つ一つの技術の流

れ、個々の技術の開発、その時々の社会の状況、企業の対応をばらばらに見る
だけでは予想できなかった現象が発生した。2000 年代以降の PC や携帯電話
の普及、ソフトウェアによるデジタルデータのコピーと圧縮、インターネット
によるデジタル化された情報の配布と交換もまた、突如として発生した変化と
いうより、五つの転機の延長線上において理解することができるし、そう理解
されるべきだろう。この点において、近年顕在化した音楽ビジネスの変化は、
複数の技術、社会、ビジネスの変化が思いもしなかった形で組み合わさった
「融合による意図せざる結果」であり、パーフェクト・ストームであった。意
図せざる結果であったために、それが音楽ビジネスにもたらす影響を推し測
り、この変化に企業が自らを適合させることが不十分にならざるを得なかっ
た。

(2)　ゲームビジネスの形成と変化

　音楽の分野で見られたような変化は、他の分野ではどうだったろうか。次
に、ゲームの分野を振り返ってみる。

　コンピュータゲームの誕生については諸説あるが、1960 年代の米国でコン
ピュータを使ったゲームが確認されている。当時は、メインフレームやミニコ
ンと呼ばれる汎用的で、比較的大型のコンピュータを使ってゲームを作り、多
くの人が遊んでいた。しかし、ビジネスにはなっていなかった（①技術→②コ
ンテンツ）。

　コンピュータゲームはとても魅力的で、多くの人を惹き付けたので、そこに
ビジネス機会を見出す人々、企業家が現れた。例えば、ラルフベアは「ブラウ
ンボックス」「オデッセイ」などを開発し、発売した（②コンテンツ→③ビジ
ネス）。ゲームにビジネスの可能性を見出した人々の中で、最も成功を収めた
のがノラン・ブッシュネルである。ノラン・ブッシュネルは 1972 年にアタリ
社を創業し、当初は人が集まる酒場などに置く、現在で言うところの業務用の
ゲーム「Pong」などを発売し、企業を急成長させた。さらに、1978 年に家庭
用ゲーム機「Atari 2600」を発売し、家庭用ゲームのビジネスも開拓した（①
技術、②コンテンツ→③ビジネス）。

　米国で生まれ、急成長を遂げたゲームのビジネスの動向は日本にも伝わって
きた。それを受け、いくつもの企業が製品を発売した。一つの成功例は、

1978 年にタイトーが発売した業務用ゲーム「スペースインベーダー」であった[2]。社会現象ともなったこのゲームのヒットによって、日本の社会でコンピュータゲームが認知され、多くの企業がこのビジネスに参入することになった（②コンテンツ→③ビジネス）。さらに、1980 年代に入ると日本でも家庭用のゲームのビジネスを構想し、製品を発売する企業が多数現れた。そうした企業の一つが任天堂であり、任天堂が発売した「ファミリーコンピュータ」が日本のゲームビジネスを実質的に作り、成長させた。

任天堂の成功要因は複数あると考えられるが、その一つは、当時の日本企業が保有していたエレクトロニクスの技術を利用し、優れたハードウェアを開発できたことにあった[3]。家庭用ゲーム機の中核部品にリコーの半導体が採用されたことはその表れである（①技術→②コンテンツ、③ビジネス）。もう一つの成功要因はやはり優れたゲームソフトが多数発売され、多くの消費者を惹き付けたことだった（②コンテンツ→③ビジネス）。任天堂はもちろん、ナムコやハドソン、エニックスやスクウェアなど、多くの企業がファミリーコンピュータ向けのゲームソフトを発売したことで、ゲームソフトのラインナップが充実し、その内容も多様化した。こうした活発な新規参入の背景には、もちろん、各社が抱いたビジネスの可能性に対する期待があったわけだが、任天堂がゲームソフトの開発と発売を他社に許可する戦略を採ったことも重要だった。すなわち、ハードウェアは実質独占的に供給しつつ、ソフトウェアは他社にも供給してもらうセミ・オープンのビジネスモデルを、任天堂が採用したことによって、多くの企業の参入と多様なゲームソフトの発売が実現した（③ビジネス→②コンテンツ）。

任天堂とファミリーコンピュータ、それが実現したビジネスモデルは大成功を収め、任天堂に大きな利益をもたらした。それに留まらず、それ以降のゲームビジネスの基本的な構造（ビジネスモデル）を打ち立て、セガ、ソニー、マイクロソフトといった他社がほぼ同じビジネスモデルを 40 年近くにわたって模倣した点でも、大きな影響を及ぼした[4]。

2　タイトーの「スペースインベーダー」を開発した西角友宏氏については、オーラル・ヒストリー収集プロジェクトの一環で記録が作られている（江藤他 2018 など）。
3　任天堂とファミリーコンピュータについては、上村他（2013）が優れた研究書である。
4　さらに、ゲームビジネス以外にも影響を与え続けている。Apple や Google のスマートフォン向けアプリのビジネスモデルは、任天堂のものと非常によく似ている。

　ただし、40 年間のゲームビジネスではいくつかの変化もあった。その一つは、ゲームソフトを発売する企業が、当初の自由で、新しい試みに満ちたゲームソフトの開発を手控えるようになり、すでに確立したジャンルやシリーズに則ってゲームソフトを発売する傾向が生じたことである（生稲 2012）。その背景には、開発ノウハウの蓄積を前提に、安定的な収益をできるだけリスクを冒さないで獲得しようとする企業戦略の変化があったと考えられる（③ビジネス→②コンテンツ）。

　同時に、技術が進歩し、新しいハードウェアと新しい遊び方が提案される変化も起きた（①技術→②コンテンツ）。具体的には、「ポケットモンスター」などの携帯型ゲーム機を使ったゲーム、「プレイステーション」に代表される高度なグラフィック機能を備えたゲーム、通信技術を取り入れて他のユーザとの交流が楽しみに加わったオンラインゲーム、携帯電話やスマートフォンの普及を背景としたゲームアプリなどである。こうした技術変化を受けたコンテンツの変化を背景に、プレイステーションを発売したソニーや、オンラインゲームを世界に先駆けて広めた韓国企業、携帯電話向けのゲームで成長を遂げたグリーや DeNA といった成長企業が現れた（①技術→②コンテンツ→③ビジネス）。さらに、オンラインゲームやスマートフォン・ゲームの普及を前提に、動画やイベントでゲームを遊ぶこと自体を楽しむ e-Sports やゲーム実況も「コンテンツ」として提供され、ビジネスになりつつある（①技術→②コンテンツ→③ビジネス）。

　このように、ゲームビジネスの歩みを概観すると、①技術、②コンテンツ、③ビジネスの 3 要素が相互に刺激しあいながら、現在に至っていることがわかる。その過程で、技術はゲームで使われることで磨かれ、コンテンツは技術を追い風にしてリッチになり、ビジネスも変化し続け、拡大した。

　現在、ゲームビジネスにおける日本の企業と市場の立ち位置はかつてほどの圧倒的な規模と競争力ではないものの、依然として世界の中心に位置している。その理由についても多くの見方があるが、一つには、1980 年代以降の日本でハードウェアとソフトウェアの技術があり、その蓄積が厚かったことが挙げられる。もう一つには、マンガやアニメーションなどのゲーム・コンテンツのタネが豊富だったこともあるだろう。こうした技術と文化の厚みを、任天堂やソニー、ナムコやセガ、スクウェア・エニックスといった企業が掬い上げ、

ゲームに結実させることで、「ゲーム大国」日本が実現したと考えられる。

(3) マンガビジネスの新しい展開

　事例から示唆を読み取るための三つ目の素材としてマンガとそのビジネスを取り上げる。マンガはそれ自体が大きなビジネスであることに加え、アニメーションやゲームなど、他の分野にも大きな影響を与えている点で、日本のコンテンツの重要な分野である。手塚治虫氏などの非常に優れた作者たちが果たした役割、出版社間の競争、ビジネスを支えた印刷と物流の技術など、多くの示唆が得られる事例だが、ここでは直近の変化、とくに ICT 化が及ぼした影響に絞って考えてみる[5]。

　ICT 化に伴うマンガビジネスの変化としては、インターネットを通じた配信の影響をあげることができる（①技術→③ビジネス）。少し前までは、紙媒体のみで提供され、雑誌や単行本の形でしか手にできなかったマンガを、いまのわれわれはスマートフォンやタブレット、電子書籍端末でいつでもどこでも楽しむことができる。

　ただし、近年の変化はそれに留まってはいない。スマートフォンなどでマンガを楽しむ消費者が増えたことは、スマートフォンを前提にしたマンガ、ウェブトゥーンなどの登場を招いた。紙媒体とは異なり、縦長で、縦方向へのスクロールで読み進める消費者が没入して楽しめるように、コンテンツが変化している（①技術→②コンテンツ）。さらに、ウェブトゥーンなどの登場は、それに適合したビジネスモデルの登場を促した。例えば、1話単位で早く読みたいユーザに課金をする「話課金」などはその一例である。さらに、スマートフォンと話課金のビジネスモデルでは、従来のマンガとは必ずしも同じではない絵の描き方やストーリー展開が求められている。そうしたビジネスへの参入は、従来の出版社や作者に限られず、アニメーションやゲームの開発者、制作会社も参入している。というのも、デジタル化され、スマートフォン表示に合致した絵やストーリーを創ることは、アニメーション制作やゲーム制作と共通点を持つからである。その結果として、マンガビジネスに携わる企業が変わり、さらにビジネスモデルや産業構造が変わっていく可能性がある（②コンテンツ→

5　マンガビジネスに関する研究書としては、岡田（2017）、松井（2019）がある。

③ビジネス）。

　日本は世界に向けて新しい、魅力的なマンガを次々に発信できるマンガ大国である。しかも、マンガの作者も、スマートフォンを含むデジタル技術も、マンガビジネスに精通した企業も十分に備わっている。しかしながら、従来のマンガ・コンテンツのありようとそのビジネスに固執していると、新しいマンガとそのビジネスに対応できない危険性もある。つい数年前に音楽の分野で起きた変化──「融合による意図せざる結果」──は、音楽ビジネスに携わる企業の不適合という結果に終わった。マンガのビジネスにおいて、その轍を踏まないためにも、マンガとそのビジネスのありようをあらためて考える時期が到来しているのではないだろうか。

4　産業政策としてのクールジャパン政策─範囲と焦点─

（1）間接経営戦略という考え方

　以上、三つの分野の中長期的な変化を、①技術、②コンテンツ、③ビジネスという三つの要素の相互作用として読み解いてみた。具体的な変化の様相と時期は分野によって異なるが、ある要素で生じた変化が他の要素に影響を及ぼすことが確認できた。同時に、3要素の世界（領域）の内部の事情で、別々に生じた変化が組み合わさることで、思いもよらぬ結果──融合による意図せざる結果──が起きる可能性があることもわかった。

　三つの領域には、目的や意図が異なる人々が集まる。①技術の領域にはより効率的で便利な成果を作り出そうとする技術者が、②コンテンツの領域にはより面白く、魅力的な作品を作り出そうとするクリエイターが、③ビジネスの領域にはより多くの利益を得ようとするビジネスパーソンが集まり、切磋琢磨をしている。異なる目的と意図を持つ人々が交わる場がデジタル・コンテンツ・ビジネスであるからこそ、三つの領域で起きる変化は、それぞれの内部の事情──より便利に、より楽しく美しく、より利益が得られる──によって左右され、整合性や一貫性を持つことが難しい。だからこそ、このような変化に対応し、それを全体としてより良い方向に導くためには、三つの領域に常に目配りする必要がある。

　そのような場合に、どのような政策が求められるのだろうか。ここでは、経

営学で提案された「間接経営戦略」（沼上 1995）を応用する可能性を考えて
みたい。それは、間接経営戦略が社会を構成する人が意図を持って行動し、時
間軸を通じて変わっていくことを前提に組み立てる戦略であり、社会の変化を
捉えて活かそうとする戦略構想のアプローチだからである。

　間接経営戦略では、意図せざる結果を読み込んで、戦略を立て、競争優位を
築くことを目指す。論文では、ハンバーガー・チェーン間の競争におけるモス
バーガー（モスフードサービス）の戦略を読み解き、その考え方を示してい
る。

　モスバーガーは、先行した大手ハンバーガー・チェーンに対しては後発だっ
た。したがって、既存の大手ハンバーガー・チェーンとは異なる製品やサービ
スで対抗する差別化が必要であった。ここまでは競争戦略の基本的な考え方で
ある。ただし、直接ではなく、間接の経営戦略が求められるのは、モスバー
ガーが後発で、先行した大手企業に「単なる差別化」で対抗しても、競争はも
ちろん、生き残りすら難しい状況だったからである。なぜなら、モスバーガー
が差別化のために発売する製品（ハンバーガー）やサービスは模倣されたであ
ろうし、模倣によって製品やサービスに違いがなくなってしまうと、良い立地
をおさえ、強いブランドを持ち、価格面でも規模の経済が働いて有利に立てる
先行大手に対抗することは困難だったからである。そこで、製品やサービスな
どの差別化という直接的な戦略に加えて、間接経営戦略が意味を持った。すな
わち、(1)先行大手の市場形成力にフリーライドしてファーストフードのハン
バーガーという市場に参入し、(2)先行大手が事業の継続で作ってしまった顧
客セグメントの空白に自らの顧客を設定することで、(3)先行大手が対抗しづ
らい状況を作り出して生存と成長を図る戦略アプローチである。より具体的に
言えば、先行大手は小さい頃からハンバーガーを食べる習慣を身につけた顧客
を開拓し、事業展開をしていた。だが、長年の事業継続に伴って年少者だった
顧客が成長し、親と一緒ではなく、友達と、あるいはひとりでハンバーガーを
食べに行くようになると、家族や子供連れのグループとは一緒にハンバーガー
を食べることが好ましくなくなる。つまり、ハンバーガーを食べる習慣はある
けれども、子供の頃と同じようには食べたくないと思う顧客セグメントが、先
行大手によって作り出される。この顧客セグメントをターゲットにすること
で、モスバーガーは独自性を発揮しやすくなる。その上、既存大手が同じ顧客

セグメントをターゲットにしようとすると、いま子供を連れて来店したり、家族で来店したりする顧客セグメントとは違う製品ラインナップや店舗作りなどの手立てを打つ必要が生じるため、モスバーガーが狙うターゲット・セグメントを狙うことが効率的でなかったり、自社の培ってきた強みを活かせなかったりするという課題に直面する。結果として、先行大手からみれば、自分たちが作ってしまった空白の顧客セグメントをモスバーガーに委ねるしかない状況になる。さらに言えば、先行大手がビジネスを継続すればするほど、モスバーガーの潜在的顧客──子供の頃は先行大手に行ったけれども中高生になったからモスバーガーを選ぶ顧客セグメント──が増えていく状況を生じさせてしまう。

　間接経営戦略で示唆に富むのは、先行大手が発揮した市場形成力のような他者の力を活かすこと、他者が意図せずに作り出してしまう空白を見出すこと、その空白にターゲットを絞ることで他者が模倣しづらい状況を作り出すことの3点である。さらに言えば、時間の経過と共に必ず起こる社会や消費者の変化──モスバーガーの例で言えば顧客セグメントの加齢──を読み込み、時間軸を入れた戦略を立てることで、その戦略を継続可能なものにする点も重要である。

（2）政策への応用可能性

　では、さて、前節で論じた間接経営戦略のように、ライバル企業や顧客などの変化を読み込み、時間軸を長くとって計画を立てる思考法は、政策にどのように応用することができるであろうか。競争相手を想定してそれに勝つことを目指す経営戦略と、社会経済のより良い姿を目指す政策は、もちろん、目的や取れる手段が異なる。しかし、他の行為主体の意図と行為を自らのために活かし、時間軸を取り入れる間接経営戦略のエッセンスは、政策にも応用できると考えられる。

　というのも、第3節でみたように、デジタル・コンテンツビジネスの各分野では、目的と意図を異にする複数の行為主体──技術者、クリエイター、ビジネスパーソン──が中長期にわたって活動し続けることで、予期しがたい変化が起きてきたからである。そうしたときに、技術者だけ、クリエイターだけ、ビジネスパーソンだけを視野に収めて政策を立ててもどこかに空白が生じ

やすいし、さらには変化が組み合わさって起きる意図せざる結果までをも含めた対応は難しくなる。それゆえ、間接経営戦略のエッセンスに学び、各領域の行為主体の典型的な動きを想定し、時間軸の中で変化していく可能性を思い描いた上で、対応策や政策を立てることが有効なのではないだろうか。さらに、三つの領域の結節点であるデジタル・コンテンツビジネスの消費者の動き、時間の中での彼らの加齢や趣味の変化を読み込み、その変化から逆算して3領域での手立てを考えれば、3領域へのバランスの良い目配りができるかもしれない。なぜなら、デジタル・コンテンツビジネスの三つの領域は、結局のところ、消費者がデジタル・コンテンツを楽しみ、購買行動を取るか否かで、成長と衰退が決まるからである。これは、直接個別に事業者や産業に手当てするのではなく、間接的に育てる政策の可能性である。クールジャパン政策の範囲を狭義のコンテンツに絞り込まず、コンテンツと影響を及ぼし合う技術やビジネスの領域に広げることを提案したい。

　ただし、政策の範囲を広げることは、政策目標が不明確になり、必要以上のリソースが投入されてしまう危険性を孕む[6]。だからこそ、対象を広げつつも、明確な焦点を持つことが必要である。では、クールジャパン政策が焦点を当てるべき対象とは何だろうか。本章の考察に基づけば、それは、デジタル・コンテンツビジネスに関わる人々、彼らの動きと時間の中での変化である。

　技術を培う人や企業への政策が、コンテンツを創る人々とビジネスを構想する人々の可能性を広げる。また、コンテンツを創る人々と彼らの新しい試みをサポートすることは、技術開発者にとっての課題発見や、ビジネスパーソンの事業機会創出につながる。こうした、各領域の人の行為が他の領域の可能性を広げるという発想に立って、技術者やクリエイター、ビジネスパーソンの目的と行為がリアルにどのようにつながるのかを考え抜く。さらに、そのリアルな動きが、時間と共に他の領域での変化を導き、それが再びクリエイターや技術者、消費者などの変化を促すことを考える。音楽やゲーム、マンガの事例を通じて考えたように、具体的に、リアルに、時間の中で、人々がどのように行為し、変化を遂げていくのかを考えることが、いまさらではあるが、政策の立案

6　谷口（2016）は政策の対象と内容が過度に広がり、予算における選択と集中が難しくなるメカニズムと問題を議論している。

に必要なのではないだろうか。

　技術者やクリエイター、ビジネスパーソンや消費者といった人が実際にどのように動き、創造的に何にコミットしているのかを考慮し、彼らが動きたいと思う仕組みを構想していくこと。それを 5 年、10 年といった中長期の時間軸で構想すること。こうした時間を通じた人の動きを考え抜くことによって、思わぬ僥倖や意図せざる結果を味方に付けられるだろう。

5　終わりに―デジタル・コンテンツ・ビジネスのゆくえ―

　本章では、デジタルコンテンツのビジネスのダイナミズムと、それを対象にした政策を考えてきた。音楽やゲーム、マンガの過去と現在を読み解いてわかったことは、デジタル・コンテンツ・ビジネスは、①技術の開発と②コンテンツの制作と③ビジネスが相互に影響を及ぼしあいながら変化するため、その動向を見通しにくいことだった。また、三つの領域が揃ってこそのデジタル・コンテンツビジネスであり、どれか一つの要素だけが突出していても上手くいかないし、三つの要素のうちのどれかが欠けていると発展が難しいことが示唆された。

　振り返ってみれば、戦後の日本は（コンテンツビジネスのためではなかったものの）技術開発が活発に行われ、絵を描いたりストーリーを書いたりする文化的素地があり、旺盛な企業家精神を持った人々もいる国であった。三つの領域の全てで人材が育まれ、彼らが活躍できる社会だったからこそ、世界中の人が楽しめる音楽やゲームやマンガが創造される「クール」な国だったのだ。政策に目を移せば、科学技術政策と文教政策と産業政策が、当初、コンテンツビジネスの成長を直接的目的としたものではなかったものの、結果としてデジタル・コンテンツビジネスに必要な三つの領域を育てることに成功した国だった。

　この事実を踏まえて政策を考えるとすれば、やはり三つの領域に目配りして政策を立案することが重要だと言える。本章で述べてきたように、三つの領域が複雑に絡み合っているので、全体をカバーするとなると難しそうではある。ただし、考えようによっては、どこかの領域に良い政策を打てば、他の領域に対して波及効果を見込めるとも言える。その際、波及効果は 3 領域で活躍す

る人々の関係の中から生じる——ある領域での誰かの試みが他の領域の人々の行為に影響を及ぼす——とすれば、政策の焦点を人——技術者、クリエイター、ビジネスパーソン、そして消費者——に当て、彼らの動きを読み解くことで、波及効果をあてにできるだろう。波及効果を織り込めば、視野は広いが総花的ではない政策が立案できるのではないだろうか。

　クールジャパン政策に則して言えば、コンテンツに関する政策が技術開発やビジネスに対してどのような影響を与えるのかを、具体的に考える——現場や実態の観察や良い調査データに基づいて、本当に人々がどのように動いて互いに影響を与え合うのかを考え抜く——ことを意味する。人の行為が他の人に与える影響をリアルに考え抜くことで、将来に向けて手当てすべきことが明確になるし、総花的な政策メニューを避けつつも効果が大きく、広がりがある政策を立案できるのではないだろうか。それは意図せざる結果を視野に収め、時間展開を味方に付ける政策立案である。

参考文献

生稲史彦（2012）『開発生産性のディレンマ：デジタル化時代のイノベーション・パターン』有斐閣。

上村雅之、細井浩一、中村彰憲（2013）『ファミコンとその時代：テレビゲームの誕生』NTT出版。

江藤学、金東勲、木村めぐみ、中村彰憲、鳴原盛之、清水洋、山口翔太郎、生稲史彦（2018）「西角友宏第1回インタビュー前半：中学時代までの生い立ち」（WP#18-22）一橋大学イノベーション研究センター。

岡田美弥子（2017）『マンガビジネスの生成と発展』中央経済社。

武石彰（2004）「デジタル技術革新と音楽ビジネスのゆくえ：技術、ビジネス、音楽をめぐるダイナミクス」『一橋ビジネスレビュー』52(1)、pp. 78-94。

武石彰（2005）「音楽産業と技術革新：大規模技術システムとしての進化」『赤門マネジメント・レビュー』4(7)、pp. 324-329。

谷口諒（2016）「シンボルを用いた資源獲得の成功による資源配分の失敗：「バイオマス・ニッポン総合戦略」の事例」『組織科学』50(4)、pp. 66-81。doi.org/10.11207/soshikikagaku.50.4_66

松井剛（2019）『アメリカに日本のマンガを輸出する：ポップカルチャーのグローバル・マーケティング』有斐閣。

沼上幹（1995）「間接経営戦略への招待」『ビジネス・インサイト』11。

野島美保（2008）『人はなぜ形のないものを買うのか：仮想世界のビジネスモデル』NTT出版。

Hughes, T. P. (1983). *Networks of `Power: Electrification in Western Society, 1890-1930*. John Hopkins University Press.【邦訳：市場泰男訳（1996）『電力の歴史』平凡社】

Hughes, T. P. (1989). "The Evolution of Large Technological Systems." In Bijker, W. E., Hughes, T. P. & Pinch, T. (Eds.), *The Social Construction of Technological Systems,* pp. 51-82. MIT Press.

B. 適正な分業体制の構築に向けて

半澤誠司

1 はじめに

　コンテンツ産業の特徴の一つは、経済活動でありながらも文化活動の一種としての側面が色濃いことにある。このため、現代の経済活動にとって決定的な重要性があるイノベーションが本産業においても無視しえない要素であるのは確かでも、技術主導的色彩が強い類のイノベーションとは性質が異なる（Asheim et al. 2007; Gertler 2008）。さらに、本産業に限らず芸術などの文化的色彩が強い活動における経済の仕組みは、多かれ少なかれ一般的な産業に見られるそれとは異なる側面を持つために、標準的な経済学による説明だけでは理解しがたい要素がある（佐藤 1999, Abbing 2002, 池上 2003）。したがって、本産業が抱える課題にも、これらの特性に起因するものがある。

　本章では、(1)本産業特有のイノベーションの特徴をとらえるとともに、(2)文化的な経済活動を把握する、という二つの視点を通じて本産業の特性を描き出す。その上で、主に日本のアニメーション産業を事例として、これらの特性から生じる課題を示すとともに、その解決策について考察する。

2 コンテンツ産業の特性

(1) コンテンツ産業におけるイノベーション

　イノベーションには、画期的・飛躍的な性質のものがある一方で、その普及のためにコスト削減などの効率を追求する漸進的な性質のそれも存在する（青島 2017, pp. 6-7）。アバナシーとクラークは、後者がより良くより安く製品を

提供するための鍵となり、競争優位には重要と捉えているが、それを追求しすぎると、創造性の抑制につながる危険性も同時に指摘している（Abernathy and Clark 1985）。このような創造性と効率性のトレードオフは、コンテンツ産業においても大きな問題となる（Cohendet and Simon 2007; Tschang 2007）。その理由は、コンテンツ産業における需要の不確実性の高さに求められる。

　消費者による文化製品の選択は極めて文脈依存的であるため、その消費行動を製品供給者が正確に見極めることには非常な困難さを伴い事実上不可能である（Lash 1994; Lash and Urry 1994）。極端にいえば、消費者自身は製品に出会うまで自分が何を求めているのかわからないし、出会っても最初は気に入らないかもしれない。そのため、企業が消費者の消費行動を先験的に予測・把握することは実質的に不可能である（De Vany 2004）。したがって、各製品の市場投入の前に収益面での成功の可能性を高めようにも、有効な手段が限られてしまうため、コンテンツ企業は多種の製品提供を通じて、その中の結果的に売上良好な少数製品から収益の大部分を上げる戦略を採る（Hirsch 1972, p. 652; Lash and Urry 1994, p. 121; 浜野 2003, pp. 55-57; Vogel 2011, p. 526）。しかもこれら少数製品以外は、ほどほどの成功すら収められない失敗作となり損失を計上する傾向がある。有名俳優を起用した映画など、成功する可能性がまだしも高いと見られる製品において、大々的な費用をかけた方が高収益を期待できる（中村 2000, pp. 17-18; 2002, pp. 269-271, 浜野 2003, pp. 56-57）。結果的に、作品を一つ成功させるまでに企業が負担する総費用は無視し得ない大きさとなる。

　こうした負担が想定される場合、企業側としてはそれを懸念し、リスク回避を考慮するであろうし、それが過度になればイノベーションを阻害する可能性が想定される。例えば、有名俳優ばかりを起用してしまい、無名だが役柄に相応しい実力を持った俳優の起用を躊躇したり、実績ある作品の続編やマンガなどの原作があるようなものばかりを作品化してしまい、まったくの新作はなかなか実現しなかったり、といった事態である[1]。これこそが、コンテンツ産業のイノベーションにおける創造性と効率性のトレードオフ問題であり、英国の

1　例えば、テレビ放送産業では金田（2006）、ゲーム産業では生稲（2012）において詳細な記述がある。

テレビ番組制作において、効率性追求の結果としての取引関係や雇用関係の流動化が、費用削減効果しか意味せず創造性の減退につながったとの指摘もある（Lash and Urry 1994, pp. 123-125）。

ゆえに、創造性を守るためには、ある程度の非効率を許容する必要性がある。筆者は、こうした「企業が製品を制作し販売する過程において、不可避的に生じる非効率」を「冗長性」と定義している（例えば半澤 2016）。この冗長性への耐性 tolerance for redundancy が高い企業こそが、種々の試行を数多く行えるため創造性が高くなり、結果的に多数のイノベーションを達成する可能性も高まり、経済的成功を収めると考えられる。言い換えると、収益面で成功した少数の製品以外に、多数の赤字作品を許容しながらも、企業が継続して挑戦的な製品を市場に投入し続ける環境が、コンテンツ産業におけるイノベーションにとっては肝要となる。

ここまでの議論は、コンテンツ産業のイノベーションの特性を明らかにしたものであるが、正確には需要の不確実性が高い製品を取り扱う産業全般においてもあてはまる。つまり、理論的には文化的要素が少ない製品を扱う産業においても適応可能な議論である。一方で、コンテンツ産業のような文化的な経済活動には需要面からだけでは説明しがたい特性も存在するため、次項ではその点について確認する。

（2）コンテンツ産業の生産と流通

文化的な経済活動の特色が最も現れるのが、その産業構造である。すなわち、互いの性質が大きく異なる流通部門と生産部門が、微妙な緊張関係を保ちながらも協調し、一つの産業としての統一性を保つ分業体制である。この分業体制の特性として、第一に文化的要素と経済的要素の両立を可能にするが、第二に制作のための柔軟性を追求して多数の専門的中小企業が生産部門を構成する一方で流通部門は寡占化しやすい傾向にある、と指摘できる。

まず1点目に関して、コンテンツ作品のような文化的な財・サービスには、標準的な経済学で想定される経済的な価値と、それでは測定されない文化的な価値という二つの側面が存在する（Throsby 2001 pp. 19-41; 池上 2003）。そして、この2側面を追求するのに適した組織形態として、前者が流通部門と、後者が生産部門となる。また、生産部門が創造自体を目的とする一方で、流通

部門はそれによって生み出された利潤獲得を目的とし、前者が生産部門、後者が流通部門となる（Hirsch 1978, 佐藤　1999; 2005）。

　次に、2 点目に関して、コンテンツの製品価値の本質は無形であるため、製品の複製すなわち量産はもともと非常に容易である上に、情報技術の進展によって量産費用の低廉化が進み、コンテンツ産業の分析では量産過程を無視できる。したがって、生産部門が担う「生産」とは、一般的な意味での研究開発活動であり（Lash and Urry 1994, pp. 122-123）、一品生産的な色合いが強い。ゆえに、当部門の組織形態は、製造業における多品種少量生産に適合する生産方式として提唱された柔軟な専門化 flexible specialization 概念（Piore and Sable 1984）に基づいた説明が適合的であり、生産部門企業の規模が中小に留まると指摘される所以である（Lash and Urry 1994, Caves 2000, pp. 95-100）。

　しかし、実際のコンテンツ制作を担うのは生産部門企業であっても、その制作資金を調達し、実際に消費者へ各種コンテンツを供給する主体となるのは、たいてい流通部門の企業である（Cornford and Robins 1992, Power and Scott 2004, p. 5）。先述したように、製品提供は多種でありながら、収益化は少数の製品から行う傾向が強い本産業における流通部門企業は、できるだけ多数の商品をできるだけ広範囲つまり世界中あるいは複数メディアに供給できたり大作を制作できたりする必要がある。したがって、設備・制作・宣伝などへの投資にかかる莫大な資金を調達するため大規模化を追求する結果、合併などを通じて寡占化し、生産部門も含めた産業全体に強い支配力を及ぼす（Lash and Urry 1994, Hirsch 2000）。

　このように、経済的価値の実現を重視する産業支配力が強い少数の流通部門企業と、文化的価値の実現により力点を置く多数の中小生産部門企業の分業体制のもとでは、後者が創造性を発揮して製品を制作する中心となるが、その製品を市場に出すか否の実質的な判断を下すゲートキーパーの役割を前者が果たす（Hirsch 1972; 1978; 2000, 佐藤　2005）。それゆえに、流通部門企業が多様な製品を市場に出すことに寛容でなければ、生産部門企業にとって冗長性への耐性は低くなってしまう。結果的に、あまり創造的ではない製品が市場に多く出回る、つまりは効率性重視のイノベーションが中心となる可能性が考えられる。

　したがって、コンテンツ産業では、流通部門と生産部門の関係性すなわち分

業が、企業の冗長性への耐性を毀損しない形で機能しているかが、産業の成長や持続にとって不可欠の要素となる。

3 アニメーション産業における分業の機能不全化と対処法

本節では、2 節で提示した視点に基づき、分業の機能不全化が何をもたらすのか、その解決策はいかなる形が考えられるか、日本のアニメーション産業を事例に検討する。本産業が事例として相応しい理由は二つある。第一に、工程間の区切りが明瞭であるために、企業間の垂直分業が歴史的に形成されていて、分業体制が明確に観察できる。第二に、技術や市場環境の変化によって2000 年頃から分業体制の変化が起きているため、分業体制の相違が創造性にいかなる影響を与えるかについて、歴史的な比較検討が行える。筆者は 2000年からの経年的な複数回のインタビュー調査など行った。実証分析の詳しい内容については、半澤（2016）と半澤（Hanzawa 2019）を参照して欲しい。

なお、アニメーション産業における流通部門企業とは具体的に言うと、アニメーション作品における企画・投資・流通・宣伝などを担う、おもちゃ会社・テレビ局・配給会社・出版社・映像メディア会社などを主に指し、生産部門はアニメーション会社に相当する。ただし、個別事例としては、流通部門的な業務に関与するアニメーション会社や、流通部門企業の子会社としての生産部門企業も存在する。したがって、ここでの区分は、全体的な傾向に基づいたものであり、また第 2 節 2 項で触れた既存研究で一般的なように資本関係は考慮に入れていない。

(1) 伝統的な分業体制

アニメーション産業は、30 分テレビシリーズ・アニメーションが放送されるようになった 1960 年代前半から 2000 年代頃まで、特徴的な分業体制を保っていた。それは、特定工程に特化した中小企業群が、東京西北部を中心に産業集積を形成し、連携しながら作品を制作する体制である。

テレビ市場は、作品および要求される労働力の面で質量ともに予測不可能性があるため、アニメーション会社にとって不確実なものであった。作品の放送開始と終了は、1990 年代後半までは寡占的な流通部門であった主要テレビ局

や、典型的には食品会社やおもちゃ会社であった広告主の意向に左右されやすい。また、テレビアニメ市場のジャンルは多様化していった。したがって、初期にはほぼ内製をしていた各制作会社にとっては、その時々の質や量の面での必要性に応じてフリーランサーや外注先を利用する垂直分割体制の方がより合理的となった。

　この垂直分割は、東京における産業集積という結果につながった（図表 6B-1）。企業間の物流および情報交換の利益を最大化するために、アニメーション会社とフリーランサーたちは相互に近接せねばならなかった。なぜなら、テレビシリーズ・アニメーションは毎週放送があるために制作期間が非常に短いからである。さらには、必要に応じてその多くは作品ごとに入れ替えが起きる中小企業とフリーランサーからこの産業が構成されているために、企業間関係は流動的で不安定になる傾向がある。それゆえ、アニメーション会社とフリーランサーたちは、非公式な仲間や集まりを通じて、受発注や仕事のつながりを発展させることが不可欠であった。これらのつながりは、企業間というよりも個人間の関係に基づき育まれるものであり、これによってアニメーション会社やフリーランサーたちは円滑な新規取引が可能になるため、東京外に立地することは各企業にとって困難であった。

　こうした環境下では、アニメーション会社の視点からすると、もし社内で訓練した労働者が他社に移籍したり独立したりしても、いつの日か彼らがそのような状態のままでも作品制作で協力してくれるかも知れない。それゆえに、日本のアニメーション産業集積においては著しい相互依存関係が見られ、「アニ

図表 6B-1　日本のアニメーション会社の立地

都道府県	2016 年	
	社数	%
東京都	542	87.1
大阪府	12	1.9
その他	80	12.9
合計	622	100.0

出所：日本動画協会データベースワーキンググループ
　　　（2018）。

メ村」としても知られる（複数人のインタビュー相手 ; Mihara 2020, p. 16）。

しかしこの表現には、産業内において肯定的な意味と否定的な意味の双方が込められている。肯定的な面では、上述したような集積利益の基盤であるといえ、否定的な面では「ロックイン」状態を生み出している（Grabher 1993）。つまり、アニメーション会社が新しい試みを進めようとしたときに、村のような準組織内での稠密な社会的紐帯がしがらみとなって困難性をもたらすのである。言い換えると、アニメーション会社には、経営判断を合理性ではなく、長期の個人的関係や過去の貸し借りといった様々な関係性に基づく事情を過度に考慮してしまう傾向がある。また、既存の慣習などに囚われない新しい試みをある一社が行おうとしても、深い相互依存関係があるからこそ、他社もそれに賛同しなければ事実上実施不可能になってしまうため、その関係自体が自由な企業経営の足枷になりかねない面がある。さらには、こうした共同体の小規模性と開放性が理由となって、産業集積内では各企業の考え方ややり方に関する重要な情報（良い意味でも悪い意味でも）が、これらの社会的紐帯によって出回ってしまい、特にアニメーターでは、作品の好みであるとか表面的な賃金や地位の高さに惹かれて、企業間を渡り歩いたり、フリーランサーになったりすることも少なくない。このように、稠密な人的・企業的つながりは、産業集積を下支えするだけではなく、産業集積内の各主体にとって、新しい挑戦への取り組みや、事業環境の劇的な変化への柔軟な反応を時に難しくもする結果につながった。

もしアニメーション市場が安定的な成長を続けており、多くの産業構造変化がなかったとしたら、これらのロックインが深刻な問題となりはしなかったであろう。しかし、デジタル技術が 2000 年代に普及した結果として、アニメーション産業の市場環境と制作技術は決定的な変動期を迎えた。そして、それらの変容によって、次項で見るように分業の性格もまた変化した。その帰結として、この村落的性格に伴うロックインは、日本のアニメーション産業が対処せねばならない宿痾となった。

(2) 分業体制の動揺と制作環境の悪化

オケダとコイケ（Okeda and Koike 2011）やモリサワ（Morisawa 2015）が報告しているように、特にアニメーターに顕著である、長時間労働や低賃金と

いった厳しい労働条件は 1960 年代から日本のアニメーション産業では広く見られた。しかし、2000 年代以降に、デジタル化と流通の変容によってそれがより悪化した。

　日本のアニメーション産業では制作技術におけるコンピュータ利用は、1990 年代後半以降から 2D アニメーションでの彩色や撮影などでまず進んだ。したがって、アニメーターが担う仕事の制作技術は、2000 年代においても、一部企業などの例外を除いて、伝統的な手法と同じ紙への手描きであったし、2020 年代になっても、まだそれが完全な少数派になったとはいえない。また、3D アニメーション技術は浸透しているものの、それによる制作は主流ではない。こうしたデジタル化は、二つの顕著な結果を生産面にもたらした。

　第一に、非デジタルとデジタルの工程の併存は、個々の工程間生産性格差の拡大につながった。一方では、デジタル化された色塗りや撮影などの工程は生産性が向上したために収益性が高まった。しかし他方では、アニメーターが担うような手作業中心の非デジタル工程にとってはデジタル化によって向上した表現水準についていくことが難しくなり、生産性の低下に悩まされるようになった。

　第二に、海外のアニメーション会社への外注が容易になった。1973 年にはすでに海外企業への外注が始まっていたが（山口 2004, p. 133）、2000 年代に際立って増加した海外への外注は、日本国内のアニメーション産業における生産能力の逼迫と、それと軌を一にしたデジタル化の帰結であった。興味深いことに、ほとんどのインタビュー相手は、海外への外注の主要因は、安価な労働力ではなく国内生産能力の量的不足であるとしていた。この量的不足は、2000 年代のパッケージメディア市場の急速な拡大によってもたらされた（図表 6B-2）。

　同時期に流通面では三つの根本的変容があった。

　第一に、テレビ市場に大きく依存していた 1960 年代以降のアニメーション市場から、テレビとパッケージメディアの混合市場への移行である。パッケージ市場の登場によって、対象とする視聴者層が子供よりも品質に拘る大人へと主軸が変化したため、より高品質の作品が求められるようになった。

　第二は、1990 年代後半以降に起きた、伝統的なスポンサー型から「製作委員会」型への、主要なアニメーション製作手法の変化である（半澤 2016, pp.

図 6B-2　日本で発売されたパッケージビデオのアニメーション作品数

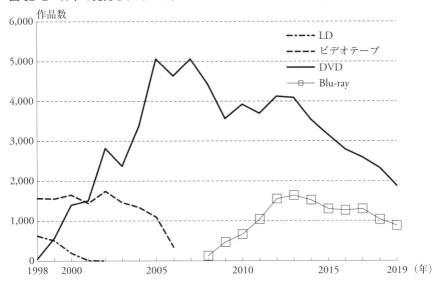

出所：電通総研編『情報メディア白書』各年版。

101-104; Mihara 2018, pp. 6-7）。この方式では、投資リスクを分散するために、個々のアニメーション作品ごとの合意条件の下で、ほとんどはアニメーション事業に関連し流通部門も担う複数の企業（つまり、テレビ局、出版社、広告代理店、映像メディア企業など）が製作委員会と呼ばれる任意組合を組成する。この方式が広まったことで、アニメーション作品は多様化し、公開本数も増加した。

　第三は、恒常的ではなく一時的な変容であったが、2000 年代前半頃から始まり 2007 年に終焉を迎えた「アニメバブル（経済）」である。これは、パッケージ市場の急速な拡大と続いて起きた縮小であり、その時期に起きた日本のアニメーション産業の国内制作力の逼迫に起因し、様々な作品において制作スケジュールが混乱を来すようになった。このパッケージ市場の拡大期の終わりと続いて起きた縮小によって、流通部門の企業は、徐々に資金調達力とリスクを取る余裕を失っていた。

　こうして、パッケージ市場は質量ともにより高い制作力を必要としたために、特にアニメーターによって担われる非デジタル工程は生産性向上の困難性

に直面し、国内生産力は逼迫した。高品質需要の一方で、低生産性が温存されてしまったために、アニメーション制作スケジュールが全般的に混乱を来すようになった。結果として、制作能力の不足を補うための対処療法として、海外への外注と、国内における短期間育成された未熟練労働者の存在が 2000 年代以降に顕著となった。

　拡大した需要に対するこれらの対処法は、日本のアニメーション産業集積に備わっていた人的資源開発のための社会的基盤を結果的に切り崩してしまった。日本のアニメーション会社およびフリーランサー間の高い相互依存性があるために、未熟練労働者の量的増大は必然的に制作スケジュールを逼迫させてしまい、この状況は製作委員会方式の登場によっても悪化した。「アニメバブル」の終焉後も、製作委員会を組成する企業は、「多様な作品を出すことが最終的には成功につながる」との想定の下、多くのアニメ作品に対して比較的少額の投資をする傾向があった。結果的に、市場崩壊が起きた直後の短い期間には作品数が減少したものの、過度のアニメーション作品が制作され続けた。加えて、各作品の収益性が悪化したために、制作現場の現実に対して限られた知識しかないような製作委員会の企業が、制作実務に対して過度の口出しをしてしまい、しばしば効率的な作品制作の妨げとなった。

　現場の制作力の限界を超えてまで作品数が増加してしまった一因は、アニメーション産業では生産部門企業と流通部門企業の区別が良くも悪くも明確で、それら性格も 2 節で述べたような典型例に近いからである。つまり、本質的にアニメーション会社は、流通部門からの発注を受けている形であるために、価値の高い知的財産のような安定的資産を欠くことから運営資金が不足して自転車操業的に作品を受注する傾向にある。また一方では、流通部門企業は可能な限り多くの作品を世に出すことに注力し、アニメーション会社の状況などにはあまり注意を払わない傾向がある。これらの傾向は、ほとんどのアニメーション会社が実制作に集中して、流通側の事業に対して無関心であることによっても助長されている。言い換えると、2000 年代以前は一応の安定性があった分業体制が動揺しつつも、根底にある基本的な受注産業的性格は変わらないままであったため、産業構造が変化した状況下においては、その性格が事態をより悪化させる方向に作用してしまったのである。

　こうして進んだ制作環境の悪化は、さらには労働環境の悪化にもつながっ

た。つまり、長時間労働の悪化やアニメーターの賃金水準の低下である。アニメーターは、完成した画の枚数に基づく歩合制の下で、画の高度化要求に対応した結果である生産性の低下に直面してしまったために、労働条件はデジタル化以前よりも悪化した。この条件悪化は、離職率の上昇や、アニメーターの士気の低下を招いた。さらに、この状況はアニメーターの育成をも難しくしてしまい、それが一層の制作環境の悪化につながってしまった。要するに、日本のアニメーション産業は悪循環に陥ってしまった。

(3) 課題の整理と対抗戦略

ここまでみてきた問題の解決が容易ではない理由は、歴史的に形作られてきた日本のアニメーション産業の性格と結びついているロックインとしての集積不利益の存在である。アニメーション産業内での主体間の相互依存性の高さと、浸透している他社の影響が要因となって、個々の企業が他社とは一線を画した行動を取りにくいのである。よって、本産業が直面している問題とは、2000年代に進んだ決定的な変容への対処として伝統的な分業システムを再調整することの困難さであるといえる。各企業の個別事業戦略を拘束してきた東京の産業集積における負の準組織的硬直性が、決定的な産業変容が起きた2000年代以降に明確となったのである。

とはいえ、この困難性はまったく対処不可能な問題ではない。対処法の一つが、東京以外の地域への事業所立地である。それによって、集積内の情報や人材の流動から距離を取り、他社の影響を限定することでロックインの局限化を図りながら、自由に自らの事業戦略を構築しようとし、実際に高品質な作品制作で知られるアニメーション会社の例も複数ある。

これらの企業のいくつかに見られた考え方の根底には、流通部門から受注する企業の集合体である受注産業という日本のアニメーション産業の典型的な性格は問題があるもしくは限界がきているとの認識があった。したがって、自らも流通に関与しようと、自らの作品の関連商品を自ら販売してみるような経験から蓄積を積んでいた。ただし、生産部門企業が流通部門に進出しようとする行動に対して、好意的ではない既存の流通部門企業が存在するのも事実で、様々な交渉も伴ったという。こうした交渉を成功させるためには、根本的にはまずアニメーション会社側に独立独歩を志向し、既存の日本のアニメーション

システムから距離を保とうとする強い意志は必須である。その上で、流通部門に対する強い交渉力の源泉となる高品質な作品制作を可能にする基盤、つまり内部人材を育成する戦略をそれら企業は持とうとする。この時、過剰な人材や情報の流動が起きにくい産業集積外への立地が、この基盤作りを可能にするのである。

4　考察と結論

　以上でみてきたように、日本のアニメーション産業では、生産と流通の技術革新および不況によって、1960 年代以来の伝統的分業体制が機能不全化し、2000 年代以降に顕著となった制作環境の悪化につながった。その解消が容易に進まずに長引いた原因は、2000 年代までは潜在的であった集積不利益としてのロックインが、分業の再調整を難しくしていたからである。

　一連の現象を 2 節で示した議論に即して整理しよう。まず伝統的分業体制では、各アニメーション会社による取引・労働力調整の柔軟性を達成することで、各企業が過度な固定費用負担に悩まされずに、作品内容に合わせた人材の入れ替えを可能にして、国際競争力がある、多様な作品を生み出す原動力になってきた。これは、創造性を守るためには不可避の失敗という費用を、労働者たちや各企業がそれぞれ少しずつ負担する形で、企業による冗長性への耐性を確保し、産業全体としては多様な作品群を生み出すことを可能にしてきたといえる。なぜならば、取引・労働力調整の柔軟性の確保とは、発注元企業が背負っていたリスクを外注先企業／労働者に分散させて成り立っているからである（Scott 1988）。こうした柔軟な体制は、ここまでみてきたような利点もあるために、一概に非難されるべきではない。

　しかし、こうしたリスク分散が過度になれば、立場の弱い労働者や企業が大きな負担を押しつけられる形になり、産業全体の持続可能性が危うくなる。アニメーション産業の場合は、デジタル化の進展以前から存在していた労働条件の厳しさが、2000 年代以降に決定的に悪化する形で、このような事態が表面化した。前述したように、そうなった一因が、流通部門企業が製作本数は増やしても、各作品への投資額を十分に引き上げなかった結果として、受注側に対して過度な負担がもたらされてしまった点である。

　純粋に経済合理性のみが働く市場であれば、こうした状況下においては労働者や受注企業は負担に耐えるよりも早々に市場から退出してしまうために、創造的な作品が結果的に多数生まれてくるための土壌である冗長性が産業内に維持できなくなるであろうが、文化製品を扱うコンテンツ産業では、生産部門が経済合理性とは異なる価値判断基準を色濃く持つために、その労働者や企業が自らに対する経済的に不利な待遇を甘受してでも作品制作を続行してしまった。よって、日本のアニメーション産業においては、2000年代以降に制作環境や労働環境が悪化しつつも、労働者や受注企業が耐え忍びながらより良い作品作りを目指し続ける形で冗長性が確保できてしまっていたがゆえに、創造的で国際競争力のある作品は生まれ続けていた。別の言い方をすれば、各企業の冗長性への耐性が、労働者の待遇や制作環境を犠牲にする形で生み出されていた。

　ただし、これでは長期的には個別アニメーション会社の冗長性への耐性は毀損されていくであろうし、持続可能な産業の状態とはいえない。このような状況下では、集積利益に頼らず、増大してきた集積不利益を回避して企業内部資源を充実させた方が、むしろ各企業にとっては持続的かつ効果的な冗長性への耐性確保につながる可能性が高い。こうして、東京以外の地域への立地による集積不利益の回避によって、内部育成された熟練労働者の手による高品質な作品を制作可能な何社かのアニメーション会社が頭角を表した。

　これら企業は、二重の分業再調整を試みているといえる。すなわち、自らはアニメーション制作にほぼ特化し流通は既存メディア企業などが担うといった部門間の分業体制と、制作力の多くを企業外部資源に依存する生産部門企業同士のそれである。この時、前者については、もともとの力関係や流通に関与するために必要な経営資源の大きさが障害となるため、調整は徐々に進める形にならざるを得ないし、現状では主たる流通は引き続き既存流通部門が担っている。一方で後者は、集積外立地によるロックインの回避によって企業内部労働力の充実を図る形で、前者よりは先んじて実現しやすく、前者の調整を円滑化するための基盤となっている。

　アニメーション産業で起きた一連の事象からは、他のコンテンツ産業にとっても得られる教訓が多い。コンテンツ産業では、流通部門と生産部門の分業の適正化が肝要だが、もともと流通部門企業の力が強くなりがちな傾向は否め

ず、結果として生産部門企業が不利益を被る事例は珍しくない[2]。しかも、ここ 20〜30 年で顕著になった情報化の進展による流通・生産技術の変化による産業変革期には分業の動揺が起きて、これが流通側から生産側への負担転嫁という形で現れやすい[3]。こうした事情はアニメーション産業も同様であったが、一部のアニメーション会社は、既存のしがらみに囚われやすい生産部門内部の分業再編を、立地戦略の活用を通じて成し遂げつつ、既存流通部門からの相対的自立を目指している。

　したがって、このような変革期には、やり方次第では生産部門企業が既存の流通部門企業の影響力から脱しながら、より良い作品制作が可能になる好機ともいえる。特に、映像配信業者の勃興によって、テレビ局や映画会社などの影響力が相対化されてきている状況を鑑みるに、アニメーション産業に留まらず実写の映像産業などには、それが当てはまるであろう。この機会を活かすためには、生産部門企業が自立への強い意志を持ちつつ、それを可能にする土台作りを目指して、生産部門内のしがらみを脱却する方策を練ることが肝要となる。その際には、立地戦略も考慮するべきである。

　こうした生産部門企業側の動きが活発化すれば、流通部門企業も自らに有利な旧来からの力関係に過度な依拠をして利益を確保しようとする方向性を抑制する可能性も期待できる。コンテンツ産業では、流通部門企業の産業支配力に起因して、生産部門企業が受動的な姿勢になりがちであるが、産業変革期こそ、自らが主体的に動いて分業の再編へと動く好機とも見なせる。言い方を変えれば、分業の適正化は、流通部門からではなく、生産部門が主導して成し遂げられるものであり、その意識を持つことが適正化への出発点となる。

　したがって、重視すべき政策的支援の方向性として以下の 2 点が考えられる。

　1 点目は、生産部門企業の意識変化を後押しするような支援策である。例え

2　例えば、日本映画産業の低迷期である 1960 年代から 90 年代にかけて、劇場や配給を押さえていた流通部門たる大手映画会社に対して、生産部門企業は十分の利益配分を受けられず、安定性や継続性が失われて、映画製作の知識や経験といった無形資産の蓄積と継承が円滑に行われなかった（山下・山田 2010）。

3　例えば、日本のテレビ産業では不況に加えて地上波デジタル化による費用負担などが影響して、テレビ局がテレビ番組制作会社に対して提供する番組制作費用を過度に削減するような傾向が見られた（半澤 2016）。

ば、仮に生産部門企業が、ある作品の権利を持っていたとしても、その運用を基本的に外部つまりは流通部門企業などに委ねてしまえば、旧来からの分業関係は維持されている。権利の保有は重要だが、その運用への意識が低いと宝の持ち腐れとなってしまう。したがって、ライセンサーの立場であっても良いので、作品の運用に少しでも関わるような立場を多くの生産部門企業が経験していくような方策を、各産業の実情に応じて検討できないだろうか。

　2点目は、1点目とも関わるが、東京外に立地しようとする企業に対する地場コンテンツの開発運用支援である。コロナ禍や地方創生への気運などが相まって、コンテンツ産業に限らず、地方への企業進出は近年注目されており、地方自治体による支援も様々に行われてはいる。ただ、旧来のような性格を保持したままの生産部門が単に立地場所を変えただけというような形では、地方立地の意義も限られたものになりかねないし、東京で形成された産業構造が地方に拡大しただけといえなくもない。ゆえに、東京では純粋な生産部門企業であったとしても、各地方の事情に根差したコンテンツを開発させて運用まで任せるような形を担わせて、各企業の意識を変化させると共に、これまでにはなかったような経験を積ませていけないだろうか。そのようなコンテンツは、基本的には東京を中心に生み出されている主流コンテンツと比べて予算規模が小さくなるであろうし、その分だけ流通に対する知見に乏しい生産部門企業が経験を積むためには手頃ともいえよう。

　これらの提言は、具体策にまで踏み込んだものではなく、方向性を示したものに過ぎない。実際に支援策を具体化しようとすれば、各産業や各地方によって多様な事情が存在するため、それを踏まえていく必要がある。ただ、その根幹には、ここで述べたような方向性が存在するべきであろう。

付記：

　本章の研究には、平成24年度科学研究費補助金「コンテンツ産業の技術変容と地方分散」若手研究（B）研究課題番号：24720381（研究代表者：半澤誠司）および平成29年度科学研究費補助金「地方コンテンツ産業の勃興に動員される地域資源：非集積地によるイノベーション活性化」若手研究（B）研究課題番号：17K13583（研究代表者：半澤誠司）を使用した。

参考文献

青島矢一（2017）「イノベーション・マネジメントとは」一橋大学イノベーション研究センター（編）『イノベーション・マネジメント入門 第 2 版』日本経済新聞出版社、pp. 1-20。

池上惇（2003）『文化と固有価値の経済学』岩波書店。

生稲史彦（2012）『開発生産性のディレンマ：デジタル化時代のイノベーション・パターン』有斐閣。

金田信一郎（2006）『テレビはなぜ、つまらなくなったのか：スターで綴るメディア興亡史』日経 BP 社。

佐藤郁哉（1999）『現代演劇のフィールドワーク：芸術生産の文化社会学』東京大学出版会。

佐藤郁哉（2005）「ゲートキーパーとしての出版社と編集者」『一橋ビジネスレビュー』2005 冬、pp. 36-51。

電通総研編（2000-2021）『情報メディア白書』電通（2003 年よりダイヤモンド社発行、2021 年版まで毎年参照）。

中村清（2000）「放送メディアの経済学的課題」菅谷実・中村清（編著）『放送メディアの経済学』中央経済社、pp. 13-38。

中村清（2002）「映画コンテンツの供給とその経済学的接近」菅谷実・中村清（編著）『映像コンテンツ産業論』丸善、pp. 261-287。

日本動画協会データベースワーキンググループ（2018）『アニメ産業レポート 2018』日本動画協会。

浜野保樹（2003）『表現のビジネス：コンテント制作論』東京大学出版会。

半澤誠司（2016）『コンテンツ産業とイノベーション：テレビ・アニメ・ゲーム産業の集積』勁草書房。

山口康男（2004）『日本のアニメ全史：世界を制した日本アニメの奇跡』テン・ブックス。

山下勝・山田仁一郎（2010）『プロデューサーのキャリア連帯：映画産業における創造的個人の組織化戦略』白桃書房。

Abbing, H.（2002）. *Why Are Artists Poor?: the Exceptional Economy of the Arts.* Amsterdam University Press.【邦訳：山本和弘訳（2007）『金と芸術：なぜアーティストは貧乏なのか？』グラムブックス】

Abernathy, W. J. & Clark, K.B.（1985）. "Innovation: Mapping the Winds of Creative Destruction." *Research Policy*, 14(1), pp. 3-22.

Asheim, B., Coenen, L. & Vang, J.（2007）. "Face-to-face, Buzz, and Knowledge Bases: Sociospatial Implications for Learning, Innovation, and Innovation Policy." *Environment and Planning C: Government and Policy*, 25(5), pp. 655-670.

Caves, R.E.（2000）. *Creative Industries: Contracts between Art and Commerce.* Harvard University Press.

Cohendet, P. & Simon, L.（2007）. "Playing across the Playground: Paradoxes of Knowledge Creation in the Videogame Firm." *Journal of Organizational Behavior*, 28(5), pp. 587-605.

Cornford, J. & Robins, K.（1992）. "Development Strategies in the Audiovisual Industries: The case of North East England." *Regional Studies*, 26(5), pp.421-435.

De Vany, A. S.（2004）. *Hollywood Economics: How Extreme Uncertainty Shapes the Film Industry*. Routledge.

Gertler, M.（2008）. "Buzz without Being There? Communities of Practice in Context." In Amin, A. & Joanne, R.（Eds.）, *Community, Economic Creativity, and Organization*（pp. 203-226）. Oxford University Press.

Grabher, G.（1993）. "The Weakness of Strong Ties; The Lock-in of Regional Development in the Ruhr Area." In Grabher, G.（Ed.）, *The Embedded Firm; On the Socioeconomics of Industrial Networks*（pp. 255-277）. Routledge.

Hanzawa, S.（2019）. "Geographical Dynamics of the Japanese Animation Industry." *Netcom, 33* （3/4）.

Hirsch, P. M.（1972）. "Processing Fads and Fashions: An Organization-set Analysis of Cultural Industry Systems." *The American Journal of Sociology*, 77（4）, pp. 639-659.

Hirsch, P. M.（1978）. "Production and Distribution Roles among Cultural Organizations: On the Division of Labor across Intellectual Disciplines." *Social Research: An International Quarterly of the Social Science*, 45（2）, pp. 315-330.

Hirsch, P. M.（2000）. "Cultural Industries Revisited." *Organization Science*, 11（3）, pp. 356-361.

Lash, S.（1994）. "Reflexivity and its Doubles: Structure, Aesthetics and Community." In Beck, U., Giddens, A. & Lash, S.（Eds.）, *Reflexive Modernization: Politics, Tradition and Aesthetics in the Modern Social Order,* pp. 110-173. Blackwell.【邦訳：松尾精文他訳（1997）「再帰性とその分身：構造、美的原理、共同体」『再帰的近代化：近現代における政治、伝統、美的原理』（pp. 205-315）而立書房】

Lash, S. & Urry, J.（1994）. *Economies of Signs and Space*. SAGE.

Mihara, R.（2020）. "Involution: a Perspective for Understanding Japanese Animation's Domestic Business in a Global Context." *Japan Forum*, 32（1）, pp. 102-125.

Morisawa, T.（2015）. "Managing the Unmanageable: Emotional Labour and Creative Hierarchy in the Japanese Animation Industry." *Ethnography*, 16（2）, pp. 262-284.

Okeda, D. & Koike, A.（2011）. "Working Conditions of Animators: The Real Face of the Japanese Animation Industry." *Creative Industries Journal*, 3（3）, pp. 261-271.

Piore, M. J. & Sable, C. F.（1984）. *The Second Industrial Divide: Possibilities for Prosperity*. Basic Books.【邦訳：山之内靖他訳（1993）『第二の産業分水嶺』筑摩書房】

Power, D. & Scott, A. J.（2004）. "A Prelude to Cultural Industries and the Production of Culture." In Power, D. & Scott, A. J.（Eds.）, *Cultural Industries and the Production of Culture,* pp. 3-15. Routledge.

Scott, A.J.（1988）. *Metropolis: from the Division of Labor to Urban Form*. University of California Press.【邦訳：水岡不二雄監訳（1996）『メトロポリス：分業から都市形態へ』古今書院】

Tschang, F. T.（2007）. "Balancing the Tensions between Rationalization and Creativity in the Video Games Industry." *Organization Science*, 18（6）, pp. 989-1005.

Throsby, D.（2001）. *Economics and Culture*. Cambridge University Press.【邦訳：中谷武雄・後藤和子監訳（2002）『文化経済学入門：創造性の探求から都市再生まで』日本経済新聞社】

Vogel, H.L.（2011）. *Entertainment Industry Economics: A Guide for Financial Analysis, Eighth edition*. Cambridge University Press.【邦訳：助川たかね訳（2013）『ハロルド・ヴォーゲルのエンタテインメント・ビジネス：その産業構造と経済・金融・マーケティング』慶應義塾大学出版社】

第 III 部

クリエイティブ・ジャパンの地理学

──グローバル・ローカル・サイバー──

A. グローバルな現代美術における 我が国からのイノベーションと ゲームチェンジ——チームラボによる革新から——

岡田智博

1 近年着目され始めた現代美術の経済価値

これまで、我が国の産業政策において美術作品が取り扱われることはなかった。

例えば、日本にとってのクリエイティブの産業としての軸にある、コンテンツ産業振興政策においても、ビデオゲームやアミューズメントに係るテーマパーク等の施設は産業政策の対策となる一方、同様の技法や似たビジネスモデルを有する、本章での事例に挙げるチームラボによる展示興行を代表とする「デジタルアート」「メディアアート」という美術による取り組みは、コンテンツ産業の範疇にとらえられてこなかった（経済産業省商務情報政策局 2021）。

同じく、我が国において経済産業省が試みてきたクリエイティブ分野の産業としての把握においても、美術作品の取引やそれを用いた展示興行等の取り組みは産業規模の算出において盛り込まれようとしてきたが（野村総合研究所 2012）産業の外のものとして把握する対象の外のものとして置かれてきた（経済産業省商務情報政策局 2013）。

一方、今や世界の多くの国が産業政策の中心に置いている、クリエイティブ産業の定義には、最初期にクリエイティブ産業を位置づけ政策化した英国が範疇としての13業種の一つに「美術・骨董市場」（DCMS 1998）に位置づけられていることを皮切りに、同じく追随する各国においても、美術に関する分野はクリエイティブ産業を構成する要素とされている。その背景には、美術品、特に現代美術が近年莫大な取引高を有するまでに成長を続けているという、イノベーションを伴った産業としての力がある。

　全世界における 2021 年の美術作品の取引高は 651 億 USD にのぼると、スイス、米国、香港で現代美術見本市を主催する世界最大のオペレーターであるアートバーゼルとそのスポンサーであるプライベートバンキング世界最大手のUBS との合同調査（McAndrew 2022）で挙げられている。美術品の売買だけで毎年 9 兆円程度の資金が世界で動く中、特に、近年その存在感を急激に増しているのが現代美術である。

　これまで、このような美術品の取引のほとんどは近代までのいわば骨董品とも呼ばれる分野であったが、世界の美術品オークション落札価格を網羅したオンラインデータベースサービスである Artprice.com の調べによると 2021 年 7 月から 2022 年 6 月まで 1 年間の全世界の美術品オークションにおける現代美術作品が占める落札額の比率は 17.6％であり、価格にして 27 億 USD（3672億円）にのぼると報告されている（Artprice.com 2022）。同サービスによると 2002 年における落札総額が 9000 万 USD（123 億円）であったことから、今の作家による芸術表現である現代美術が成長を続け、産業の一角へと成長を遂げていることことをうかがい知ることができる。オークションでの落札額の比率をそのまま、美術品のあらゆる売買を対象としたアートバーゼル・UBS の調査を仮にあてはめると、現代美術だけで 1.5 兆円規模の取引が毎年存在することが推測される。この傾向は、コロナ禍以降も続いており、現代美術を巡る取引は、今後も成長が見込まれている有望なビジネスとなっている。

　ところが、我が国における産業としての美術軽視は、実際のところこのような多大な取引の範疇の外に日本の市場が置かれているという点からうかがわれる。実は、世界の美術取引を俯瞰した調査を見ると、全世界に占める日本での取引シェアは 1％にも満たず、その 1/3 がトップの米国（43％）、2 位の中国（20％）、3 位の英国（17％）によって寡占されており、我が国は経済規模でそれ以下のフランスやドイツ、スペインから大きく離されている存在なのだ（McAndrew 2022）。

　我が国には、生存する女性美術家において最高値で取引されている作家の一人でもある草間彌生をはじめ、村上隆、奈良美智など、世界に多くのコレクターを持ち、展覧会においても多くの動員力を有する現代美術家が数多く存在するにもかかわらず、本国では市場で売れないという状況が今なお続いている。

　そのため、先に挙げた国際的にコレクターが競って買い求める現代美術家は、世界で高い販売力を有する米国のギャラリーと契約し、日本ではなく世界の市場を相手に作家としての活動の力点を置いている。多くの作品が 1 億円以上、ともすれば 10 億円台の価格で売買される、これらトップレベルの日本人作家の作品は、現代美術の取引そのものが少ない日本に較べ、今やオークション市場だけで年間 3600 億円もの取引高にのぼり急成長を続けるほどに活発に売買されているグローバルな「市場」でこそ、このような価格（＝価値）が形成されていくのである。

　このような、旺盛な現代美術の土壌がありながらも、それが価値化されていない、我が国において、このような美術の商流を流し込もうとする動きが起ころうとしている。

　経済産業省とは別に、内閣官房と文化庁は 2017 年に『文化経済戦略』を策定し（内閣官房・文化庁 2017）、我が国の GDP の成長を担うエンジンとしての文化関連産業による文化 GDP の飛躍的成長を目論み始めている。

　その重点施策として、「国際的な芸術祭やコンクールの開催、アートフェアの拡大、世界的なアーティストやキュレーター、ギャラリストの誘致等、我が国の文化芸術資源や文化芸術活動とアート市場が共に活性化し、持続的に成長・発展していくための新たな取組を推進する」を位置づけ、市場関係者の誘致を通じて世界の商流の取り込みを図ろうとしている[1]。

　しかし、これらの取り組みは、これまでの経済産業省によるコンテンツ産業やクールジャパン関連ビジネスにおける海外市場開拓の取り組みと同様、プロモーションを中心とするもので、アートフェア（見本市）の開催や既存の地方自治体が主導する大規模芸術祭への補助金の拠出など、イベント中心の取り組みが中心となり、国内に引きこもりがちな日本の現代美術市場に対するゲームチェンジのためのイノベーションを喚起するに到っていない現状が存在している。そのままの現状に、プロモーションを注ぎ込んでも、制度の変化を伴う構造の変化が起きうるわけがなく、本来必要とされる市場の厚みの創出に到ることができていない状況が存在している。

1　関連する経済産業省の執筆時至近（2023 年）の動向については本章末の補足を参照。

2　グローバルなアートワールドの辺境から生まれた
　　ゲームチェンジャー

　このように、美術をめぐる経済において、世界に輩出する芸術家を多く存在する土壌でありながら、市場としては辺境である日本において、これまでのアートマーケット中心の美術産業の構造すらも変えてしまう、ゲームチェンジャーがこれまでに挙げた政策的背景の外から生まれ、これまでのコンテンツ産業やクリエイティブ産業における新たな成長分野を生み出すまでに到っている。

　それは、東京を本拠に 2000 年代初めより活動を始めた、アート・コレクティブ（集団）であるチームラボ[2]の手によって生み出された。チームラボは 2023 年時点で、世界各地で 10 以上にのぼる異なる体験型の展示内容による大規模なデジタルアートの企画展を、同時に開催している。またその上、体験学習の要素を入れた教育をテーマにした展示企画を多数オペレーションしている。一つの美術作家集団が、テーマパーク並みの大型展示企画を同時に複数を、全世界で展開し、その数を増やしているという点だけでも、コンテンツビジネスにとってもアートビジネスにとってもゲームチェンジャーであるということがわかるだろう。そして今なお、これだけの規模で単独に展開できる作家は世界には存在せず、チームラボが生み出した新たなビジネスモデルを、エスタブリッシュであるところのアートワールドがやっと追随を開始したという段階がこの 2020 年代なのである。

3　チームラボが切り拓いた現代美術の新市場

　デジタルアートはこれまで絵画や彫刻等といった美術品と較べて、市場価値が極めて低いところに世界のアートワールドにおいて置かれていた。しかしチームラボは、彼ら自身が構築した新たな表現形態や作品を通じて人間の感覚

2　チームラボの作品については彼ら自身の公式 WEB サイトでアーカイブ化されている。https://www.teamlab.art/

に訴えかける体験の提供により、どの現代美術家よりも毎年コンスタントに圧倒的な集客による単独作家による企画展を展開する芸術家という、これまでの現代美術において見られなかったイノベーションを実現させている。

　いわば、一つのコレクティブが世界の現代美術のビジネスの中で抜きん出て存在し、その規模は一つの産業とまで言えるものになっているのだ。たとえば、彼らの本拠地である東京において、江東区の臨海部の隣接する街区（豊洲とお台場エリア）1 km程度しか離れていない二つの場所に専用美術館「チームラボプラネッツ」（豊洲：図表7A-1）、「チームラボボーダレス」（お台場エリア）[3,4] をオープン、2館あわせて350万人以上の年間動員を2018年の開業直

図表7A-1　チームラボプラネッツ DMM TOKYO

出所：筆者撮影。

3　住所としては江東区青海である。
4　江東区にある二つのチームラボの個展「ミュージアム」のうち、「チームラボボーダレス」は2022年8月に終了、2024年2月に東京都港区の都心再開発地域（麻布台ヒルズ）に再オープンしている。また、「チームラボプラネッツ」は2027年年末までの時限オープンとなっている。

後にして集めている。1 日当たりの入場者数で見た場合、約 1 万人の入場者数
は、世界で最も集客力のある展覧会であると世界的な美術分野の情報誌である
The Art Newspaper が 2019 年の全世界の美術展の動員数を調査した"Most
popular exhibition"（The Art Newspaper 2020）との比較から見ることができる。
同誌の調査による世界トップの 1 日当たりの入場者数の展覧会はブラジルの
リオデジャネイロで開催された、米国の特撮スタジオであるドリームワークス
の展覧会で 1 日当たり 1 万 1 千人であり、美術家の展覧会としては 1 日当た
り 9 千人を集めた同じくリオデジャネイロで開催された中国から西側に亡命
した現代美術家の艾 未 未の展覧会である。ちなみに同年の日本における 1
日当たり最大動員数は同調査で世界 4 位の同じく江東区の旧深川区にある東
京都現代美術家で開催されたムンク展で 1 日当たり 9 千人であり、チームラ
ボは我が国の定番である有名な西洋絵画よりも動員力がある作家[5]と言える。

　一方、チームラボがこのような大規模な動員を東京の臨海エリアにおいて実
現している同時期における、我が国の同年の美術品の売買のみならず入場料や
グッズ収入等を含めた「美術市場」の規模は、文化庁が、「アート東京」と
「芸術と創造」に調査を委託し、まとめられた「日本のアート産業に関する市
場レポート 2019」によると、コロナ禍前の 2019 年において、全体で 3590 億
円の規模を有しているという。内、展覧会を含む美術関連市場の規模が 519
億円とされている。この統計にあてはめると、同年において圧倒的な動員力を
年間にわたって保ち続けてきたチームラボの二つの「美術館」の入場料収入
（入場料：大人 3200 円〜小人 1000 円）だけに限っても、我が国の「美術市場」
の拡大に大きな貢献をしていることがうかがえる。

　チームラボは、この東京での 2 館のほか、同規模の単独出展によるミュー
ジアム形式の大型展示を、上海（図表 7A-2）、マカオ、シンガポール等にて同
時に開催、その上、多数の中小規模の展覧会を国内外で展開しており、その動
員数を考えると毎年ゆうに全世界で 600 万人以上を動員する、革新的な成功
を収めている。

5　我が国のインバウンド観光においても、チームラボは高い動員力が見られている。2023 年 4 月に
　「チームラボプラネッツ」を訪問した外国人観光客が約 17 万人に対し、JNTO による同月の訪日
　外国人観光客数が 195 万人と集計されており、同時期の訪日外国人の 1 割近くが同館に来館した
　と推測（訪日ラボ 2023）されている。

図表 7A-2　teamLab Borderless Shanghai（上海）

出所：筆者撮影。

　一つの現代美術家が毎年のペースで作品を生み出し、コンスタントに新たな
企画を打ち続け、これだけの規模のインパクトを及ぼし続けることは難しい。
しかし、チームラボは自らの体験型の作品を広い空間で展示することにより
テーマパークのように作品の観覧料で、これだけの規模に対する投資を回収し
続けることにより、これまでの作品販売を主とする現代美術のビジネスモデル
を覆すイノベーションを起こしている。

　これまでの現代美術では、作家と直接契約し、作家を支えながら作品販売を
独占的に行う「プライマリーギャラリー」がマネジメントを担い、作家の活動

を支えながらプロモーションを行うことで、現代美術としての評価と流通を伴ったグローバルなエコシステムであるアートワールドでの、評価を獲得することで作家と作品の価値を高めてきた。

　この批評とギャラリーとコレクター、それにオークションハウスまでを含めたエコシステムであるアートワールドは、現代美術としての価値を生み出す根拠となる批評を得ることによってアップデートするのとともに、これら批評の発信源と、それに基づいてコレクターが多額の資金を持って収集する市場を持つ、大西洋を挟んだ西欧と米国を中心とするものである。そしてその市場の中心であるニューヨークとロンドンにプライマリーギャラリーと評価を反映したオークション価格を決定させる大手オークションハウスが極度に集積し、ニューヨークだけで 2021 年度において Artprice.com がモニタリングしている現代美術オークション取引高の 38％、ほぼロンドンと考えられる英国においては 18％ を占めており（Artprice.com 2022）、この 2 都市だけで約半数の取引高シェアを有している。これらプライマリーギャラリーやオークションハウスの支店網が、香港や北京、ソウル、そして東京といったサブの市場に展開、アートワールドで評価された日本人作家のメインの販売目的の展覧会は、これらプライマリーギャラリーの本店であるニューヨーク等大西洋の両岸で行われ、そこで評価され、評価をもとに世界中のコレクターが買い求めに集まるのである。

　このように既存の現代美術のビジネスモデルの中心は作品の販売によるもので、評判を形成する機会として、プライマリーギャラリーは自身のギャラリーでは無料で展覧会を実施することで評判を高め、美術館や芸術祭に対して展示する側と出展者にとって廉価な価格[6]で、場合によっては展示のための作業コストの提供等の協力を通じて、より評価を高めるため展示の機会を増やすという流れ（図表 7A-3）が存在してきた。この場合、いくら高額に値する作家の作品でも、年間の作品制作量は限られており、それが売り上げとしての限界となってしまう。

　一方で、チームラボは、自身もしくはプライマリーギャラリーのプロデュー

6　筆者の経験によると、我が国のあるトップの公共美術館において一律 10 万円、世界的に定評のある西欧の芸術祭で一律 500 ユーロというケースが存在した。

図表 7A-3　市場価値の形成エコシステム

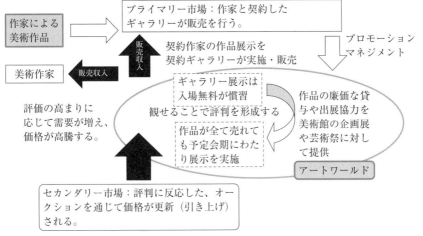

出所：筆者作成。

図表 7A-4　チームラボモデル

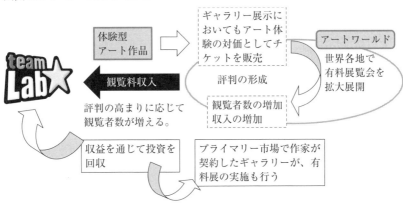

出所：筆者作成。

スにより、観覧料を徴収して作品を体験させることで、入場する人が増えるほど、作品を販売するよりも膨大な売り上げをコンスタントにもたらし、その収益で投資を回収するという、新たなビジネスモデルを構築（図表 7A-4）したのである。

4　チームラボはなぜアートワールドの辺境である日本から世界にインパクトのあるイノベーションを起こせたのか？

　ではなぜ、チームラボが現代美術におけるグローバルなインパクトを伴ったゲームチェンジを実現できたのだろうか。その理由の大きな要因として、我が国特有の、デジタルコンテンツを含めた関連分野の制作を取り巻く状況とは異なる、独自の存在へと抜きん出ている点が考えられる。ここで、日本でのデジタルによるコンテンツやアートの表現を取り巻く状況と、その中にあってのチームラボ独自の発展を見ることにより、解き明かしていきたい。

（1）デジタルアートの国・日本

　1970 年代より、マルチメディア技術で世界の最先端を行っていた日本は、その技術力を活用した美術作品づくりやコンテンツとなる表現で世界に対してインパクトを与え続けてきた。これらの作品や創作の流れは、商材としての「デジタルコンテンツ」の一方で、テクノロジーを反映した美術として「メディアアート」「テクノロジーアート」と呼ばれてきた。

　これらの分野を支える背景には、美術のための資金ではなく、科学技術開発のための潤沢な資金供給とコンテンツ産業の発展とともに増える業務受託が背景にあった。

　日本にとって国際競争力の高いマルチメディアを中心とした研究分野を用いた「メディアアート」は、最先端の技術研究の一端を担う存在として、文化芸術のための資金でなく、科学技術開発のための資金が数多く投じられ、その分野での評価はアートワールドではなく、国際的な技術学会や研究コミュニティー（ACM[7] や Ars Electronica[8] 等）における評価によるものであった。例えば、我が国における科学技術の研究の振興を担う文部科学省所管の独立行政法人である科学技術振興機構は、平成 16 年度（2004 年度）から平成 23 年度（2011 年度）まで、「デジタルメディア作品の制作を支援する基盤技術に関す

7　米国の計算機科学の国際学会。正式名称は Association for Computing Machinery https://www.acm.org/。

8　オーストリアのリンツ市で毎年開催される市の外郭団体と公営放送の支局が主催する電子芸術祭と、国際コンペティション、およびメディアアートセンター。https://ars.electronica.art/。

図表 7A-5　我が国での芸術創作環境を取り巻く経済力の違い

出所：筆者作成。

る研究」を実施、平成 20 年度（2008 年度）単年でも 12.6 億円の予算規模で
あった。

　さらにマルチメディア技術の活用であるため、現在に到るこれからの技術的
発展を間近にみせてくれる存在として、東京 2020 オリンピック・パラリン
ピック競技大会にまつわる式典や 2025 年大阪で開催される日本国際博覧会を
巡る演出を好例として挙げられるように、広告やポピュラーミュージック等の
エンターテインメントのためのコンテンツに広く応用されることにより、これ
らの分野からの商業的な資金が数多く投入され続けている。

　いわば、現代美術の作家に対する様々な活動支援に投じられるよりも多大な
費用が、公的な科学技術予算や商業的な受託を通じてデジタルメディアを用い
た「アート」の分野に我が国では投じられているのである（図表 7A-5）。

　とはいえ、研究のフィールドにおいては作品ではなく発明に対する評価が重
んじられ、商業のフィールドにおいては受託成果として「作品」がほとんどの
場合、作家の知的財産にならず、評価としても広告賞やコンテンツであっても
元請が筆頭となって受賞するという、すなわち美術作品としてアートワールド
の評価が難しい分野となってしまっている。

（2）美術作品としての価値形成の途上にあるニューメディアアート

　これらの創作から生まれ、美術作品になったものであっても、技術革新や故
障にまつわる部品が確保できない等により 30 年程度で作品が再現できない状

況となり、資産としての数百年にわたる長期的な真正価値を担保できないという問題に陥る。

　これら評価の面でも資産としての真正性の面でも、絵画や彫刻と較べ圧倒的にコレクティング価値を持つことができない。そのため、売買の対象とは明確なテーマを持って購入することを通じてコレクションする（現在の作品に対する資産価値よりも収集テーマとしてのテクノロジーアートを選好した）ごく少数のコレクターしか世界にはおらず、美術品としての市場が成立しなかったという背景[9]も存在している。

　2020 年代に入り、ブロックチェーン技術によって真正性を担保する NFT を作品データに付随させたデジタルアートの作品データを売買する動きが、新たな価値創造の手段として生まれた。2021 年にはセカンダリー市場のメガプレーヤーのオークションハウスである英国のクリスティーズがそのオークションの取り扱いを開始するなどの急激な盛り上がりがあったが、未だ長期的な真正性に対する信頼の課題とそれを反映した、これまでの現代美術とを通底した評価が定まっていない状況にある。このような不安定さから、翌 2022 年においては NFT 作品売買の取引高が前年比で激減するなど、未だ実験的な状況であると考えられる。

（3）チームラボの誕生とアーティストとしての挫折と成長

　我が国独自の産官学によるテクノロジーを反映した、これまでの美術表現のエコシステムとは異なるところで誕生し、独自の成長を遂げたのがチームラボである。

　チームラボは、2000 年、当時、東京大学工学部の学生であった猪子寿之が同じく他の大学の学生を含めた仲間ともに設立した。当初、「ウルトラテクノロジスト集団」を標榜し、Web テクノロジーを中心としたマルチメディアコンテンツや IT システムの開発をビジネスにしながら、同時に独自の作品をつくり続け、東京において自らの手で作品や創作活動についてのプロモーションを行いながら認知度を高め、創作のアップデートを行っていた。

9　世界に顧客を持つトップのプライマリーギャラリーでメディアアートをテーマとして専門的に扱っているのはニューヨークにある 1 軒（bitforms）しかない状況が今なお続いている。

　学術研究に重きを置かず、かつ、それらのコミュニティーから生まれる商業的なコンテンツビジネスからも一線を画し、独自の創作をしてきたチームラボは、セルフプロモーションによる認知とともに広がる人気を集めながらも、既存の関連コミュニティーからはアウトサイダー的な扱いをされ、国内の「メディアアート」の世界からは評価されず、自ら「デジタルアート」と分野を定義し、活動を続けてきた。

　これらチームラボのひたむきな活動と作品の質を伴ったアウトプットに対し、2011 年に国際的に名声のある現代美術家でありギャラリストである村上隆が、台北で展開するギャラリー（Kaikai Kiki Gallery Taipei）での個展の開催や、スイスでのバーゼルで毎年開催される世界最大規模の現代美術交易会での有力展示会（VOLTA）での出展等に起用した。そして、2012 年には東京にて日本有数の現代美術のプライマリーギャラリーであるミヅマアートギャラリーが個展を実施するという立て続けの機会を得るようになった、特にミヅマでの展示で一つの転機が生まれた。

　ミヅマでの個展で作品に触れた、ニューヨークとシンガポールで現代美術を扱っているギャラリストの眞田一貫が、デジタルネイティブの新たなコレクターに向けた作品として両地において紹介、ニューヨークを拠点とする有力プライマリーギャラリーの PACE が、同じくデジタル経済で新たな富を得た人々に対する現代美術販売アプローチを画策する中、眞田からのチームラボの紹介に接し、彼らがデジタルメディアに慣れ親しんだこれまでとは異なる文化的背景を持つ人々に対して訴求力があると見出し、作家契約をしたということが起こったのである。

　チームラボの作品の特徴は、大和絵や浮世絵に代表される日本の伝統的な絵画は西洋の遠近法などの画風とは異なる、主観的な描き方によってつくられてきたことと、その背景にある人間の認知としての感覚を喚起する画風を最新のテクノロジーを用いて 3D 化をするとともに、会場の環境や来場者に対応してアルゴリズムがリアルタイムで描画（図表 7A-6）をする（つくり置きの動画ではない）など、様々なアプローチで最新技術を反映した技法で表現をするというものである。

　そのため、テクノロジーによって西洋の遠近法とは違う「なにか」を現出させるのがチームラボの表現であるという批評をアートワールドで可能（Mufson

**図表 7A-6　日本の伝統的な絵画の見立てとテクノロジーによって現出するチームラ
ボの体験性を伴った作品例（teamLab Borderless Shanghai の展示）**

出所：筆者撮影。

2014）にさせるものであった。

　PACE の手によって開かれたニューヨークでの展覧会は、同ギャラリー最大
の入場者数を集める結果（Forbes JAPAN 2022）として成功。アートワールド
に、大きな評判を集めることとなった。

　別のアプローチからも、チームラボによる作品から新たな事業が生まれた。
この頃、チームラボでは、作品を体験する人たちが作品内で共創する、体験学
習型の作品群「未来の遊園地」の制作にとりかかっていた。同じく、チームラ
ボの作品に魅力を感じた福岡の広告代理店 BBDO J WEST の営業が、「未来の
遊園地」を百貨店での催事として体験的展示の事業化を提案し、沖縄県那覇市
の百貨店「リウボウ」の催事場で 2013 年 11 月、共創による学びをテーマに
した「チームラボ★学ぶ！未来の遊園地」として初めて開催、同百貨店オープ
ン以来最大の催事場動員数を実現するヒット企画に、初回にして東京ではなく
地方である沖縄において実現したのである。

　この成功を受け、同体験展示パッケージを全国で企画を販売、各地での入場
催事の開館以来トップのレコードを先々[10]で塗り替える成功をもたらした。そ
の展示展開は国内だけでなく、アジア各国をはじめ世界にまで広がり、各地で

大規模な動員による興行的成功（開始から5年で1000万人の動員（チームラボ 2019a））を収めている。

（4）イマーシブ〜アートワールドのビジネスに起こったゲームチェンジ

「チームラボ★学ぶ！未来の遊園地」の興行的成功は、チームラボの美術展としての大規模興業の機会をもたらすこととなった。日本科学未来館において、初の大規模個展である「チームラボ 踊る！アート展と、学ぶ！未来の遊園地」を2014年11月より2015年5月までロングラン開催、約47万人の動員を集め終了した。同展の動員と有料入場による商業的成功を確認したPACEは、これまで無料であったプライマリーギャラリーでの作家展示をチームラボにおいては有料化、入場料制で展覧会を開始、シリコンバレーや北京に大規模なパビリオン型の独自のギャラリーを設け、入場料ベースの興行としての展示を展開、それぞれの展示において予想を超えた入場者による収益を得るに到った。

このチームラボの展示観覧料形式によるビジネスの成功の背景には、現代美術における人々の鑑賞のトレンドの変化がある。テクノロジーを駆使したチームラボのようなデジタルアートの表現のほか、部屋の全てを覆うような装置や空間での体験を鑑賞する作品に対し、人々の関心が高まってきている。

例えば、視覚的錯覚空間の中での体験が人々を惹きつけるアルゼンチンの作家であるレアンドロ・エルリッヒは、日本において東京の六本木ヒルズの屋上階にある森美術館では61万人もの動員を展覧会で集め、石川県にある2017年度には237万人を集めた世界有数の動員数を持つ金沢21世紀美術館の常設展示の同氏の作品（図表7A-7）を体験するために、新作ではないにもかかわらず、週末には2〜3時間待ちが起こるといった現象が起きている。

このような体験的な鑑賞を知的な娯楽の一環として選択する人々の嗜好は、100万人もの人々が行楽に趣く瀬戸内国際芸術祭のような文化観光としてのアート体験につながるものと考えられる。

人々が現代美術に対して鑑賞だけでなく、作品体験の要素に魅力を感じ始

10　歴代1位の入場者数の会場例：名古屋市科学館（2016年）、沖縄県立博物館・美術館（2017年）
　　2位：島根県立美術館（2022年）。

図表 7A-7　金沢 21 世紀美術館　恒久展示作品『スイミング・プール』レアンドロ・
エルリッヒ

出所：筆者撮影。

め、大きな集客分野となる傾向は、これらの作品分野をイマーシブ・アートと
いう新たなジャンルとして括ることができる。これまで作品販売が難しかった
この分野の作品を、販売ではなく鑑賞料収入を通じてビジネスにして行こうと
いう新たな流れが、チームラボによるイノベーティブな成功を踏まえ、2010
年代になって生まれてきている。

　PACE は、チームラボを通じた世界的な興業の成功と、イマーシブ・アート
に対する人々の関心の高まりを踏まえ、投資家を集め、同分野の作品を集めた
美術館を世界主要都市にオープンさせることで、多数の有料観覧者を通じた収
入を得る、新たな現代美術ビジネスのモデルを「スーパーブルー」というプロ
ジェクトのもと開始している。同館は 2021 年 5 月に 1 館目をマイアミでオー
プンし、今後、京都を含め全世界で展開を進めている。ここでの展示[11]は、複

11　スーパーブルーの展示と展開は、公式 WEB サイト https://www.superblue.com/ を参照。

数の芸術家による作品構成で、異なる種類、民族、ジェンダーバランスによる
イマーシブ・アートの体験を 3000 平方メートル規模の展示空間で展開してい
くもので、マイアミ館では、チームラボのほか、ジェームス・タレル、エス・
デブリンという構成となっている。

　さらに、現状で挙げたように、大きな面積を持った独自の「ミュージアム」
をつくるまでに成長したチームラボは、作品制作もさることながらその体験の
土台となる建物の設計や施工管理、実現のためのあらゆる技術開発を経験知と
して保有し、積み重ねているため、作品制作にとどまらない、建物から自前で
つくれるノウハウにより、イマーシブ・アートという領域において世界的に先
導的地位を保ち続けている。2024 年にはアラブ首長国連邦のアブダビで 1.7
万平方メートルのチームラボ専用美術館を、ルーヴル・アブダビおよびグッゲ
ンハイム美術館アブダビ分館（2025 年竣工予定）が並ぶサディヤット文化地
区に開設、鑑賞体験型の特性を活かした拡張的成長が見込まれている。

5　チームラボはなぜ、他の日本の「デジタルアート」から飛び出し、世界のアートワールドにイノベーションを与えるまでの存在になったのか？

　最後に、チームラボがなぜ、アートワールドの中心から遠い日本から、アー
トワールドのビジネスのルールチェンジャーになることができたのかを、その
発展の流れを振り返り、まとめたい。

（1）作品として自身で知的財産を有しコントロールできた

　我が国における、コンテンツ関連技術の研究開発の成果を示すための「アー
ト」表現でもなく、広告やエンターテインメントビジネスに対する受託コンテ
ンツとしての「アート」表現でもない、チームラボの「アート」は美術作品の
マスターピースとして自主的に制作してきた。そのため、受託や所属機関との
調整が必要とするため知的財産として作者自身が保有し自由に行使することが
できない多くの先端技術表現による「アート」と異なり、チームラボは、作品
の取り扱いを自己の知的財産としてコントロールすることができる。

　その結果、チームラボは、作品を見せる興行などに「アート」を、主体的に

活用できるビジネスモデルを確立させることができた。

（2）　国内のしがらみにとらわれずグローバルスタンダードの
　　　アートワールドにおいて評価された

　我が国の「メディアアート」界において、コミュニティーの外にいる存在として、当初、美術的価値が評価されなかったが、自らを「デジタルアート」と再定義し、他の先端技術を用いた芸術表現が陥りやすい技術力をデモンストレーションもしくは強く鑑賞・体験訴求させるような表現ではなく、美術として論じられる文脈を作品として提示することで、娯楽消費のためのコンテンツや技術評価とは異なる、現代美術として評価可能な作品および作家としてグローバルなアートワールドで評価され、受容される存在となった。そのことにより、世界で評価される現代美術の地位を確立した。

（3）　国内における既存のコンテンツビジネスの外にあったことから
　　　テーマパークに代わる発明を実現できた

　これまで日本国内におけるコンテンツビジネスとしてのアミューズメントパーク、テーマパークが、特殊機器によって構成される極めて高価な設備投資と長期の建築期間、高いコストのメンテナンス等を高いコストと長い期間を必要とする一方、チームラボはデジタル映像・インタラクティブとITにおける技術革新を先駆的に表現へと投入するクリエイティビティーにリソースを割り振り、一方でハード面における汎用性の富んだ高性能化（デジタル、高精細・精密、ネットワーク化）のイノベーションを活用することによって、巨大な装置産業とは異なる様々な場所で展開可能でかつ同等の体験価値を実現させるイノベーションを実現させた。その上に、オーセンティックなアート価値を独自の知的財産として加味されることで、米国ハリウッド映画なみのブランド力が推された、テーマパークに代わる体験型展示というブロックバスターコンテンツの発明に成功した。

　この、体験型展示というサービスモデルを、既に日本国内で実証された圧倒的な集客力をエビデンスとしてアートワールドのパワープレーヤーであるプライマリーギャラリーとともに、新たな現代美術体験のコンテクスト（イマーシブ・アート）へと変換させることに成功したことで、チームラボはアートワー

ルド全体に対して新たなビジネスモデルの機会を提供した。そのことが、チームラボがトランスアトランティック（大西洋世界）なコミュニティーであるアートワールドに受容される大きな要因となった。

（4）常にアップデートを続けるというネットワーク化以来の
イノベーションを現代美術ならびにコンテンツ界に持ち込んだ

その上にチームラボは、組織としてこれらの発展の経験から常に学習し、作品と事業・制作・運用のアップデートを続けている。美術品としての絵画や彫刻は制作の完成をもって作品となるためアップデートできないが、ソフトウエア同様、常にバージョンアップが可能な表現形態としてデジタルテクノロジーによる美術作品を確立させたチームラボは、作品そのものの内容や形態をアップデートが可能である。そのことにより、チームラボの作品は、常に作品が質を伴った変化をすることにより、体験価値の向上を付加させ、そのことによって魅力（＝作品価値）をより一層高める続けられるようにしている。

このような体験価値に重きを置いた、チームラボの美術は、限定された生産量に依拠してきた、これまでの現代美術以上に、鑑賞機会を広げることによる収益化の機会の拡張を実現させるイノベーションを起こしている。

芸術表現を没入感のある大型空間で体験するイマーシブ・アートによる、大型展覧会が 2010 年代後半以降、世界規模で広がり、その新鮮な体験を求めて多くの人がこれらの展覧会に入場し、芸術による新たな興業手段として、早くも 2020 年代、定着しつつある。しかし、多くのイマーシブ・アート展は、多くの人が知る印象派絵画や浮世絵等、既にある美術作品をデジタル映像化し、空間体験に高める趣向がほとんどであり、オリジナリティを伴った現代美術として世界規模で展開をし、有料集客を成功させているのは、本章執筆現在にあってもチームラボのみの状況にある。

また、チームラボは、新たな作品鑑賞モデルの提供による成功により、これまでのような、絵画や彫刻は制作の完成をもって作品とする美術の真正性とは異なる、データを作品として扱い、作家としてのチームラボの活動が続く限り、ソフトウエア同様、常にバージョンアップしていくという手法を確立、これまでは「モノの真正性」によって価値を担保していたものの、作品を構成す

る機材が摩耗すること等でニューメディアアート特有の価値の消耗が引き起こされていたが、「データの真正」さによって、取引が可能となる新たな仕組みをもたらした。

このことにより、展作作品がより進化していくことで、チームラボは、多くの人々を持続して惹きつけ、新たな観客を集める仕組みを動かし続けることが可能となっている。

ここまで述べてきたことから、ビジネスとしてチームラボが成功しているかのように思われるかもしれないが、一方で、美術制作から研究開発、テクノロジー、作品施設の管理運営まで多数の人材や環境を抱え、常に新たな創作活動に取り組み続けることに、数多くのコストが費やされている。それでも創作にあたり続けることで新たな表現に挑み続けるアントレプレナーシップの存在とそのためにリスクを取り続けている姿勢が、これらイノベーティブな成果を出し続けている背景にあることを特筆しておきたい。

チームラボが創発した、イマーシブ・アートという新たな分野は、既に一つの産業とでもいうべき規模にまで大きくなっている。これからどのように広がっていくのだろうか。

これからの広がりを展望すると、チームラボの成功に触発された、PACE による「スーパーブルー」の世界各都市での取り組みが、現代美術の鑑賞体験をイマーシブなものへとより変化させることができるかが注目される。また、チームラボ同様の表現力をもって、現代美術としての価値を評価されながら、展開するフォロアーがどのようなかたちで出てくるのかも、注目される点となる。

「2020 年」のオリンピックを経て、2025 年の大阪での万博へ、そして日本経済の現在における最後の切り札としてのインバウンド観光とコンテンツ輸出において、我が国のイマーシブ・アートを含めたスペクタクルがより求められるようになってきたように見受けられる。しかし、これまで通り内向きのコミュニティーやそれに依拠した政策による世界市場とは縁のないビジネスになるのか、それともチームラボに続く芸術家やプロデュースのエコシステムが生まれ、成長の機会を獲得できるか、珍しく日本から生まれたグローバルスタンダードなビジネスモデルを成長産業としてキャッチアップできるのかの岐路に

今、立たされている。

【補足】

経済産業省でも、新たに 2022 年「アートと経済社会について考える研究会」をクールジャパン政策課内（旧・コンテンツ産業課）に設置、「文化アートと経済社会の循環エコシステムの構築」のための施策検討が行なわれた（経済産業省 2023）。

参考文献

岡田智博（2022）『新しい表現分野の美術としての受容過程 ― 2000 年代より 2020 年代に到るチームラボによるデジタルアート活動の事例より―』明治学院大学社会学部付属研究所研究所年報 52, pp. 69-78。

河島伸子（2008）「追求権をめぐる論争の再検討（1）―論争の背景、EU 指令の効果と現代美術品市場」知的財産法政策学研究 21, pp. 89-115。

河島伸子（2009）『追求権をめぐる論争の再検討（2・完）―論争の背景、EU 指令の効果と現代美術品市場』知的財産法政策学研究 22, pp. 137-161。

金沢 21 世紀美術館（2017, 2018）『金沢 21 世紀美術館年報』。

経済産業省（2023）『アートと経済社会について考える研究会報告書』（最終閲覧 2024 年 4 月 22 日：https://www.meti.go.jp/shingikai/mono_info_service/art_economic/index.html）。

経済産業省商務情報政策局（2021）『デジタルコンテンツ白書 2021』一般財団法人デジタルコンテンツ協会。

経済産業省商務情報政策局（2013）『クリエイティブ産業の現状と課題』。

チームラボ（2019a）「「チームラボ 学ぶ！未来の遊園地」の来場者数が、全世界累計で 1000 万人を達成」（ニュースリリース、最終閲覧 2024 年 1 月 24 日：https://www.team-lab.com/news/futurepark20190402/）。

チームラボ（2019b）「「チームラボボーダレス」と「チームラボプラネッツ」が 1 周年。合わせて年間 350 万人以上が来館。単独のアーティストのミュージアムとしては、チームラボボーダレス単体としても世界最大規模の来館者数を記録」（ニュースリリース、最終閲覧 2024 年 1 月 24 日：https://www.team-lab.com/news/borderless-planets/）。

内閣官房・文化庁（2017）「文化経済戦略」。

野村総合研究所（2012）「平成 23 年度知的財産権ワーキング・グループ等侵害対策強化事業（クリエイティブ産業に係る知的財産権等の侵害実態調査及び創作環境等の整備のための調査）報告書」。

Forbes JAPAN Brand Studio（2022）「teamLab Borderless」Forbes JAPAN 10 月号別冊 2022 年 8 月 31 日。

一般社団法人アート東京、一般社団法人芸術と創造（2020）「日本のアート産業に関する市場レポート 2021」文化庁委託事業「2019 年度次代の文化を創造する新進芸術家育成事業」

（最終閲覧 2024 年 3 月 12 日：https://artmarket.report/）。

文部科学省（2008）「文部科学省が推進する情報科学技術の研究開発施策（JST 戦略創造研究）」資料。

訪日ラボ編集部（2023）「チームラボ豊洲、訪日外国人の「10 人に 1 人」が来館！開館以来「過去最高」に」訪日ラボ、2023 年 6 月 12 日、最終閲覧 2024 年 1 月 24 日：https://honichi.com/news/2023/06/12/teamlab-visitors/

森美術館（2018）『来場者 61 万人突破！「レアンドロ・エルリッヒ展」閉幕』（ニュースリリース、最終閲覧 2024 年 1 月 24 日：https://www.mori.art.museum/jp/news/2018/04/1081/）。

The Art Newspaper. (2020). "Art's Most Popular: Here Are 2019's Most Visited Shows and Museums." Sharpe, E. and Silva, J. D. Research compiled by Bin, V. Irwin, E. and Thill, V. 31 March, 2020.

Artprice.com. (2022). "The 2022 Ultra Contemporary Art Market Report."（最終閲覧 2024 年 1 月 24 日：https://imgpublic.artprice.com/pdf/the-contemporary-art-market-report-2022.pdf）

Capps, K.（2021）"What's Behind the Wave of Immersive Van Gogh Exhibits." Bloomberg, September 15,2021.（最終閲覧 2024 年 1 月 24 日：https://www.bloomberg.com/news/features/2021-09-14/the-explosion-of-digital-vincent-van-gogh-exhibits）.

Christie's. (2022). "Beeple's Opus, Created over 5,000 Days by the Groundbreaking Artist, this Monumental Collage Was the First Purely Digital Artwork（NFT）ever Offered at Christie's."（最終閲覧 2024 年 1 月 24 日：https://www.christies.com/features/Monumental-collage-by-Beeple-is-first-purely-digital-artwork-NFT-to-come-to-auction-11510-7.aspx）.

DCMS. (1998, 2001). "Creative Industry Mapping Document."

McAndrew, C.（2022）. "The Art Market 2022." Art Basel and UBS.

Mufson, B.（2014）. "Mythological Japanese Imagery Comes Alive in These Animated, Digital Paintings." VICE, 22 July.（最終閲覧 2024 年 1 月 24 日：https://www.vice.com/en/article/78e83b/mythological-japanese-imagery-comes-alive-in-these-animated-digital-paintings）.

B. 創造性を育てる都市の風景
——欧州都市が挑むポストコロナ時代の社会づくり——

鷲尾和彦

1 人口減少社会を見立て直す

人口減少や少子高齢化がもたらす社会構造の変化、近年いっそう顕在化している気候変動の影響による自然災害の発生、そして世界的なコロナ禍の経験を通し、日頃の暮らしを支える都市や地域社会のあり方について今一度捉え直すことが喫緊の課題となっている。こうした社会構造の変化は、私たちに、これからの「発展」とは何か、そこで求められる「創造性」とは何かという根源的な問いを投げかけている。そして、それはどのような主体によって、またどのような状況や環境の中から生まれ育まれていくものなのか。本章では、こうした新たな「創造性」を育む、いわば「イノベーション・エコシステム」としての社会基盤のあり方について考察していく。

20世紀から21世紀へという世紀の変わり目と重なるように、日本の社会構造は大きな変化を迎えた。人口減少社会に突入したといわれる2005年は、初めて高齢化率（65歳以上の高齢者が人口全体に占める割合）が20％を超え、本格的な高齢化社会へと突入した年でもあった。すでにその大きな転換点からすでに20年近くが過ぎようとしている。

これまでのような「人口規模の大きさが経済成長をもたらし、人の幸せにつながる」という量的拡大による経済・社会の発展観がそのまま通用する時代ではないことは明らかであり、社会の経済を含む発展を支えてきた社会基盤としての都市や生活圏のあり方についても見立て直されざるを得ない。今後の時代において新たな豊かさを育む社会のあり方について、広井（2001）は、人口が減退していく社会を、経済成長を絶対的な目標としなくとも十分な豊かさが

実現されていく「定常型社会」と捉えた上で、今後はそれぞれの生活圏、都市、地域社会が持つ特徴やその固有性、それぞれの土地の風土が育んできた文化的多様性に人々の関心が集まり、そこから様々な豊かさが芽生えていく時代となると述べる。また、都市計画家の饗庭（2022）は、人口減少時代においては都市開発の圧力が下がり、空き家、空きビル、空き地などがランダムに生まれ低密化することによって、これまで都市の地表を覆っていた人工の層（レイヤー）の下から、土と自然の層、農の層などの古い基層が現れ、それらを活かして多様な人の創造的な活動が生まれていくと捉える。そして、こうした様々な人の活動やその思い、新たな「流れ」を途絶えさせない都市構造へと整えていくことが、これからの都市計画の役割であると述べている。こうした「新たな発展観」に共通するのは、量の拡大が豊かさに直結するという従来までの直線的な思考にとらわれることなく、それぞれの生活圏に積層している多元的な資源を読み取り活かすこと、そして、その価値を育てようとする人々の活動を支えていくことが、これからの社会の新たな「豊かさ」をもたらすという視座である。

　ネットワーク社会とデジタル技術の発展は、人の移動の自由と人と人とのつながりに新たな可能性をもたらした。コロナ禍の経験は、こうした移動とコミュニケーションの自由を背景に、それぞれの必要に合わせて、自分にふさわしいと感じる土地を見つけ出し、自分らしい暮らしを過ごそうとする動きを一層広める契機ともなっている。都市と地方という二項対立はもはや薄れ、暮らし方や働き方に対する柔軟性と流動性が高まっている。もはや一直線の発展を誰もが追い求める時代ではなく、多様な方向性へと、人が動き、交わり、出会いながら、それぞれの土地に根ざした多元的な豊かさを見出していく時代なのだ。こうした新たな創造性と多元的な豊かさを育てる社会基盤としての都市・生活圏のあり方について、欧州都市における実践を参照しながらさらに考察を深めてみよう。

2 多元的な豊かさを育てる社会基盤
─欧州都市の実践からの考察─

（1）パリ市「15分都市」構想
〜「近接性」が都市の複雑性と多様性を生みだす

　2020年、フランス・パリ市のアンヌ・イダルゴ市長が再選キャンペーンの中で提唱した「15分都市」構想 la Ville des proximités は、自宅から徒歩や自転車で移動できる15分圏内の中で、誰もが等しく容易に生活に必要な諸機能（生活、仕事、商業、医療、教育、娯楽など）にアクセスできるローカルユニット（生活圏）の集合体として都市を再編しようという構想である。幹線道路の車線を減らし歩行者と自転車空間に転用する／緑地、公園、遊歩道を増やす／行政サービスに関しては「市民キヨスク」を設置し、市の職員が常駐して市民生活を支える／シェアオフィスやネットワーク環境を拡充し、リモートワークを推進するなど、近接性 proximity に根ざした社会構造へと整え直しながら、地域の活性化を進めようとする施策が盛り込まれている（矢作 2020）。

　都市は交易や商業を中心に発展してきた。都市とは働く場所と消費の場所であり、アメニティの高さを求めて人の住まいは都市から離れた郊外に拡散していった。「15分都市」構想は、こうした住宅地とオフィス、小売、産業、娯楽を分離するというこれまでの主流であった都市計画のパラダイムを転換させることを試みている。この「15分都市」構想は、IAE パリ／ソルボンヌ・ビジネス・スクールの准教授であるカルロス・モレノによって2016年に提唱された（Moreno 2020）。モレノは複雑系システムやイノベーションプロセスの開発の専門家であり、イノベーションを生み出す社会構造を考察する中で、この「15分都市」構想を着想した。しかし、住まいを中心とする身近な生活圏で生まれる人と人との相互作用こそが、社会的、経済的、文化的な活力を生みだすとするこの「15分都市」構想は、決して真新しい独創的発想というわけではない。事実、モレノは、ジェイン・ジェイコブズの都市論や、ヤン・ゲールの『人間の街』などからインスピレーションを受けたと述べている。

　都市計画や建築領域ではよく知られているジェイコブズの都市論が記された著書『アメリカ大都市の死と生』が刊行されたのは1960年代初頭のことで

あった。それは車中心の消費社会と郊外化が広がる 1950 年代の米国経済の活況期において、都市部が見捨てられ荒廃していく状況に対してジェイコブズが都市再生の「もうひとつの道」として提言したものである。当時の用途規制や都市再開発によって都市を再生させようとする発想が、むしろ都市を画一化させ、その活力を奪っていることを、ジェイコブズはその鋭い観察眼を通して見抜き、複雑性や多様性を生みだす人々の活動を支える「社会的空間」の重要性を主張した。都市が安全で暮らしやすく、経済的にも活力を生むには、人と人との偶然の出会いや意図せぬ行為が生まれるような関わりを生み出す「余白」が必要であるとし、そこに都市の本質があると捉えた（Jacobs 1961）。

　こうしたジェイコブズの都市論をはじめ、身近な生活圏とその近接性の中に多様な生活機能を混在させていく都市・生活圏モデルは、近代産業社会の進展とその課題が顕わになる過程の中で繰り返し提唱されてきた。「15 分都市」構想もこの系譜に位置付けられるが、そこには、スマートシティインフラを活かすことでモビリティやエネルギー消費の観点から環境負荷を低減させる解決策を取り入れること、ネットワーク環境の整備によってリモートワークなどの新たな働き方を可能とする生活環境を整えること、サーキュラー経済といった地域性に着目した新たな経済モデルの創出に取り組むこと等が加えられていくことによって、ハード面での都市整備事業にとどまらず、経済＝文化＝社会といった各領域を連動させることで、柔軟かつダイナミックな発展を生み出す発想へと更新されている。

　また現在では、ミラノ、ロッテルダム、バルセロナ、ロンドンなどの欧州都市の他、ポートランド、デトロイト、メルボルン、上海など、世界各地にこの「15 分都市」構想が提唱する近接性に根ざした都市・生活圏モデルへの更新に共感を示す都市が増えている。こうした世界各地の都市での実践から生まれる創造的なアイデアも、都市間ネットワークやオンラインメディア等を通して常に共有されており、その意味で「15 分都市」構想というコンセプトは、都市間の共創を促す大きなアジェンダとなっている。こうした世界的な動きが広がっているのも、深刻さが増す気候変動やコロナ禍により、それが人の生命を左右する極めて切実な提案であるとして広く共感を呼んだことに大きな背景があると言えるだろう。

(2) バルセロナ市「デジタル・シティ計画」
〜「イノベーション・エコシステム」としての都市へ

　海と山に囲まれた豊かな自然環境、そして建築、美術、デザイン、食など多彩な文化的魅力を備えた国際的観光都市として知られるバルセロナ市は、同時に様々な市民サービスに積極的にICT（情報通信技術）を取り入れたスマートシティ政策を先駆的に取り組んできた都市としても近年注目を集めてきた。事実、バルセロナ市は2014年には最初の「欧州イノベーション首都European Capital of Innovation」にも選出されている（EU Commission 2014）。しかし、その翌年の2015年に、バルセロナ市は新たに「デジタルシティ計画 Barcelona Digital City」をスタートさせた。それまでのスマートシティ政策では、都市インフラにスマート技術を投入することで、都市の様々な現象をデータとして捉え管理することに成功してきたが、同時に、そこには民間企業によるパブリックデータの独占という問題も生じていた。それに対し、新たな「デジタルシティ計画」では、「テクノロジー・ファーストから、ピープル・ファーストへ」という方針が明確に打ち出され、市民から得たデータを市民に還元し、市民がデータを所有・管理できる「オープン・データ・ガバナンス」モデルへの移行という目標が掲げられた（Ajuntament de Barcelona）。「データ主権」という原則をもとに、市が独自のシステム基盤を構築することで市民生活に関するデータを保護しながら、市民やNPOなどの団体、民間企業や、大学等の教育機関など多様な主体がパブリックデータにアクセスできる環境を整備し、そのデータを活用することで多様な主体が様々な社会的・経済的活動を立ち上げ、都市を活性化させていくことを、バルセロナ市はその「デジタルシティ計画」の目標としている。そして、それこそがバルセロナ市にとっての「デジタル・イノベーション」であり、その担い手である多様な主体たちはバルセロナの「エコシステム」と呼ばれている。

　このように「デジタルシティ計画」では、テクノロジーとは「人々に力を与えることによって、都市を変革する手段」と位置付けられている。開かれた政府（オープンガバナンス）こそが、真に革新的で民主的な都市（デモクラティックシティ）を実現する。バルセロナのデジタルシティ計画とは「従来のスマートシティを越える Beyond the Smart City」という宣言なのである。

　バルセロナ市が2000年頃から取り組んできた、駐車場、街灯、公共交通、

ゴミ収集などの市民サービスに ICT を取り入れ、行政ガバナンスを改善し、市民サービスを効果的に充実させていくという、都市のインフラの強化や都市機能の効率化を目指した、いわゆる従来のスマートシティ政策はあくまでも初期のフェイズであり、「デジタルシティ計画」ではさらに整備された都市インフラを活かして、市民の様々な活動を支えていくことに重心が移行している。

　こうした民主的な都市（デモクラティックシティ）を目指すことを最優先とするその都市政策は、データ活用やオープンデータガバナンスの推進だけでなく、日常の都市空間の再編においても反映されている。その代表的な取り組みが「スーパーブロック Superilles」計画と呼ばれるプロジェクトである。バルセロナ市内の大部分は、格子状に碁盤の目が整然と並んで広がる都市構造[1] で形成されているが、「スーパーブロック」計画とは、その格子状の街区のうち九つ（縦 3 列、横 3 列の計九つ）を約 400×400m の一つの大きな塊（＝スーパーブロック）として捉えて、ブロック内部の自動車道を歩行者と自転車専用へと転換させていく都市再編の事業である。ブロック内部への自動車の乗り入れを制限する代わりに、これまで車道として使われていた空間を、公園、イベントスペース、野外劇場、市場など、近隣住民と近隣で活動する様々な組織や事業体が活用できる社会的空間へと置き換えていく。一つの「スーパーブロック」の中には約 6000 人の地域住民が暮らし、約 400 の事業者が活動することが可能な単位（ユニット）として想定されている。現在、バルセロナ市では現在漸進的に「スーパーブロック」を市内全域に広げようとしている。

　「スーパーブロック」の内側に生み出された空間の中では、近隣住民やオフィスワーカーたちが、それぞれの時間を楽しんでいる光景が見られる。例えば、2018 年に筆者が訪ねたサン・マルティ地区ポブレノウの「スーパーブロック」では、古くからの工業地区であったこの地区に残る歴史的な産業遺産も活かしながら、スマートライティング、軌道を緑化したトラムといった環境に配慮した空間再生や、市民向けシェアサイクルシステム、電気自動車のチャージステーション、若い起業家たちが集うシェアオフィスなどが混在し、新たな活

1　バルセロナの市街地は、19 世紀半ばのカタルーニャの都市計画者、イルデフォンソ・セルダ Ildefons Cerdà i Sunye による計画が基盤となっている。産業革命時代における急激な都市拡張とその過密や劣悪な生活環境に対して、あらゆる街路や街区を市民が平等に利用し自由に移動できる格子状のグリッドシステムを設計した。

図表 7B-1　ポブレノウ地区の「スーパーブロック」

出所：筆者撮影（2018 年）。

気を持った都市空間へと生まれ変わろうとしていた。また「スーパーブロック」内部では、木製のブランコや滑り台のある小さな公園で遊ぶ家族づれ、巨大な植木鉢や花壇、昼休みに路上に設置された卓球台で楽しむオフィスワーカーの姿も見られた。音楽イベントなども開催され、文化やアート、スポーツなど多彩な活用が行われている。こうした都市空間の使い方は近隣住民やこのエリアに勤める人たちのアイデアに委ねられており、働く、学び、憩うといった多様な市民の活動が混在しながら、この地区の活気が生み出されている。「スーパーブロック」計画は、市民の自治の意識を涵養する空間としても位置付けられているのである。

　バルセロナ市では、この「スーパーブロック」計画が都市にもたらす多元的な効果を、コンパクトさと機能性、複雑性、効率性、社会的包摂性の四つの評価軸、15 の原則、45 のインジケーターからなる独自の評価指標を通して測定・検証しながら、その計画策定とプロジェクトマネジメントを行っている。

その根底にあるのは、都市をその場所に暮らす人々を主な構成要素とする「生態系」（エコシステム）として捉える「エコシステミック・アーバニズム Eco-systemic Urbanism」という理念である[2]。都市が生み出すエネルギーの消費量とそれに伴う環境負荷量と、都市における市民の活動量やその複雑性との対比を通して、都市の持続可能性を捉えようとする独自の理論であり、それは「E/H＝エネルギー消費／（組織または事業者の活動量とその複雑性）」という公式で表される。エネルギーの負荷（分子）を下げ、組織・事業者の活動量・複雑性（分母）を大きくすることが、都市の持続可能性を示すという発想である。都市に設置されたセンサー技術を用いてエネルギー消費量を計測するとともに、企業、個人事業者、非営利団体など、その地区を拠点に活動する様々な事業体がどの程度活発に活動し、都市に複雑性をもたらしているかも検証することによって、環境に優しく健康的で安全な公共空間を広げながら、同時に、コミュニティと地域経済の活性化を目指すという「統合的なマネジメント」が目指されている。「スーパーブロック」そのものは極めてシンプルな都市空間の物理的用途変更に見えるが、そこにはこれまで長年整備を続けてきたスマートシティ・インフラに加え、AI（人工知能）やデジタル・ツインなどの先端技術が計画策定のために段階的に取り入れられ活かされている。

　近代産業社会では、都市は機能別の単機能用地にゾーニングされることによって、効率的なモノの生産と消費を可能とする空間（スペース）として捉えられてきた。またより多くの土地、資源、エネルギーを使い、より多くの消費活動がなされている状態が都市の活力であり競争力であると考えられてきた。「スーパーブロック」計画はこうした近代産業型の都市のあり方を批評的に捉え、近接性に根ざした小さなローカルユニット（生活圏）から、都市そのものを変えようとするプロジェクトであるといえるだろう。バルセロナ市のシンクタンク部門である「Barcelona Regional」（旧・バルセロナ都市生態学庁）のゼネラルディレクター、ジョゼップ・ボイガス氏は、「従来の都市モデルは既に成長の限界に達している。今後は都市という概念の中に、環境や市民というソ

2　バルセロナ都市生態学庁の創設者でありディレクターであるサルバドール・ルエダ氏 Salvador Rueda によって構想された理論。ルエダ氏は「Ecosystemic Urbanism」理論に基づく「バルセロナ憲章」を作成し、2018 年に発表している。現在、バルセロナ都市生態学庁は、バルセロナ広域都市圏全体の都市計画プロジェクトを推進するバルセロナリージョナルに統合されている。

フトな要素が加わり、ハード（インフラ）との共生や調和による都市づくりが重要になっていく」と述べている（博報堂生活総合研究所 2020）。またボイガス氏はこうしたバルセロナ市の都市理念が生まれた背景には、かつてバルセロナ・オリンピック（1992 年）や、世界文化フォーラム（2004 年）といった巨大イベントの開催を通し国際的観光都市となったバルセロナが、その後、行きすぎたインバウンド向け都市整備によって、市民の街を、外から来る人たちに譲り渡してしまったという苦い経験とその自戒があるとも語っている。海や山に囲まれたバルセロナの豊かな自然環境を市民の手に取り戻していく。そして「自分たちの町は自分たちで変えられる」という感覚を市民の中で育てていく。そのことで、文化的・環境的・社会的な質を高めていく。それが現在、バルセロナ市が目指している都市の未来像なのである。

3 経済＝社会＝文化をともに育てる
―欧州の「サステナブル・シティ」の系譜―

　これからの創造性、革新性、そして豊かさを育む社会基盤づくりの事例として、欧州都市が実践する二つの事例を取り上げた。そこには、アクセシビリティ（様々な生活機能への近接性）、オープンネス（都市データの活用と共有）、インクルーシブネス（社会包摂性）、ウェルビーイング（健やかな暮らし）、ジェネラティビティ（多様な地域資源と地域性に根ざした経済的活動の創出）といった共通項を見出すことができる。先端技術の可能性も活かしながら、人の多様な活動が生まれる状況を促し、その結果として、環境、経済、文化、社会の各領域にまたがる多元的な豊かさを持った、いわば「厚みのある社会」づくりの実現が目指されている。

　ではなぜ、欧州からこうした都市像の提案が生まれ、それらが社会実装されているのだろうか。そこには長い年月をかけて欧州都市が挑んできた持続的でエコロジカルな社会基盤づくりを目指す「サステナブル・シティ」の文脈を見出すことができる。欧州では、グローバル化の進展と、EU 経済・社会統合とが進む中で、持続可能な発展のための都市・地域政策を目指し、市町村などの基礎自治体を中心に、環境、経済、社会、文化を統合するガバナンスの確立が目指されてきた。その源流にあるとされる 1990 年の欧州委員会環境総局の政

策提言書『都市環境緑書』（Commission of the European Communities 1990）では、「都市成長は、経済的・社会的・文化的・政治的ダイナミクスの組合せの帰結である」ことが示され、持続可能な発展を実現する統合的な都市政策への転換が目指されている。そして、都市が生み出している大気汚染や土壌汚染、失業や社会的格差などの諸問題の解決のためには、物理的改善策だけでなく、社会的・文化的な面からも、公共空間の「質」を高めることが強調された（岡部 2006）。経済的合理性の追求だけでなく、多様な人にとって住みやすく（Livable）、社会的にも公平であり（Equitable）、健康に生きることができる（Viable）都市こそが、社会課題を乗り越え、持続可能性を生み出す堅牢さ（Durable）を持ち得ることが可能になる。それが長い歴史を通し、欧州社会が追い求めてきた持続可能な都市モデル、そして社会的風景であった。

　2019 年 12 月に発表された、欧州連合 EU の新しい成長戦略「欧州グリーンディール」の根幹にもこの理念は引き継がれている（EU commission 2019）。2050 年までに欧州が世界で初めて「気候中立な大陸 Climate-neutral Continent」になるという目標を掲げたこの新たな成長戦略には、気候変動対策、クリーンエネルギーの推進、生物多様性保護、循環型経済に向けた様々な産業戦略、クリーンテクノロジーへの投資、食や農業、スマートモビリティなどの多元的な政策課題が含まれ、環境政策の枠にとどまらない、経済政策、社会政策を含む、包括的・統合的な政策パッケージとなっている。またその政策実現のためには、消費者保護、労働者の権利、市民の健康と福祉を重視することを通して、積極的な市民の参加を奨励し、市民からの信頼を醸成することが最も重要であるとされている。EU においても「経済発展」は目指すべき最大の目標ではあるが、その経済的発展とは、あくまでも、経済、社会、文化的発展のバランスの中で実現されるものであるとされ、こうした理念は、「リスボン戦略」（2000 年）や、「欧州 2020」など過去の成長戦略においても継続的に目指されてきた。近年日本でも関心が高まっている「サーキュラー・エコノミー」（循環型経済）も、こうした理念を背景に、欧州がその国際的な競争力として育てようとする新しい経済モデルであるが、それは同時に、ローカルユニットを基盤に地域社会の自律性を取り戻そう社会モデルでもあり、市場性を活かしながら地域社会の文化的価値とその固有性を持続的に高めようとする文化創造モデルでもある。環境、経済、社会、文化の各領域はそれぞれの「合理性」を持っ

て動いている。こうしたそれぞれの合理性が拮抗しあいながら構成される都市とは、それゆえに絶えず様々な矛盾や葛藤がぶつかり合う場でもある。しかし、その複数の要因を粘り強く解こうとする中から、新たなイノベーション（新結合）は生まれる。

4　次世代の社会基盤づくりに求められる「コンピテンシー」（行動能力）

　今、日本においても「デジタル田園都市国家構想」という次世代の社会基盤づくりを目指す提案が注目されている。2021 年に政府が発表したこの構想では、デジタル技術を効果的に活かすことによって、地域の個性と豊かさを活かしつつ、都市部にも負けない生産性と利便性も兼ね備えた持続可能な環境・社会・経済の実現が目指されている（内閣官房デジタル田園都市国家構想実現会議事務局 2022）。環境、健康、防災、移動、農業、行政サービスの DX（デジタルトランスフォーメーション）などの領域で、それぞれの地域の実情や特性に合わせた最適な生活環境を実現すること、また、これまでの大都市圏への一極集中モデル（モノセントリック）な構造から、全国各地に小さな中心が並存していく多極分散型（ポリセントリック）な社会構造へと転換していくことで、社会全体のレジリエンスを高めていくことにある。ここでいう社会全体のレジリエンスとは、地域防災、分散型エネルギー、医療などのハード面だけでなく、教育や仕事の環境などのソフト面の整備も合わせ、地域社会がその小さな生活圏単位でも、大きな社会変化に対して柔軟に対処していくことができる生活環境を整え直していくことを意味している。またその他にも、各省庁では、総務省の「地域運営組織」、厚生労働省の「地域共生社会づくり」、文部科学省の「地域学校協働活動」など、「地域社会」や「コミュニティ」にあらためて着目し、多様な地域主体の協働によって社会全体のレジリエンスを高めていこうとする取り組みが展開されている。しかし、それぞれが相通じる目的を持った取り組みであるものの、各政策領域ごとに個々の展開となっていることもまた確かである。

　これまで日本は、経済、社会、文化といった各領域は切り分けられ、それぞれの領域における合理性に従って個別の政策が実施されてきた。特に、経済領

域での合理性が他の領域を従属させてきたようにも思える。例えば、「ものの豊かさ／心の豊かさ」と言われるように、「経済」と「文化」の関係は常に二項対立的に捉えられてきた。しかし、こうした二項対立的な思考が、結果的には「経済」と「文化」のそれぞれの豊かさを切り分け、新たなイノベーション（新結合）と日常の生活レベルと社会全体における多元的な豊かさの醸成、それぞれの地域社会の特性に根ざした固有の文化的・経済的価値を創出することを阻む障壁となってきた側面もあったのではないだろうか。成長期を経て定常型社会へ移行している社会変化の中で、これまでの前提や「当たり前」が通用しない時、こうした従来までの経済と文化の関係に象徴されるような、従来の二項対立論的な発想をいかにして乗り越えていくことができるかが、新たな創造性、革新性、そして豊かさを育くむ社会基盤を整えていくためには極めて重要な争点になるだろう。

　本章で取り上げた欧州都市の事例では、人と人そして人とデジタル技術との相互作用により、環境、経済、文化、社会の質とをともに生み出すための「社会的空間」（ソーシャルスペース）として、都市（都市）・生活圏を見立て直す発想を見いだすことができる。そして、都市・生活圏とは、お互いの社会的関係を通して、地域性に根ざした新たな文化的・社会的価値を創り出す主体的な行動能力（コンピテンシー）を涵養しあう場として捉えられている（花井・鷲尾 2022）。世界には一つとして同じ都市は存在しない。都市は歴史も背景も、そして長い時間をかけて人が作り出してきた文化や経済のあり方においても、それぞれの個性と特異性を有している。しかし、人口が逓減しながら、その流動性が増す定常期社会という時代背景、また環境問題をはじめとする地球規模でのマクロな変化を背景にすれば、私たちはともに同じ課題と目的とを共有しあっていることに気づく。人口増加による量的拡大という方法で成長を遂げた時代は、いわば「シングルアンサー」を追い求めることができた時代であった。しかし今後はこうした「シングルアンサー」はもはや存在しない。それは裏を返せば、これまでとは異なる多様な解（マルチアンサー）を生み出せる「可能性」に満ちた時代である。「経済か、文化か」ではなく、そのいずれの質をともに追い求めていくこと。新たな創造性とは、そのプロセスから生まれてくる。そして今、創造的であることとは、こうした新たな創造性が芽生える社会基盤を、ともに育てていくという行為の中にある。

参考文献

饗庭伸（2022）『都市の問診』鹿島出版会。

岡部明子（2006）「持続可能な都市社会の本質：欧州都市環境緑書に探る」『公共研究』2（4）。

内閣官房デジタル田園都市国家構想実現会議事務局（2022）「デジタル田園都市国家構想」。
　（最終閲覧 2024 年 3 月 12 日：https://www.cas.go.jp/jp/seisaku/digitaldenen/index. html）。

博報堂生活総合研究所（2020）「生活圏 2050 プロジェクト：過去の日常に戻らない。バルセ
　ロナ市「コロナ後の社会実験」」。（最終閲覧 2024 年 3 月 12 日：https://seikatsusoken.jp/
　seikatsuken2050/16675/）。

花井優太・鷲尾和彦（2022）『カルチュラル・コンピテンシー』ブートレグ。

広井良典（2019）『人口減少社会のデザイン』東洋経済新報社。

矢作弘（2020）「15 分コミュニティ論：アフターコロナの都市戦略」矢作弘・阿部大輔・服
　部圭郎・G. コッテーラ・M. ボルゾーニ『コロナで都市は変わるか：欧米からの報告』、
　pp. 127-148、学芸出版社。

Ajuntament de Barcelona. (n.d.). "Barcelona Digital City."（最終閲覧 2024 年 3 月 12 日：http
　s://ajuntament.barcelona.cat/digital/en）.

Commission of the Eurpopean Communities. (1990). "Green Paper on the Urban Environment."

EU Commission. (2014). "Barcelona is "iCapital" of Europe."（最終閲覧 2024 年 3 月 12 日：
　https://ec.europa.eu/commission/presscorner/detail/en/IP_14_239）.

EU Commission. (2019). "Communication on The European Green Deal."（最終閲覧 2024 年 3
　月 12 日：https://commission.europa.eu/publications/communication-european-green-deal_en）.

Jacobs, J. (1961). *The Death and Life of Great American Cities*. Random House.【邦訳：山形浩生訳
　（2021）『アメリカ大都市の死と生』鹿島出版会】

Moreno, C. (2020). *Droit de cité：De la "Ville-monde" à la "Ville du Quart d'Heure"*. Editions de
　l'Observatoire.

デジタル技術と情報流通

A. コンテンツ産業とネット炎上
——人類総メディア時代の表現——

山口真一

1　人類総メディア時代のコンテンツ産業

（1）コンテンツ産業とバイラルマーケティング

　コンテンツ産業のマーケティングにおいて、X（旧 Twitter）や Facebook といったソーシャルメディア[1]を活用することが欠かせなくなってきている。「El Shaddai—エルシャダイ—」「君の名は。」「SPY×FAMILY」——ソーシャルメディアで大きな話題になり、売り上げを伸ばしたコンテンツの例を挙げれば枚挙にいとまがない。

　その効果は絶大であるため、こういったソーシャルメディアでの話題を狙ったマーケティング（バイラルマーケティング）も増えている。日本オンラインゲーム協会（2022）によると、集客に効果があったと思う広告・プロモーションについて、「SNS 上の広告」と回答しているゲーム企業が 84％、「SNS 上の書き込み」と回答しているゲーム企業が 74％存在していた。これは 2021 年のデータであるが、2016 年にはそれぞれ 36％であったことを考えると、年々ソーシャルメディアのマーケティング効果は増大しているといえる。

　背景には、ソーシャルメディアの普及によって人々の消費行動が大きく変わったことがある。ソーシャルメディアの普及は、誰でも地域や時間の制約なくオープンな場で情報発信できる、「人類総メディア時代」をもたらした。そ

1　ソーシャルメディアとは、インターネットを利用して誰でも手軽に情報を発信し、相互のやりとりができる双方向のメディアのことを指す（総務省 2015）。Facebook や Instagram といったコミュニケーションサービスや、電子掲示板、ブログ、ウィキ（Wiki）、クチコミサイト、EC サイト（通販サイト）のレビューなども含まれる。

して、情報の自由な発信・流通が行われるようになった結果、ソーシャルメディアや通販サイトのレビューで第三者のクチコミを見て商品を購入・利用することが、消費者にとって当たり前になった。

　これは大きな経済効果を生み出している。筆者の研究チームがグーグル合同会社と執り行っている Innovation Nippon プロジェクトで、このような人々の発信（クチコミ）の経済効果を分析したことがある。分析の結果、多くの産業においてクチコミが人々の消費金額を押し上げていることが明らかになった（Yamaguchi et al. 2018）。年間の消費喚起効果を推計すると、クチコミには年間1兆円以上の消費喚起効果があったのである（山口 2018a）。

　クチコミのメリットはそれだけではない。消費者のクチコミを分析することでサービスの改善に活かす「ソーシャルリスニング Social Listening」が近年注目されている。ソーシャルリスニングとは、X（旧 Twitter）や Facebook、Instagram などのソーシャルメディア上の消費者の生の声（投稿）を収集・分析することで、マーケティングに活かす手法のことである。自社ブランドや製品・サービス、市場に対する、消費者が自ら発信した自然な意見や会話を分析することで、「消費者視点」で商品開発や、リスク管理、市場予測などをすることを目的としている。このようなソーシャルリスニングの特徴としては、コンテンツ公開後などにリアルタイムで消費者の生の声を分析できることや、安価で実施可能な点が挙げられる。

　クチコミは、コンテンツ産業と特に相性が良い。なぜなら、熱心なファンが生まれやすいことから自ら情報を広げてくれる潜在顧客が多いことや、随時サービスのアップデート・改善が可能なコンテンツにおいて、リスニングした人々の反応を活かしやすいといったことがあるからだ。

（2）人類総メディア時代の新たなリスク：ネット炎上、1 日 4 件以上発生

　しかし、ソーシャルメディアは同時に、新たなリスクももたらした。「ネット炎上」のリスクである。ネット炎上とは、ある人や企業の行為・発言・書き込みに対して、ネット上で多数の批判や誹謗中傷が行われることを指す。シエンプレ デジタル・クライシス総合研究所（2023）によると、2022 年の炎上件数は 1570 件であった[2]。1 年は 365 日しかないので、1 日当たり約 4 件以上発生しているといえ、今日もどこかで誰かが燃えているのが炎上の現実なのであ

る。

　ソーシャルメディア上で話題になる（バズる）ことと炎上は表裏一体である。ポジティブな話題となればバズって売り上げにプラスの影響があるだろうが、ネガティブな話題となれば炎上になり、売り上げにマイナスの影響をもたらしかねない。田中（Tanaka 2017）によると、中規模以上の炎上[3]では、平均的な株価への影響は、マイナス0.7％であった。さらに大規模な炎上に限ると、5％程度の下落が見られたという。0.7％というと大きくなさそうに感じられるかも知れないが、実は航空機事故や化学工場の爆発事故による株価の下落幅と同程度である。

　コンテンツ産業でも同様に、炎上によって株価が下落するケースが度々起こっている。例えば、モバイルゲーム「ドラゴンボールZ ドッカンバトル」は、2017年11月にガチャ[4]の排出確率の不具合が発生して炎上し、開発会社であるアカツキの株価は前日比−18.6％のストップ安となった。また、人気テレビアニメ「けものフレンズ」が人気監督の降板をめぐって炎上した際にも、KADOKAWAおよびアニメを放送したテレビ東京ホールディングスの株価が一時急落した。

（3）炎上の最も大きな影響は「表現の萎縮」

　さらに、筆者がコンテンツ産業とソーシャルメディアによる情報の自由な発信・流通という観点で最も危惧しているのは、炎上を恐れるあまり様々な表現をしにくくなってしまうような「表現の萎縮」である。

　例えば、ファイナルファンタジー15（FF15）は世界で1000万本以上売れている人気ゲームだ（2022年現在）。しかし、2016年の発売直後のAmazonレビューは凄惨なものであった。レビュー点数は1点が5点を上回り、総合点数は2点台となった。まとめサイトやソーシャルメディア上はネガティブな感想で溢れかえり、正に「大炎上」となったのである。「史上最低のクソ

2　「炎上」というキーワードを含むTwitter上の投稿を抽出し、目視にて分類（特定の団体や個人に依存しない事象は除外）してカウントした。具体的には、①シエンプレのクローリングシステムでデータを抽出②リツイートなど重複を削除③無関係のデータ（火災情報など）を削除④目視で精査⑤同一企業の重複を削除。という五つの手順で行った。

3　2017年当時存在していたNAVERまとめにおいて、1万以上のPVがあった炎上。

4　ソーシャルゲームなどで、アイテムを抽選で購入させる仕組み。

ゲー」などという批判もつき、インターネット上でおもちゃにされた。一方、欧米の Amazon レビューでは軒並み 4 点以上となっていたことを考えると、いかに日本のレビューが特殊な状況だったかがわかる。プレイせずにレビューを付けていた人も多かったと推測される。

　懸念されるのは、開発陣への心理的ダメージと表現の萎縮だ。大量のネガティブな反応を受ければ、開発に携わった人からすれば大きな精神的負担になる。それは仕事にも支障をきたすし、ましてやクリエイティブな仕事であるため、その後制作されるコンテンツの内容に影響を与えかねない。さらに、炎上していろいろな批判（あるいはそれ以上の侮蔑の言葉）を見れば、次の表現に当たってはその情報を参考にしてしまう。万人に受け入れられる表現というものはないものの、できるだけ批判がつかないように、炎上で指摘された点は避けるようになるかもしれない。これが表現の萎縮である。

　昨今では、このような炎上を積極的に取り上げる人気ネットメディアも多く存在し、ものによっては月間 PV（ページビュー）数が 1 億を超えていて影響力は大きい。また、コンテンツへのネガティブな反応のみを抽出してまとめて「炎上している」として紹介するような YouTuber やトレンドブログ[5]も少なくない。「非実在型炎上」といい、ほとんど批判がついていないものを「炎上」と紹介して視聴回数や PV 数を稼ぐメディアやインフルエンサーが存在することで、本当に炎上することもある。このような状況で、特にクリエイティブでいろいろな見方ができるコンテンツ産業は、格好の炎上ターゲットとされているといえる。

2　データが示すネット炎上の正体

（1）炎上による世論はごく少数の人の声

　以上のように社会に大きな影響を与えている炎上であるが、実は、炎上に書き込みをし、「ネット世論」を作り出している人は、ごく一部の人たちであるということが研究でわかってきている。筆者が 2020 年に発生した炎上事例

5　インターネット上で話題になっているゴシップなどを扱うブログのこと。PV 数を稼ぐために話題のものを積極的に取り上げるが、真偽不明情報を掲載したり、タイトルで過剰に批判を煽ったりしていることが指摘されている。

1415 件から 22 件[6]を抽出して分析をしたところ、なんと 1 件の炎上にあたっ
てネガティブな投稿を Twitter で行っている人は、多くの場合ネットユーザー
のおよそ 0.00025％（約 40 万人に 1 人）以下に過ぎなかったのである（山口
2022)[7,8]。総務省の発表では、インターネットユーザーは約 1 億人存在すると
いうことなので、これは 250 人以下である[9]。最も大きかった炎上でもネット
ユーザーの 0.012％（1 万 2492 人）に過ぎず、最も小さかった炎上について

図表 8A-1　各炎上の投稿ユーザー数[10]

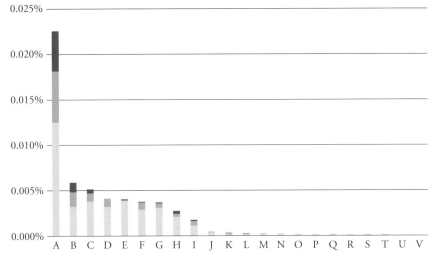

注：22 件の炎上事例を投稿ユーザー数の多い順に左から並べた。
出所：山口（2022）。

6　炎上事例はシエンプレ デジタル・クライシス総合研究所が収集しているものからランダムに抽出
　　した。
7　炎上発生後 1 週間後までのツイート数。炎上で話題になるピークは炎上発生直後であり、多くの
　　場合その後数日～1 週間程度で収束するため、1 週間でほとんどその話題はされなくなる。
8　投稿内容の分類においては、ランダムに関連ツイートを 150 件抽出し、その内容を目視で「（炎
　　上対象に対して）ネガティブ」「判断不能」「（炎上対象に対して）ポジティブ」「URL など情報を
　　貼っているだけ」の四つに分類して割合を算出した。取得ツイートが 150 件に満たない事例につ
　　いては全てを選択した。
9　調査では、中央値は 235 人だった。
10　意見を述べずに拡散だけをしているツイートは除外。

は、たった 0.000015%（15 人）しか投稿していなかった（図表 8A-1）。

　ひとたび炎上が始まると批判や誹謗中傷が殺到し、あたかも世界中が敵に回ってしまったかのような気持ちになる。しかし実際には、ネットユーザー全体からするとごく少数の人の声に過ぎないのだ。

　それに加え、さらにその中のごく一部の声が非常に大きくなっていることも知られている。例えば、あるサイエンスライターが、森友・加計問題に関する公文書開示について政府は説明責任があるという趣旨のツイートをしたところ、誹謗中傷を受けたり、デマを流されたりするようになった事件がある。「旦那は強姦魔」「娘に淫売を強要」「不正に学位を取得」──などの根も葉もない話で、大量のアカウントから誹謗中傷をしつこく受けることになった。しかし、当該サイエンスライターが特に悪質な投稿者に対して発信者情報開示請求[11]を行ったところ、特定された男性は数百の Twitter アカウントを保持し、別々の人物を装って誹謗中傷を繰り返していたのである[12]（山口 2020a）。

　このような現象は、かなり一般的に起こっている。山口（2017）では、4 万504 人へのアンケート調査で、過去 1 年間で最も書き込みをした炎上案件でどれくらい書き込んだかを調査した。

　調査の結果、過去 1 年間に炎上に参加し書き込んだ経験の有る人の中で、炎上 1 件に対して最大で 1 回書き込んだことのある人が 35%、2〜3 回書き込んだことのある人が 34% だった。その一方で、炎上 1 件に対して 51 回以上書き込んでいる人が 3% 存在していた。これはあくまで最大投稿回数なので単純な比較には注意が必要であるが、少なくとも 51 回以上書いている 3% の人と、1〜3 回書き込んでいる 69% の人を比較した時、前者の方が後者よりも書き込み数は多くなる[13]。

　同じような傾向は、年間炎上参加件数でも確認することができる。先ほどは炎上 1 件当たりの書き込み回数であったが、今度は 1 年間で参加した炎上の

11　インターネット上で何かの被害に遭った方が、損害賠償請求などをするためには、まず匿名の投稿者が誰かを特定する必要がある。そのための手続きを発信者情報開示請求という。

12　なお、前述の「炎上対象にネガティブな投稿をしている人は 235 人（中央値）」というのは、厳密には 235 アカウントという意味である。本件のように複数アカウントで投稿している事例を考慮すると、参加者数はさらに少ないといえるだろう。

13　2〜3 回書き込んでいる 34% の人が全員 3 回で、51 回以上の人が全員 51 回だったと仮定しても、$1 \times 0.35 + 3 \times 0.34 < 51 \times 0.03$ で、51 回以上の人の書き込み回数の方が多い。

件数を調査した。その結果、年間炎上参加件数が 1 件である人が 32%、2〜3 件の人が 34% と合計 66% いるのに対し、11 件以上の人が 10% 存在した。1 年間で 11 件以上の炎上に書き込みをしているということは、およそ 1 ヵ月に 1 回以上のペースで炎上に参加している計算となる。同じ人が何度も書き込むだけでなく、同じ人が複数の炎上に積極的に参加している様子がわかる。

さらに、このように「ごく少数の声が反映されている」という現象は炎上に限らない。山口（2018b）では、クチコミについて同様の偏りを検証している。1 万 9168 名を対象としたアンケート調査からクチコミ投稿行動を分析した結果、クチコミの実に 80% が、ネットユーザーの約 4.2% によって書かれていることが明らかになった。我々が参考にしているクチコミも、ごく一部の人の意見が反映されたものなのだ。

(2) 「ネット世論」は世論ではない

炎上によるネット世論は一部の人の声というだけではない。「非常に偏りのある一部の人の声」となっていることを忘れてはいけない。山口（Yamaguchi 2022）では、3095 名を対象としたアンケート調査を実施し、意見の強さとソーシャルメディア投稿行動の関係を分析した。具体的には、ある一つの話題――ここでは憲法改正――に対する「意見」と、「その話題についてソーシャルメディアに書き込んだ回数」を調査し、分析した。分析では、「非常に賛成である」〜「絶対に反対である」の 7 段階の選択肢を用意し、回答者の意見とソーシャルメディアに投稿した回数を収集した。その結果から、社会の意見分布とソーシャルメディアでの投稿回数分布を分析したものが図表 8A-2 である。

図表 8A-2 では、棒グラフは回答者の意見分布を示し、折れ線グラフは各意見の人がソーシャルメディア上に投稿した回数の分布を示す。図表 8A-2 を見ると、最も人数として少ないのは「非常に賛成である」人（7.2%）で、次に少ないのは「絶対に反対である」人（7.3%）であることがわかる。このように中庸的な意見の人が多く、両極端な意見の人が少ない山型意見分布は、多くのテーマで見られる。しかし、ソーシャルメディア上に投稿した回数を見ると、まったく異なる分布をしている。なんと、最も多いのは「非常に賛成である」人の投稿（28.9%）であり、その次に多いのは「絶対に反対である」人の

図表8A-2　「憲法改正」に対する社会の意見分布とソーシャルメディア上の投稿回数分布

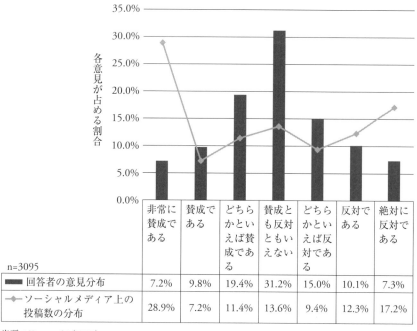

	非常に賛成である	賛成である	どちらかといえば賛成である	賛成とも反対ともいえない	どちらかといえば反対である	反対である	絶対に反対である
■ 回答者の意見分布	7.2%	9.8%	19.4%	31.2%	15.0%	10.1%	7.3%
◆ ソーシャルメディア上の投稿数の分布	28.9%	7.2%	11.4%	13.6%	9.4%	12.3%	17.2%

n=3095

出所：Yamaguchi（2022）.

投稿（17.2％）となっている。これらの意見の人たちは、合計して14.5％しかいないはずだが、ソーシャルメディアへの投稿回数では46.1％を占めている。その結果、ソーシャルメディアへの投稿回数分布は谷型になっている。これを読んでいる人の多くは、「インターネットは攻撃的な人が多く、怖いところだ」というように考えていないだろうか。その正体が、このメカニズムにあるのだ。

　背景には、「ソーシャルメディア上には発信したい人の意見しかない」という、ソーシャルメディアの根源的な特徴がある。例えば、社会における意見を調査するために一般的に執り行われる世論調査というものは、電話などを使って質問をして意見を収集する。この時、回答者は無作為に選ばれた人が、聞かれたから答えている状態である。つまり、受動的な発信をしている。また、通

常の会話においては、発信は能動的[14]なものと受動的なものが入り混じる。もちろん、強い想いを持って発言をすることもあるが、話し相手がその話題に関心がなければ空を切るだけで、やがてその会話は終わる。会議やディスカッションの場であれば、あまりに話し過ぎていたら司会に止められる。

しかしながら、ソーシャルメディア上の意見というのは、能動的に発信されたものしかない。仮に強い想いを持って攻撃的な意見や極端な意見を大量に発信しても、それを止める司会はいない。言いたいことだけが言われている状態といえる。この「万人による能動的な発信だけで構成された言論空間」がここまで普及したというのは、人類の有史以降初めてのことである。ソーシャルメディアが普及して情報革命が起こり、人類は未だかつてないコミュニケーション環境に晒されているといえる。

(3) 進むメディアによる炎上の大規模化

炎上による世論がごく一部の声だったとしても、これをもって「炎上は些末な出来事」と考えるのは早計である。先述したように企業の炎上は様々なネガティブな影響をもたらす。その背景には、マスメディアやネットメディアが好んで炎上案件を取り上げるということがある。

実は、炎上とはインターネット上の現象ではあるが、マスメディアが炎上を最も強く拡散する機能を持っていることがわかっている。吉野（2016）によると、炎上を知る経路として最も多いのはテレビのバラエティ番組（58.8%）で、Twitterは23.2%にとどまっていた。さらに、ソーシャルメディアで話題のものをネットメディアやマスメディアが取り上げ、それがまたソーシャルメディアで引用されて広まるといった、共振現象によって雪だるま式に拡散されていくという構図も指摘されている（藤代 2016）。

シエンプレ デジタル・クライシス総合研究所（2023）の調査によると、2022年に発生した炎上の内、実にすべてのものがメディアで記事化・放映化されていた。この値は2019年には56%、2020年には75%、2021年には91%だったので、近年急激に増えていることになる。それだけ炎上を取り上げることがPVや視聴率稼ぎにつながるということであり、この流れは今後も

---

14 自ら活動すること、自ら他に働きかけることを指す。

避けられないと考えられる。

3　炎上の予防・対処方法

（1）炎上を予防するには

　ではこのような時代に、炎上をどのように予防すればよいだろうか。そのために、まず炎上の分類を紹介しよう。炎上は「炎上対象」「対象が何をしたか」「賛否」という三つの軸で考えると、図表 8A-3 のように分類できる。

　特に「対象が何をしたか」に注目すると、規範に反した行為というのは、食材偽装や著作権侵害、器物破損などの法律に反する行為、法律に反さなくても社会通念上規範に反していると思われる行為などを指す。特にコンテンツ産業で注意したいのは著作権侵害だ。また、ソーシャルメディアなどでユーザー間に流れる暗黙の規範に反した場合も炎上する。

　特定の層を不快にさせるというのは、人種差別や性差別などの差別[15]や、ス

図表 8A-3　炎上の分類

大分類	小分類	概　　要
炎上対象	企業・官公庁	インターネットへの投稿から、広告、メディアでの発言、コンテンツ内容など、炎上原因は多岐にわたる。後述するように、一般人は大規模化しやすい傾向がある。
	著名人	
	メディア	
	一般人	
対象が何をしたか	規範に反した行為	いずれの場合も、「規範に反していると思われる」「特定の層が不快と感じた」など、社会全体としてどうかに依存せず、一部の主観的な反応でも炎上する。
	特定の層を不快にさせる	
	捏造、ステルスマーケティング	
賛否	批判多数	炎上になると批判的な意見が出やすくなるが（賛同した一般ユーザーも攻撃される可能性があるため）、支持する意見も少なからず出る場合がある。
	賛否両論	
	賛成多数	

出所：筆者作成。

15　差別は規範に反してもいるが、特定の層を不快にさせる要素が強いため、ここではこちらに分類する。

ポーツやアイドルなどのファンを不快にさせるものを指す。近年特に多いのが
ジェンダー関連の炎上であり、女性の性的な内容の含まれたコンテンツ表現
や、ステレオタイプの価値観に基づく広告などでよく炎上が起こっている。賛
否が分かれることの多い分野でもある。また、人種差別的な表現をテレビ番組
などで放送して謝罪するケースもたびたび発生しており、コンテンツ制作にお
いては細心の注意を払うことが求められる。不快かどうかというのは特に主観
が入りやすいものであり、例えばテレビのリアリティ番組での行動が炎上を生
み、命を絶つことになってしまったプロレスラーの木村花さんの事例も、この
特定の層を不快にさせたパターンといえる。

　捏造、ステルスマーケティングというのは、事実と異なる捏造された報道
や、虚偽のクチコミによるステルスマーケティング[16]を指し、露呈した場合に
炎上する。特にコンテンツ産業においては気をつける必要があり、PR 表記な
しに漫画家に映画の感想漫画をアップロードさせた事例や、通常のソーシャル
メディアユーザーのように見せかけて電子書籍の宣伝をしていた事例など、ス
テルスマーケティングと批判されて炎上した事例は少なくない。

　このような三つの炎上パターンに入っていないか確認するためにコンテンツ
制作やソーシャルメディア発信について、多くの人のチェックを経ることが重
要である。つまり、コンテンツ制作においては多様性のあるメンバーを揃える
と共に、心理的安全性を確保して誰もが発言しやすい空気を作る。ソーシャル
メディア運用においては必ず複数人の担当を付ける。こういったことが炎上予
防には求められるのだ。

(2) それでも炎上したら、どう対処すればよいのか

　しかし、どれほど予防しても炎上を 100%防ぐことはできない。では、いざ
炎上してしまったらどうすれば良いのだろうか。まず忘れないでいただきたい
のが、「とりあえず謝罪するのが正解ではない」ということだ。批判が妥当で
ない場合に謝罪や取り下げを行うと、コンテンツや発信内容を否定することに
つながるので、擁護してくれていた人も否定することとなり、むしろ立場を悪
くする場合もある。過去の炎上事例では、主張を貫くことでむしろ評価を上げ

16　宣伝であることを消費者に隠して行う宣伝のこと。

た例もある。

　その上で重要なのは、迅速に炎上の発生を検知することである。自動検知システムなどによって迅速に把握した後、速やかに事実確認を行っておく。次に、反応すべきかどうか、そして批判は妥当かどうかの内容の判断をする。自社内の事実確認結果と合わせて、批判者のアカウントを確認したり、コメントの内容を確認するなどして判断を行う。

　対応は三つに分類できる（山口　2020b）。明らかに批判が妥当ではない場合は、無視・主張を貫くという対応が考えられる。この判断には、擁護コメントの割合が一つの参考になる。炎上すると平常時では擁護したい人も擁護しづらくなるのが普通だ。それでも擁護コメントが大半を占めている場合は、批判が妥当でない可能性が高い。無視ではなく主張を貫く場合には、事実関係の確認と公表に努めることが重要である。そして、消費者への批判・反論はしてはいけない。

　時には明らかに企業側に非がある場合もある。その場合は、迅速に謝罪するのが良い。その際には、事実関係の確認・発表を行い、問題点を具体的に明確にするだけでなく、今後の対応まで述べられると良い。言い訳・隠蔽行動をせず、消費者への批判や反論もしないよう心掛ける。謝罪する場合は、次の五つの要点を意識すると良い。

1. 具体的にどのようなことが起こり、それはどういった経緯だったか。
2. なぜそれは不適切だったのか。
3. 誰に、どう責任があったのか。
4. 反省と謙虚さを感じさせる表現を用いる。言い訳や隠蔽をしない。
5. 「新たな対応」「今後の行動をどう変えるか」を明示。

　問題となるのは、批判が妥当かどうかわからない場合である。その場合の判断は非常に難しいが、一つの判断基準となるのが炎上の規模である。炎上の規模が小さいままであれば、特に大きな影響が出ることはないので、無視・主張を貫くという対応が考えられる。しかしながら、ネットメディアやインフルエンサーに取り上げられると、大きな拡散効果があるばかりか、マスメディアで取り上げられる可能性も非常に高まる。そこまで発展した場合は、迅速に謝罪をすることも考えられる。

（3） 過度の表現の萎縮をせず、正しく怖がる

これらの対処方法を知った上で、過剰に表現の萎縮をしないことが重要だ。無論、著しく人を不快にさせるようなコンテンツ制作や、捏造、ステルスマーケティング、悪質なガチャ運用等は控えるべきだが、必要のないものまで控えてしまうと、中庸的な表現しか展開できなくなってしまう。これは特にコンテンツ産業全体のビジネスを縮小させるし、とがったものを好む消費者のニーズも満たせなくなり、結局社会全体にとっても望ましい状態にはならないだろう。

ここに過剰な萎縮の良い事例を一つ示そう。「本を読みながら歩く二宮金次郎の像は、子供が真似たら危険なので座った像にすべきだ」という議論がある。この議論、毎日新聞が報じているところによると、少なくとも 2012 年から存在するようである。そして 2016 年にこれについて NHK が調査をしたところ、23％が同感できると回答したのに対し、66％が同感できないと回答した（残りはわからない・無回答）。

ここまでであれば、そういう意見も世の中にはあるという話で終わりである。ところが、これを実際に座らせたり、撤去したりした学校が複数存在する。つまり、23％側の意見を採用し、予算を投じて、像を撤去したり、座った二宮金次郎の像を新たに造ったりしたのである。

なぜこのようなことが起こってしまったのか。理由の一つに、ここでも第 2 節で見たような、「極端で強い思いを持った人ほど多く発信する」という情報発信のアンバランスさが考えられる。23％の人は問題意識をもって現状を批判し、変えようとしている人たちである。当然声が大きく、多くの発信をする。その一方で、66％の人にとってみれば、二宮金次郎の像が歩いているのは当然のことであり、取り立てて情報発信しようとは思わない。その結果、学校に届く声は 23％の人の声ばかりになる。

コンテンツ産業においても、少数の意見を基に販売や公開を停止したり、コンテンツを削除したりした事例は後を絶たない。もちろん、少数派だからといって無視して良いということはならないし、賛成派と反対派で密な議論を繰り返した結果としてそのような結論に至ることもあるだろう。しかし、目立つ批判や意見に流されてしまったとしたら、それは残念な結果である。

筆者は表現の研究をする一人の研究者として、また、一人のコンテンツ好き

として、コンテンツ産業全体がこのような過剰な表現の萎縮に陥るのは、是非避けてほしいと考えている。本章で述べているのは、「炎上は頻発しているから石橋を叩いて萎縮しろ」という話でもなければ、「炎上は少数の意見だから無視してよい」という話でもない。こういったソーシャルメディアの実態を知り、バイアスを前提とした上で、適切に怖がるということである。

　過剰に表現の萎縮をしないというのは、何も全て自由にやるという話ではない。青少年向けのコンテンツや交通広告で過剰に性的な描写を入れれば、当然問題視されるだろう。青少年が大量にお金をつぎ込んでいても問題になるだろうし、フィクションだとしてもフォローもなしに差別的な表現があれば問題になる。ガチャの排出確率の表記が誤っていたり、見えないところで操作していたりしても問題だ。

　それらの問題の果てにあるのは法規制であるので、結局産業全体の首を絞める。特に海外の、表現に関する規制は既に日本より厳しい点が多いため、筆者はそれがそのまま日本に入ってきて、過度な表現規制につながることにならないかと懸念している。過剰な表現規制の導入を避けるためにも、青少年の大量支払い・青少年コンテンツでの過剰な性的表現・差別的表現などの問題を発生させないことが必要であり、そのためには業界団体が積極的に適切なルールを作成・運用していくことが大切だろう。また、政策決定者は安易にインターネット上の意見を参照しすぎて、業界に過剰な規制を導入するということは避けるべきだ。それは偏った一部の意見の可能性があり、その果てには日本のコンテンツ産業の衰退がある。

　炎上という実態を理解し、適切な予防・対処方法を知った上で、「表現の萎縮をしない」という理念を、是非コンテンツにかかわる企業には持ってほしい。炎上に晒され、コンテンツ作りに迷いが生じたとき、本章のことを少しでも思い出していただきたい。本章が、コンテンツ産業にかかわる多くの人の、一助になることを願っている。

参考文献

シエンプレ　デジタル・クライシス総合研究所（2023）『デジタル・クライシス白書 2023』。
総務省（2015）『情報通信白書』平成 27 年度版。
日本オンラインゲーム協会（2022）『JOGA オンラインゲーム市場調査レポート 2022』。
藤代裕之（2016）「テレビが"ネット炎上"を加速する」*GALAC.* 2016（10）、pp. 12-15。

山口真一（2017）「炎上に書き込む動機の実証分析」*InfoCom review*（69）、pp. 61-74。

山口真一（2018a）『炎上とクチコミの経済学』朝日新聞出版。

山口真一（2018b）「ネットワーク上における消費者の情報発信の偏り」『組織学会大会論文集』7（2）, pp. 495-500。

山口真一（2020a）『正義を振りかざす「極端な人」の正体』光文社新書。

山口真一（2020b）『なぜ、それは儲かるのか：〈フリー＋ソーシャル＋価格差別〉×〈データ〉が最強の理由』草思社。

山口真一（2022）『ソーシャルメディア解体全書：フェイクニュース・ネット炎上・情報の偏り』勁草書房。

吉野ヒロ子（2016）「国内における「炎上」現象の展開と現状：意識調査結果を中心に」『広報研究』（20）、pp. 66-83。

Tanaka, T.（2017）."Effect of Flaming on Stock Price: Case of Japan." *Keio-IES Discussion Paper Series*,（2017-003）, pp. 1-28.

Yamaguchi, S., Sakaguchi, H., & Iyanaga, K.（2018）."The Boosting Effect of E-WOM on Macro-level Consumption: A Cross-Industry Empirical Analysis in Japan." *The Review of Socionetwork Strategies*, 12（2）, pp. 167-181.

Yamaguchi, S.（2022）."Why Are There So Many Extreme Opinions Online? : An Empirical, Comparative Analysis of Japan, Korea and the USA." *Online Information Review*.

デジタル技術と情報流通

B. 越境する力を持つ作品（ミーム）が
生み出す文化経済的インパクト

坂田一郎

1　はじめに：越境する日本発の文化的作品

　近年、日本でも、デジタル技術を自在に活用して、クリエイティブな文化的作品を世界に発信し続けているビジネスプレイヤーが目立つようになってきている。2021 年 3 月に開催された国際文化政策学会（ICCPR）の特別セッションには、その中から気鋭の 3 氏が登壇し、『「現代的なアート Arts による表現」×「テクノロジー」』と題したパネル討議が行われた。その 3 人とは、ファンワークスの高山氏、Whatever の富永氏、クオンの水野氏である。ファンワークス社は、アニメーションスタジオを経営し、「アグレッシブ烈子」や「すみっこぐらし」、「ざんねんないきもの事典」などのオリジナルタイトルを世界市場に次々と送り出している。Whatever 社は、クリエイティブ・スタジオとして、映像やインスタレーション、アニメーション、日用品など様々な分野で創造性の高い作品を生み出している。中でも、メディアアート表現を活用したアプリ「らくがき AR」は、Twitter の上位トレンド入りを果たすとともに、アジア主要 8 ヵ国で App Store 総合ランキングで 1 位を獲得している。クオン社は、「世界一愛されるキャラクター会社になる」をミッションとして掲げ、オリジナルのキャラクターを世界に発信し続けている。「うさぎゅーん！」などの同社のキャラクターは、SNS 上で圧倒的な露出を実現しており、スマートフォンのメッセージアプリ向けに提供している同社のキャラクターのデジタルスタンプは、2021 年 8 月末には、累計のダウンロード数が 50 億件を突破している。また、キャラクターオフィシャルグッズは、EC サイトにおいて 100 ヵ国以上で購入が可能となっている。このようなクリエイティブ集団を多数生み

出すことがクリエイティブ・ジャパン実現の鍵となる。しかし、現時点におい
て、日本の文化経済政策の中で、そのための方策が十分に見いだせているわけ
ではない。彼らが社会に示した世界的な展開力はどこから生まれているのであ
ろうか。本章では、ミームとしての文化的作品の特性を軸に、技術、経営組
織、環境条件などの幅広い観点から、この問いについて考えた上で、提言を行
う。

2　デジタルが文化的作品のクリエーターにもたらした力

　文化政策の領域でも、制作過程や作品の普及、社会による作品の受容やユー
ザーの反応の拡散といった多様な面においてデジタル化による影響が世界的に
注目をされている（例えば、Valtysson（2010）、Casemajor et al.（2021））。この
ため、先に挙げたパネルにおいても、デジタル技術のインパクトは論点の一つ
であった。この点についてまず、制作側への影響について考えてみると、進化
を続けるデジタル技術と拡大したサイバー空間の活用が、国内で制作された文
化作品の国際的な展開の原動力の一つとなっていることは間違いない。先の 3
社は、デジタル技術を制作に柔軟に活用しつつ、デジタル化された社会的ネッ
トワーク（Twitter、Facebook、LINE、Instagram）やストリーミングプラット
フォーム（YouTube、Netflix など）、EC サイト（Amazon や Yahoo など）を効
果的に活用している。これらにより、経営資源の限られた小規模な企業であっ
ても、物理的な律速から解き放たれて、低コストでのマーケティングと迅速か
つ広範な販路開拓や商品の提供が可能となった絵姿が見えている。その背景に
は、無形で複製可能であることが多いという文化的作品のビジネスに特有な特
性がある。ドルフスマとセオ（Dolfsma & Seo 2013）は、先端技術を利用した
物理的な製品を対象に、技術の進歩の連続／不連続性と市場におけるネット
ワーク効果の大小という二つの軸から、イノベーション活動を四つに分類をし
ている。そして、創薬やナノテクノロジーのように、技術進歩が不連続であ
り、ネットワーク効果が小さい活動領域を「ロマンティシズム Romanticism」
と名付けた。技術が不連続でかつネットワーク効果が小さいと、既存の大企業
が持っている知的財産権や市場の支配力が及びにくい。執筆者による説明はさ
れていないが、この命名の理由の一つは、発明家や小規模な組織が創造性を発

揮して自由に活躍できる状態を理想と捉え、この領域では、そうした個人の発明家やスタートアップが活躍しやすい環境が整っていると考えたからであろう。これら二つの軸で考えると、デジタル×アート領域は、不連続な技術進歩が起こっている領域ではあるが、一方で、ネットワーク効果は大きい、すなわち、利用者が増えれば増えるほど、その商品・サービスの魅力が高まる性格を持った領域であると考えられる。したがって、この枠組みにおけるロマンティシズム領域の外側にある。しかし、先の若い3社が提供する動画やスタンプなどの無形の財やキャラクターグッズについては、メガプラットフォーマーが用意するネットワーク効果の高い環境、すなわち、デジタル化された様々な社会的ネットワークを自分のものとして利用することが可能であり、それによって他社の強い支配を受けることを避けつつ成長を効率的に実現している。自らの商品やその情報を載せやすい共通プラットフォームの有無という点で、3社が生み出している作品と伝統的にイノベーション研究の中心的な対象とされてきた先端技術製品とは、事情が明らかに異なっている。デジタル環境下において、文化的な作品に関しては起業家が活躍しやすいロマンティシズム領域が拡大しているといえるだろう。

　一方で、こうした若いアートやデザイン企業の成長と国際展開は、どこでも見られるわけではない。日本のアニメーションに対する評価は世界的に高いものの、多くの企業はその活動の範囲が限られており、これら3社はむしろ例外的である。日本政府が進めるクールジャパン政策の停滞は、そのことを象徴している。したがって、多くの作り手に共通する、デジタル技術の不連続性とネットワーク効果を持ったプラットフォームの存在という環境条件だけでは、これら3社の成功を説明することはできない。この分野への投資の拡大とデジタル技術やスキルの修得への支援は産業の基盤作りとして重要ではあるが、それだけでは、クリエイティブ・ジャパンを実現することは困難であり、作品の内容やその拡散と社会的受容のプロセスに踏み込むことが欠かせない。そこで、次に、作品の発信側とそれを受け止めるユーザー側の双方の視点から、「計算社会科学」と呼ばれる、社会科学と情報技術や数理的手法とを融合させつつ人間社会や人間行動を探求している研究領域における知見を取り上げて、これら3社の成功の背景にある要素について考えていく。

3　領域の壁を越えて拡散するミームが持つインパクト

　3 社の作品に共通する大きな特徴は、作品自体やそれに関する情報が国境や文化圏、業界といった既存の境界を越えて伝播し、拡散していることである。このような作品の特徴を模式化しうる興味深い知見を紹介しよう。進化生物学者のリチャード・ドーキンス博士が遺伝子から類推して作った概念としてミーム Meme が広く知られている。ドーキンス博士は、ミームを複製されながら人の脳から脳へと伝わる文化の単位として捉えた（Dawkins 1976）。そこから発展して、この言葉は、今日、新しいコンセプトやアイデアの普及、新しい言葉や表現法の社会的な広がり、最新のファッションや音楽などの流行、または、都市伝説の流布など、文化的な情報が伝播伝達され、社会の中で維持されていくことを表す概念としてよく使われるようになっている。例えば、上着やネクタイを着用せず、冷房温度を下げなくとも涼しく過ごすことのできる仕事着を意味する「クールビズ」は、2005 年に、日本の環境省が中心となって生み出し、その後、日本国内のサラリーマン社会に拡がり、さらには国連など海外でも知られるようになったファッションのコンセプトであり、広く伝播したミームの典型例と考えることができる。先に取り上げた 3 社が創り出した無形の資産、例えば、アニメーションのオリジナルキャラクターやデジタルスタンプ、すみっこに落ち着きを感じるなどという物語の設定もミームの一種と捉えることができよう。

　我々の眼の前では、日々、こうした様々なミームが多数生まれている。ミームの中には、人や組織間での伝播が続き長く社会にとどまるものと、伝播が限定されて、短い期間で消えていくものが存在している（図表 8B-1）。

　大多数のものは、社会に大きなインパクトを与えることなく、しばらくすると忘れられていく後者のタイプである。もしそうでなければ、Wikipedia は際限なく拡大し、紙の辞典は書棚に収納できない厚さになっているであろう。それでは、どのような性格を持ったミームが選ばれて、人や組織の間において会話や情報の交換、複製等を通じて伝播され続けつつ、我々の記憶の中に長くとどまり、社会に大きな影響を与えるのであろうか。この問いについて考えを深めることで、成功要因の一端がみえてくると考える。鎌田他（Kamada et al.

図表 8B-1　ミームとその伝播

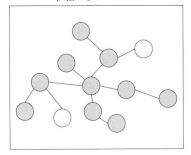
伝播の多いミーム

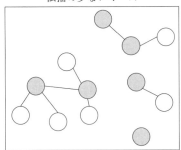
伝播の少ないミーム

出所：坂田浅谷研究室。

2021）は、「ディフュージョン・ミーム」という新しい指標を提案することによってこの問いに対し有用な示唆を与えてくれている。ディフュージョン・ミームとは、ミームが単に伝播するだけでなく、それが生まれた場から途中にある境界を越え、遠いところへと伝播している場合に高い評価を与える指標である。ここでいう「遠く」とは、地理的な距離ではなく、人や組織のネットワーク上の距離である。例えば、特定の自動車会社で生まれたある技術用語が人的なつながりの強い自動車産業内でのみ普及して使われる場合は、短い距離の伝播として捉え、それが、普段、つながりが稀な生活産業や宇宙産業にまで伝わって使われるような場合は、遠い伝播として捉える。文化の領域では、京都で生まれた伝統工芸技術がイタリアの食器やファッションに取り入れられたような場合は、遠い伝播となる。ただ、文化的気質や社会的慣行は、地理的な距離が近い都市同士のそれは類似性が高い傾向にあることから、結果的に、地理的な距離とも関連性がある。

　文化的な用語も含む SNS のようなデジタル的に記録されるメディアが発達したとはいっても、それらが体系的に整備され、利用可能とされる状態にはまだ至っていない。したがって、狭い意味での文化的な用語に関して、この指標を計算することは困難である。そこで、この研究では、体系的な情報の蓄積が行われている学術的な概念を対象として実験を行っている。具体的には、世界最大の学術論文データベースであるスコーパス Scopus が収録しているバイオ

メディカル分野の 48 年間分の全論文（2100 万件）を対象として、まずは、1975 年以降に新たに登場し、一定回数以上使われてミームとなった用語群（27 万 7 千件）をすべて取り出している。そして次に、それらの学術世界全体への伝播を対象として、この指標を計算している。ここで捉えている伝播の方法は、論文の引用、すなわち、他の研究者が生み出した知見が自分の研究と深い関係があるという著者の判断に基づく関連づけである。分析の結果、この指標による評価値の高い上位 20 の用語のうち約半数は、ノーベル賞または、学術界において非常に大きなインパクトを与えた人物（Clarivate Citation laureates）の研究に関連の深い用語であるとの結論が得られた。例えば、ヘリコバクター・ピロリ菌（2005 年、ノーベル医学・生理学賞）や C 型肝炎ウイルス（2020 年、ノーベル医学・生理学賞）である。なお、伝播の距離を考慮せず一律に扱った場合にはこのような結果は得られない。さらに、この指標による評価が高い用語は、伝播の距離を考慮しなかった場合に評価値が高い用語群と比べて、Wikipedia 内に項目が立って収録されやすい傾向があるとの結論を得て

図表 8B-2 境界を越えて伝播するミーム

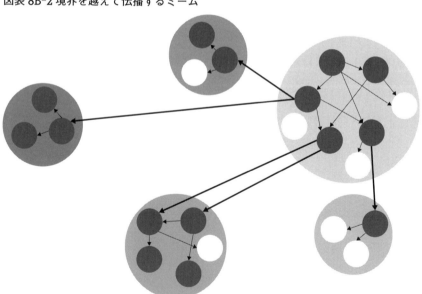

出所：坂田浅谷研究室。

いる。

　以上のような知見に基づくと、社会的に大きなインパクトをもたらすミーム
は、単に言及されることや伝播の回数が多いミームではなく、それが生まれた
場所、すなわち、学問領域、産業分野、文化的な圏域などから、境界を越えて
遠いところまで伝播をする力を持ったミームであると考えることができる。科
学の分野で考えると、それは骨太な知識開拓の行為の産物であって、狭い領域
だけでなく広い分野で関心を持たれつつ、多数の領域において新たな知識創出
のために実際に活用される知識である。このイメージを表現したものが図表
8B-2 となる。

　このような社会的なインパクトが大きいミームの特徴を文化的作品に投射し
て考えてみると、クリエイティブ・ジャパンの創出のためには、高い創造性の
産物として多くの文化圏域で独自の存在感と訴求力を持ち、さらに、個々の圏
域における生活や関心と結びつくことにより、文化的な圏域の境界を乗り越え
る訴求力を持った作品を多数生み出すことが大事であるといえよう。

4　越境を助けるユーザーの力とそれを阻む壁の存在

　先に述べたような潜在的な越境力を持ったミームを生み出したあとのプロセ
スでは、多数の文化圏域に受容してもらうことを目指して、今度は、作品の
ユーザー側の視点に立ったアプローチが必須となってくる。先ほど紹介をした
科学的な発明や発見に関しても、それ自身が持つ知的な価値だけでは社会への
十分な訴求力がなく、その知識のユーザーとなった別の研究者の力を借りるこ
とで、社会で大きな注目を浴びることになる場合が多数あることが知られてい
る（Miura et al. 2021）。具体的には、他の研究者によってその価値が再発見さ
れ、それを関連する知識コミュニティへと伝えられたりすることや、応用技法
や補完的な技法などの新しい知見を付け加えられることで価値を高められたり
することである。そこで次に、制作側から目を転じて、ミームを受け止める
ユーザーコミュニティについて考えてみよう。デジタル化された環境は、コン
テンツの供給者側の環境に変革をもたらしただけでなく、コンテンツのユー
ザーとしての市民の側にも大きな影響を与えている。特に、市民による文化的
な活動への参加の形態を拡げており、他者が生み出したコンテンツに対して、

SNS やストリーミングプラットフォームを活用することで、市民が個々の作品に対し社会的なビジビリティを生み出す役割を担うようになっていることが指摘されている（Casemajor et al. 2021）。その際、市民が用いる具体的な手段としては、ネットワーク内におけるコンテンツの共有、コメントの発信、ライブストリーミング、レイティングやレビューの投稿、ブログでの発信など多様なものが挙げられている。これらの市民による活動は、ときに生み出された作品（ミーム）に対しコミュニティの壁を越境して伝播、拡散する力を与える場合がある。例えば、複数のコミュニティに所属し、そこで大きな存在感をもって活動している特別なユーザー（ネットワークの文脈では「コネクター」または「コネクターハブ」と呼ばれる）に対し作品の魅力を訴求できれば高い効果が見込めよう。

　一方で、市民が自分の意志で多様な意見を発信し、一見、自由自在に他者とつながることができるように感じられるサイバー上の空間には、ミームの越境を阻む意外な力も存在している。その典型の一つが「エコーチェンバー現象（反響室現象）」である。エコーチェンバーとは、意図せずして自分と同じ意見や好みを持つ者とばかりとつながって会話をする状態となることである。この中に入った状態においては、対話を通じて、オンラインのコミュニティ内で他人が持つ多様な意見を吸収したつもりでも、自分がつながっている者の多くは自分と同じ意見を持っている者で占められているため、実際には自分の意見を木霊のように聞いているだけになる。

　本章 A の山口氏の論考とも関連が深いが、ここでは実証的な研究を一つ取り上げてこの現象の背景にあるコミュニティの構造やそれが形成・維持される要因について考えてみよう。浅谷他（Asatani et al. 2021）は、日本語のツイッターにおける 4200 万人ユーザーの 1 年間に及ぶリプライとリツイートの情報をもとに、政治に関する話題について安定的で強固なエコーチェンバーが二つ存在していることを実証的に示している（図表 8B-3）。

　個々のチェンバー内には類似の意見を持つユーザーが集まっており、二つのチェンバーの間で意見は大きく異なる。そして、二つのエコーチェンバーをまたぐ会話やそれらの間のユーザーの移動は非常に少なく、情報の交換を阻む強固な壁ができている。エコーチェンバーの内部では、ユーザーのネットワークを伝って同質的な情報だけが効率的に流れている。この研究はまた、エコー

図表 8B-3　政治的な話題に関するエコーチェンバーの事例

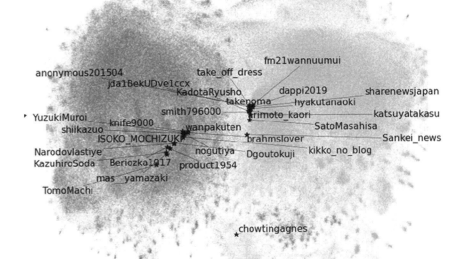

出所：Asatani et al.（2021）.

チェンバーが形成され、維持される要因についても明らかにしている。チェンバー内では、ユーザー同士は密につながっており、意見を次々と発信しコミュニティの中核となっている少数のユーザー群と意見を受け取るだけの多数のユーザーの二種類が存在するとし、このような仕組みを「コアと周辺の構造 Core-periphery structure」と名付けている。中核ユーザーあるいはインフルエンサー同士は、頻度の高い会話を通じて強くつながっており、コミュニティ内への意見の提示において共振をしあうことで集団を束ねる強い力を生み出している。このようなエコーチェンバーは、さらに異なる別のテーマも分断の中に取り込むことがある。特に、米国においては、新型コロナウイルスのワクチン接種への反対派と賛成派は、政治におけるトランプ陣営と反トランプ陣営の区分と近いことがよく知られている。

　越境を阻む壁は、ここで取り上げたエコーチェンバー以外にも様々なものが存在する。言語の壁、習慣の壁、文化的な受容力の壁、文化的なナショナリズ

ム、政治的な理由による特定のプラットフォームの利用制限などである。ここまでの議論を総括すれば、ユーザーコミュニティ内には、多様な形での越境を助ける力とそれを阻む壁とが共存しているといえよう。

　以上を踏まえると、ミームの越境と拡散を進める上で大事なことは、第一に、作品をその情報の拡散に関して多様な市民の力を借りることができる環境に置くことである。情報の広範な拡散が起こる条件については、様々な研究が行われてきている。例えば、チェン他（Cheng et al. 2014）は、ソーシャルメディア上で、特定のコンテンツがユーザーからユーザーへ再共有されていく際に、再共有の流れが連鎖的につながる群衆行動が起こる（カスケードが形成される）場合があることに着目し、個々のカスケードの成長をある程度、予測できることを示している。また、チャ他（Cha et al. 2010）は、コミュニティ内で情報の伝播に影響力のあるユーザー（インフルエンサー）は、様々な話題に対して大きな影響力を持つことがあることを示すとともに、その影響力は自然発生的、または偶然に得られるものではなく、他のユーザーとの協調的な努力によって得られるものであることを明らかにしている。こうした点に関しては、他にも多くの論点があり、明解な決め手はないが、自然言語処理等の手法を用いてカスケードを含めたコミュニティ内での作品に関する情報の伝わり方やインフルエンサーの動きについて定期的に観測しつつ、自社の作品の情報が拡散しやすいコミュニティを育てておくことは重要であろう。

　第二に、ユーザーのコミュニティを分断している壁に捉えられるのを避けることが条件となる。この点に関して大事なことは、社会的に関心の高い論点に関する意見対立、自動翻訳を利用したとしても残る言語が異なることによる理解力の制約、文化的な粘着性、政治的な強い主張などの壁を作り出している諸要素と切り離された独自の高い訴求力を持つことであろう。そのような力を持ったとすれば、既存の層の分断を支配するインフルエンサーの力も及ばなくなり、ミームは、ユーザーとしての多様な市民の力も借りて、壁が存在する層とは別の層を伝わることができるようになるはずである。

5　越境する文化的作品（ミーム）を生み出すための三つの方策

　ここまでの計算社会科学分野の研究に依拠した検討と、冒頭に取り上げた国

際文化政策学会の特別セッションでの議論（小田切 2021）を接続しつつ、最後に、越境する文化的作品（ミーム）を生み出すための三つの方策を提案したい。

（1）越境する力を持ったミームとしての文化的作品群を生み出す

　小規模な企業であるクリエイティブ・スタジオが拡散力の高い作品を生み出すためには、まず、日進月歩の技術やプラットフォームの情報を日常的に吸収することで、デジタルを制作と流通の両面で最大限に活用することが必要である。それによって、先に述べたような文化的作品に対して拡張されたロマンティシズム領域を利用して成長することが可能となる。

　次に、多くの文化圏域で独自の存在感と訴求力を持つ作品（ミーム）を生み出しうる創造性の高い組織を創ることである。文化政策学会の特別セッションにおける議論の中では、そのための条件として、組織を自立分散型のコミュニティとして設定し活動の柔軟性を高めること、個々のクリエーターの希望を重視して柔軟な働き方を認めること、創造性の低い仕事やクリエーターが望まないテーマは引き受けないことの3点が挙げられていた。また、登壇した3社を観察すると、求心力のあるリーダーを持つとともに、そのビジョンが明確であって、組織の「パーパス」が人を惹きつけるものとなっている点が共通していることがわかる。カオスを招きかねない分散へと向かう力と求心力の攻めのバランスが重要と言えよう。

（2）非言語化と身体性の提供により社会的な受容を拡げる

　先に優れた作品が生まれたとしても、社会における大きな意見対立、言語が異なることによる理解力の制約、文化的な粘着性、政治的な強い主張などがその広範な拡散や社会的受容の壁となることを述べた。こうした壁を乗り越えるための方策の一つは、作品の魅力を非言語化することである。実際、Whatever社の人気作品である「らくがき AR」、クオン社の主力商品の一つであるデジタルスタンプ、ファンワークス社のアニメーションに登場するオリジナルキャラクターは、言語的な説明を付さなくとも、その魅力が広く伝わるものとなっている。このように、言語的な要素を徹底的にそぎ落とし、作品の画像やフォルム、作品が醸し出す雰囲気、作品が持つ機能といった非言語的要素だけで魅

力を構成することができれば、言語の壁を乗り越えられるだけでなく、意見対立に巻き込まれることや文化的な粘着性に阻まれることも少なくなるであろう。

　特別セッションでの議論の中から見えたもう一つの方策は、デジタル技術を使って高いレベルでの身体性や臨場感を提供することである。コロナ禍が長期化する中で、現実の物理的な空間における行動や人・物との接触の機会が減少しており、多くの国・地域において市民から身体を使った体験や臨場感が以前にも増して求められるようになっている。現実空間における経験には及ばないとしても、デジタル技術を使ってそれを仮想的に提供することにはコミュニティを横断するニーズがあり、それに訴えかけることで、連鎖的な群衆行動を喚起することも可能ではないかと考えられる。実際、Whatever 社は、自宅からオンラインでビデオチャットをしながら現場にあるロボットを操作することで、臨場感が伴う形でイベントに参加できるシステム「Root Viewing」を開発し、美術展示会や屋内展示イベントなどでサービス運用を行っている。そのシステムでは、ロボットのスピーカーを通じて現地にいる人たちとコミュニケーションをすることも可能としている。ただし、現状では、実空間やそこにいる人とバーチャル空間とをつなぐインターフェースは、ほとんどの場合、視覚と聴覚の二つに限られている。これでは、人の実空間における活動とバーチャル空間のそれとを統合できたとは言えず、実体験との差異は大きなものとして残る。東京大学の稲見昌彦教授は、「人機一体」を目標として掲げ、インターフェースとして、身体的接触などを加えることで、バーチャル空間における我々の経験や表現を豊かにし、両者の距離を近づける研究を進めている。こうした研究成果はアートやデザインとの親和性が高いと考えられ、それを先駆的に取り入れることで、作品の訴求力を高めることが可能となろう。

(3) 国際共同制作の経験を深め多様性を取り込む

　先に、デジタル化によりスタジオ内での制作過程が物理的に分散化していると述べたが、それだけでなく、文化的な作品の制作は、組織の壁も越えて分業が進むとともに、地理的な面でもますます分散化が進んでおり、結果的に、グローバルな制作ネットワークに依存するようになっている (Lee 2019)。また、リーによれば、韓国のアニメーション産業では、そうしたネットワークによる

国際共同生産は、産業の高度化の手段と捉えられている（Lee 2019）。日本の文化産業においても、国際的な共同制作の経験を深めることが、次の三つの面で、持続的な成長に寄与するのではないかと考えられる。一つは、制作に携わるメンバーの多様性を高めることが創造性の向上につながりうることである。二つ目は、多国籍のチームメンバーによる共同を通じて、多様な市場や文化への理解を深め、壁を越える発想を生み出すことである。三つ目は、海外の創造力の高い人材を作品の生産過程に取り込めることである。こうしたことを実現するためには、クリエイティブ・スタジオの求心力の源泉となりつつ、難易度の高いマネジメントを担えるリーダー人材の育成が欠かせない。最初に挙げた方策の実現も含め、多様性を尊重する精神とグローバルな視野を持つ起業家の育成が重要となる。

参考文献

小田切未来（2021）「我が国におけるアート×デジタルテクノロジー等に関するビジネス展開から考える今後の文化政策の展望」『IFI ワーキングペーパー』6。

Asatani, K., Yamano, H., Sakaki, T. & Sakata, I. (2021). "Dense and Influential Core Promotion of Daily Viral Information Spread in Political Echo Chambers." *Scientific Reports*, 11(1), 7491.

Casemajor, N., Bellavance, G. & Sirois, G. (2021). "Cultural Participation in Digital Environments: Goals and Stakes for Quebec Cultural Policies." *International Journal of Cultural Policy*, 27(5), pp. 650-666.

Cha, M., Haddadi, H., Benevenuto, F. & Gummadi, K.P. (2010). "Measuring User Influence in Twitter: The Million Follower Fallacy." *Proceedings of the 4th International AAAI Conference on Weblogs and Social Media (ICWSM 2010)*, pp. 10-17.

Cheng, J., Adamic, L.A., Dow, P. A., Kleinberg, J. & Leskovec, J. (2014). "Can Cascades Be Predicted?" *Proceedings of the 23rd International Conference on World Wide Web (WWW 2014)*, pp. 925-935.

Dawkins, R. (1976). *The Selfish Gene*. Oxford University Press.

Dolfsma, W. & Seo, D. (2013). "Government Policy and Technological Innovation: a Suggested Typology." *Technovation*, 33, pp. 173-179.

Kamada, M., Asatani, K., Isonuma, M. & Sakata, I. (2021). "Discovering Interdisciplinary Spread Knowledge in the Academic Literature." *IEEE Access*, 9, pp. 124142-124151.

Lee, J. (2019). "Three Worlds of Global Value Chains: Multiple Governance and Upgrading Paths in the Korean Animation Industry." *International Journal of Cultural Policy*, 25(6), pp. 684-700.

Miura, T., Asatani, K. & Sakata, I. (2021). "Large-scale Analysis of Delayed Recognition Using Sleeping Beauty and the Prince." *Applied Network Science*, 6(1), p. 48.

Valtysson, B. (2010). "Access Culture: Web 2.0 and Cultural Participation." *International Journal of Cultural Policy*, 16(2), pp. 200-214.

──終　章──●

クリエイティブなジャパンへ

生稲史彦

1　近年の変化─デジタル化とグローバル化─

　本書では、日本の文化的なポテンシャルを活かし、国内外の人々にとって魅力的で、経済成長を実現できる国になるための政策と戦略について考えてきた。序章では、クールジャパン政策に至る経緯とその変質を振り返り、それが思ったほどの成果を上げ得なかった「挫折」が示された。その背景には、文化とそのビジネスを取り巻く環境が予想外に変化したこと──急速なグローバル化とデジタル化が進んだこと──もあった。

　デジタル化は、アートやコンテンツの創出を含む、広い範囲に影響を及ぼした。それは、クリエイティブな活動を行い、新しいアートやコンテンツを創り出す過程を大きく変えた。チームラボが実現した新しいアート、アニメーションの現場でのコンピュータの活用はその代表的な例だろう。創作や開発だけではなく、作品と製品の流通もまた、大きく変わった。CD や DVD などの媒体を使って流通していたコンテンツは、インターネットを使った配信、ダウンロード販売やストリーミングに置き換わった。これは企業のビジネスモデルに変革を迫り、企業はもちろん、著作権などの法制度にも変化を迫っている。さらに、インターネットと、PC やスマートフォンを使って誰もが自らの創作物を配布し、創作物に対する感想や意見、要望を簡単に発信できるようになった。それに伴い、創り手と鑑賞者の間の垣根は低くなったし、両者の関係も変わった。ソーシャルメディアを使って創り手と鑑賞者が新しい形で結び付くようになったが、一方で、炎上などの問題も引き起こしている。デジタル化は日本のみの現象ではなく、海外でも同様の変化が起きている。アジアを中心とした新興国の経済発展もあって、デジタル化とグローバル化が複合し、国境を跨いでアートやコンテンツを楽しむ人や発表する人が増え、それらを介して交流する動きも広がった。20〜30 年前では考えられなかった、海外の創作者やユーザーと共に作品や意見を交換し、楽しむことが日常的な娯楽になり、普通の時

間の過ごし方になった。

　デジタル化とグローバル化が結び付いた結果、コンテンツを「輸出する」という海外との関わり方だけではなく、アートやコンテンツを起点にして観光などの関連産業を活性化したり、新しいアートやコンテンツのビジネスを世界規模で構想して実現したり、才能のある人々を惹き付けて地域や国の経済を活性化させたりする可能性が切り開かれた。この意味において、デジタル化とグローバル化が進んだ今、われわれは文化と経済の新しい関係性を考え、実行する必要に迫られている。それは、文化を創造する活動と、経済を視野に入れた政策を架橋する、クールジャパン政策を刷新する必要性と重なっている。

　ここで、グローバル化とデジタル化を追い風にして「成功」を収めた隣国の韓国と比べ、日本はこれらの変化を積極的に活用できなかったとは言える。少なくともビジネスにおいて、日本のクリエイティブな活動を活かすビジネスが、グローバルなマスのマーケットを獲得できたとは言えない。むしろ、サブカルチャーと結び付いたニッチ市場の獲得に留まっていると見た方が妥当であろう。この面からも、グローバル化とデジタル化を活かして、日本に関連したクリエイティブな活動を促し、経済的成果と結び付け直す政策立案——クールジャパン政策の再構築——が求められている。

　この再構築は、政策立案を担う政府・地方自治体にも、クリエイティブな活動の現場にも、ビジネスを進める企業にも共通の課題である。どのようにすれば、日本で培われてきた文化的なポテンシャルを活かし、魅力的な、経済成長につながる、国際社会で憧憬と尊敬を集められる国になれるのか。本書の八つの章、16の論考は、この問いかけに対する様々な立場からの答えと提言であった。

　ただし、文化、もしくは文化と経済の関係に関し、見方によって提言内容が異なる場合が少なくない。日本の現状と将来について研究会で議論を重ねた本書の著者の間であっても、各著者が焦点を当てるポイントや提言内容が異なっていた。例えば、文化のための経済を重視する人もいれば、経済のための文化を重視する人もいる。比較的短い期間での経済的利得を重視する立場もあれば、中長期的に経済を活性化して豊かな文化と経済を実現しようとする立場もある。文化と経済を架橋するクールジャパン政策との関わり方でも、政策立案の立場と、それを活用したり、評価したりする立場では意見が異なりうるだろ

う。文化と経済、さらには社会に関する議論や提案だからこそ、一つの「正解」はあり得ず、むしろ、異なる立場から出される複数の「答え」を共有し、より望ましい、より妥当な、より多くの人が納得しうる「解決策」を考えることが大事なのではないだろうか。そして、そのために議論し、考えるプロセスが大事なのではないだろうか。

　だが、無秩序に答えを並べるだけでは共有にはならないし、健全な意見交換を通じて解決策に辿り着くことは難しくなる。そこでわれわれ執筆者たちは、複数の答えをいくつかの塊に分けてバランス良く提示し、執筆者同士はもちろん、読者の皆さんとも答えを共有しやすくし、意見交換の土台を提供しようと意図した。

　このように問題意識を共有していることを前提に、各自がそれぞれの経験や立場に基づいて自由に答えを提示した結果、異なる提言になっている章もある。政策の担い手である官と、政策を活かす民ではこれまでの取り組みや今後への期待が異なる。過去に見てきたクリエイティブな活動が違えば、重要視する要因や対応策は違ってくる。大局的な法制度の設計と、きめ細やかなマネジメントの発想も違う答えを見出すだろう。それでもなお、先述の共通した現状認識を持ち、問題意識を共有しているために、提言には共通点がある。以下、編者の視点で各章の概要を振り返りながら、提言を振り返り、本書全体の暫定的提言を述べることにしたい。その上で、各執筆者の、各章の、本書全体の「答え」の妥当さについて、読者のみなさんに判断を仰ぎたい。

2　官と民の変革に向けて─各章の議論から─

　本書は大きく、政策に関わる第Ⅰ部と、企業や市民のクリエイティブな活動の現場を取り上げた第Ⅱ部と第Ⅲ部で構成されている。そこで、第Ⅰ部から順に、各執筆者の提言を振り返っていこう。

（1）政策の立案、実行、評価
　政策は言葉から始まる。第1章で問い直されたのは、クールジャパンという言葉で表現された政策の意味内容であった。太下論考（第1章A　レトリックとしての「クール・ブリタニア」）は、クールジャパン政策が参照してきた

イギリスの政策とその変化を紹介した。他国の政策もしくは他の国や地域が日本に向ける目を意識し、それを踏まえて政策立案することの大事さは、三原論考（第1章B　全訳されなかった「マッグレイ論文」―あるいは「ハローキティはWASP」という文化的逆説の捨象について―）でも主張されている。政策を語る言葉が大事なのは、多くの利害関係者が納得する（正当性を付与する）ことを経て政策実行のための資源―ヒト、モノ、カネ、情報―を動員することが必要だからである。そのように考えれば、クールジャパン政策を再構築するに当たり、多くの利害関係者が参画し、協力できるような言葉と説明が求められているだろう。

　政策が多くの利害関係者を巻き込む正当性を獲得するためには、政府の中でも連携が必要であろう。政府の中である程度共有されている認識があり、それにピタリとはまる言葉が使われるからこそ、政策は広い範囲で影響を持ちうる。小田切論考（第2章A　我が国におけるシン・クールジャパン政策の今後の展望―Web3.0時代の政策立案体制、超広域連携の方向性―）は、政策を担う組織に焦点を当てて、政府内連携のための方策を論じている。この論考では、政策を担う組織が必要であること、その組織が大きな担当省であるべきことが主張されている。同時に、単なる政策の立案だけではなく、それが実行に結び付く仕組みも組織に内包（ビルトイン）されるべきであるとする。

　実行に移された政策は、その妥当性が評価されなければならない。政策が生じさせた変化を評価し、その課題を抽出してより良い政策の立案に繋げるようとする考え方がエビデンス・ベースの議論（EBPM: Evidence based policy making）である。八木論考（第2章B　クールジャパン政策評価―最適政策手法の選択―）は、政策によって生じる幅広い影響を視野に入れ、外部性を測る経済学の枠組みを用いて、クールジャパン政策の政策評価を考えている。クールジャパン政策がそもそも必要なのか、それはどのような成果を期待できるのかを示した上でこそ、政策を表す言葉は力を持つ。裏付けと納得感のある言葉による政策を打ち出すことが、これからの政策の構築に必要なのである。

（2）法制度

　政府がクリエイティブな活動をサポートするときに、産業政策と共に重要なのが法制度の整備である。端的に言えば、文化と社会の変化に合わせて法制度

も見直していく必要がある。河島論考（第3章A　著作権とコンテンツ産業）では、技術変化に伴うビジネスモデルの変化や多様化が進んでいるため、現行の著作権制度では、クリエイティブな活動を担う人々に十分な経済的インセンティブを与えることができていないと指摘している。すなわち、著作権および隣接権に基づいて得られる収入で生計を立てられる人々は少なくなっている。技術の変化を元に戻すことはできない以上、これからの技術にあわせて法制度を検討し、クリエイティブな活動を担う人々を支え、創造へのインセンティブを与えられるようにすべきであると考えられる。水野論考（第3章B　文化経済政策のリーガルデザイン）もまた、法制度の再設計を提案している。これまでは、文化で稼ぐこと、もしくは稼ぐ文化へのアレルギーが存在した。だが、日本が低成長時代に入った事実を受け入れれば、文化への継続的な投資を行うために、稼ぐ文化の全否定は難しい。むしろ、政府・地方自治体の直接的な支援だけではなく、企業の投資を支援する法制度や仕組みを設計し、文化と経済の双方がバランス良く発展できるようにすべきだとする。それは、社会の中の投資を効率化する制度設計であり、文化と経済がいままでとは違った形で支え合う制度の構想である。

（3）企業の支援

　もちろん、クールジャパン政策は政府・地方自治体の政策や法制度の整備のみで完結する訳ではない。アートやコンテンツを創り、享受し、育てるのは、企業人や多くの市民だからである。むしろ、これからのクールジャパン政策は、企業や市民の意図や行動をいかに活かすのかが問われる。政府・自治体が大規模な予算を投入してアートやコンテンツを創り出す現状ではないからだ。そうであれば、一国もしくは政策に関するマクロの議論だけではなく、政策の影響を受ける企業や人々に焦点を当てたミクロの議論が必要であろう。そこで、第Ⅱ部以降では、政策が対象とする企業や市民の現状と可能性を考えてきた。

　政府ができる企業支援を、過去の経緯を交えながら説明し、今後を展望したのが境論考（第4章A　文化産業における企業活動支援施策の有効性と射程についての一考察）である。技術と市場の変化に対応すべく、従来の産業政策で重視された平等主義、「横並び」を見直す点で、政府が変わる方向性が示され

ている。では、企業は政府に何を求めているのだろうか。崎本論考（第4章B　アートは未来創造のキーワードとなるか）は、公益資本主義を中心に企業側が変わる方向性を示している。新しい企業の取り組みの中には、企業だけの力ではできないこともあり、政府の施策も組み合わせられる必要がある。

（4）人材育成

　さて、崎本論考が明確に指摘し、他の論考でも随所で言及されているのは、クリエイティブな活動を担う人材の重要性である。これは、狭い意味のアウトプットを創り出す人材だけではなく、それをサポートしたり、鑑賞したり、楽しんだり、購入したりする人たちも含まれる。社会の中でクリエイティブな活動に関わる人を広く捉えたときに、今後、人材育成はどうあるべきだろうか。クリエイティブな活動を継続するためには、一定の原資が必要な現状を前提とすれば、クリエイティブな活動を担う人々を政策との関わりだけではなく、ビジネスも絡めて考えていく必要がある。では、人々のクリエイティブな活動とビジネスの関係はどうあるべきだろうか。

　綿江論考（第5章A　企業・ビジネスパーソンによるアート作品の購入と活用の実態と課題）は、クリエイティブな活動とビジネスの関係を、アートの購入と活用の観点で明らかにした。アーティストに寄り添う企業の活動、企業によるアーティストの支援のあり方が読み取れる。クリエイティブな活動を担う人材について、コンテンツを創る側に視点を移して考察したのが、山下論考（第5章B　プロデューサーシップと今後のコンテンツ産業）である。企業もその人材育成を変え、今後のビジネス環境に合ったプロデューサーが輩出する必要がある。また、業界を変えるようなプロデューサーを志望する人々も、業界の分業構造を組み替える力を養うべきであろう。

（5）企業を超えた取り組み、技術変化への対応

　人材育成を含む企業の課題を考える際、一つの企業のみで考えられることには限界がある。山下論考が指摘したように、一部の課題は企業の枠を超えて、複数の企業もしくは業界単位で取り組む方が望ましい。業界という単位で、これまでの日本のクリエイティブな活動の強みと課題を考察したのは、半澤論考（第6章B　適正な分業体制の構築に向けて）である。ここで危惧されるの

は、かつて業界の中で確保されていた冗長性——クリエイティブな成果につながりうる「ムダな」活動——が削ぎ落とされてしまう可能性である。そこで、技術や市場の変化に合わせて変化しつつ、かつての長所を維持するための戦略や政策を考える必要がある。この課題を考えるときに、コンテンツを創り出す活動とビジネス、そして技術の相互作用の観点で捉えることを主張するのが生稲論考（第6章A　技術変化に対応するためのクールジャパン政策）である。

　ただし、企業を超え、複数の企業や業界という単位に視野を広げても、それらは経済社会の一部であり、対処が難しい課題が残る。大きく言えば、そうした課題は社会全体で対応していく必要がある。この大きな課題を取り上げているのが岡田論考（第7章A　グローバルな現代美術における我が国からのイノベーションとゲームチェンジ—チームラボによる革新から）である。チームラボの成功要因は知的財産（IP: Intellectual Properties）の保有や海外の既存アート市場との接合などといった取り組みだけではない。日本で培われてきたものの、十分に活かしきれていなかった技術の蓄積を巧みに活用して成功を収めたと見做せる。この示唆を踏まえれば、中長期にわたって、クリエイティブな活動を支える土台をいかに培っていくのかも検討する必要がある。

(6) 社会全体の変化

　クリエイティブな活動を支える土台がしっかりしていることは、文化的・社会的な素地が厚いとも言える。鷲尾論考（第7章B　創造性を育てる都市の風景—欧州都市が挑むポストコロナ時代の社会づくり—）は、ヨーロッパの事例に基づき、都市という場に焦点を当てて、そうした社会的素地、クリエイティブを支える土台を検討した。市民が主体的に行動して文化と経済を同時に養っていく可能性と、そのために市民の能力を涵養することの重要性がわかる。

　社会全体の変化に対応していくときに、見落とすことができないのは、デジタル技術で可能となったサイバー空間と社会との関係である。デジタル技術が普及して「誰もが」情報を発信できるようになった現代では、どのような新しい可能性と課題が生じたのだろうか。それを取り上げたのが山口論考（第8章A　コンテンツ産業とネット炎上—人類総メディア時代の表現）である。われわれは、クリエイターへの悪影響を避ける対応策をとり、表現の萎縮などが起こらない社会を目指すべきだろう。

　誰もが情報を発信できるようになった社会はまた、サイバー空間から新しい表現や文化、クリエイティブな活動の成果が生まれてくる可能性を有している。その可能性を検討したのは、坂田論考（第8章B　越境する力を持つ作品（ミーム）が生み出す文化経済的インパクト）である。坂田論考では、ネット上で伝播し、越境するコンテンツを作ることが重要であるとし、そうした強いミームの作り方を提案している。デジタル化で広がったネットの世界は、これからも広がっていく。だからこそ、デジタル化がもたらした変化の課題に適切に対処し、むしろそれを追い風にしていくことが、今後のクリエイティブな活動、クリエイティブな日本につながっていく。

3　最後に
―クールジャパンからクリエイティブ・ジャパンへ―

　序章でも、本書の各章でも触れたように、過去20年ないし30年でクリエイティブな活動を取り巻く環境は大きく変わった。デジタル化とグローバル化が進んだことで、誰もがクリエイティブな活動を行い、世界に向けて発信できるようになった。一部の人が持つ優れた才能やビジネスの感覚も重要だが、そうした一部の人が現れ出るためにも、多くの人がクリエイティブな活動に携わって自らの可能性を試すことが必要である。これは、かつてであれば機会に恵まれなかったり、制作の環境を持てなかったりして埋もれた才能や能力が、世に現れ出やすくなった変化に期待することでもある。だからこそ、社会全体がクリエイティブな活動との接点を増やし、多くの人が自分なりの形でクリエイティブな活動に携わる方が望ましい。まだ見ぬ新しいものを創り出す才能は、そうした多数の人の中にある。多くの人がその可能性を信じて挑戦すれば、結果として現れ出る優れたクリエイティブな活動と、その成果が豊かになると考えられるからだ。

　このような変化を認識し、将来の可能性を考えるならば、クリエイティブな活動を社会全体でどれほど促せるかが問われる。それは、クリエイティブな活動そのものに携わる人の母数を増やす面でも、そうした人々の成果を見守り、育てる面でも重要であろう。炎上などによって表現を萎縮させる社会より、クリエイティブな活動の成果が前向きに、多面的に評価される社会の方が、クリ

エイティブな活動に参加する人も増えるし、その活動への熱意も高まるであろう。

　こうした社会全体のクリエイティブ化は、インターネット上、デジタルな技術で支えられた場で起こることもあれば、リアルな場でも育まれるだろう。それゆえに、都市という場もまた、人々のクリエイティブな活動を支え、育む場として、あらためて見直されていく必要がある。同時に、現在とこれからのクリエイティブな活動は、過去の蓄積の上にも成り立っている。チームラボの事例が見せているように、過去に培った技術や人材の厚みが、思わぬ形で、大きな変化を起こす可能性がある。過去の蓄積をいかに将来の可能性へと繋げていくのかも、日本の社会を前に推し進めていく上で必要な視点である。

　さらに、社会全体の変化はその中で活動する企業にも及ぶ。企業の業務の有り様や分業体制、人材育成、技術の活用、ビジネスモデルなども、こうした社会全体のクリエイティブ化に合致する形に変えていく必要がある。もちろん、企業にはこれまでのビジネスを支えた業務や人材、技術やビジネスモデルがあることから、容易には変えられない要素もある。しかしながら、社会の変化と要請に応えるためにも、自らが生き残るためにも、企業はデジタル化とグローバル化に合致するマネジメントを実現し、クリエイティブな活動が重視される社会に順応していく必要がある。その際、もし自らが直接的にクリエイティブな活動な活動に携わらないとしても、作品の購入や支援、出資などの形でそれを促すこともできる。あるいは、作品の購入や支援を通じて、経営者と社員がアートやコンテンツと触れる機会を増やしていくことによって、企業の姿勢や考え方、価値観が変わり、ビジネスにとって良い影響を受けたり、自らのクリエイティブな活動が促進されたりすることを期待しても良い。

　こうした社会の変化と企業の変化を、法制度や政策は支える。現状であれば、著作権制度を技術とビジネスの変化に合わせて変えることも必要であろう。あるいは、新しい制度や法律を作ることで、文化と経済の関係を問い直し、新しい関係を築くことも可能だろう。政府もまた、かつての産業政策を変えてきたように、今後の社会の変化にあわせて、クリエイティブな活動を担う企業や人々への支援のあり方を変えることができるし、それが必要とされている。もちろん、国としての政策である以上、その正当性や裏付け、政策効果の評価は求められる。そうした評価や正当化の枠組みもまた、学術研究という文

化の中で作りあげ、議論していく必要がある。そして、地に足の着いた議論を踏まえて、実効性のある政策を立案し、実行するために、政府・地方自治体も自らを変えていく必要がある。

　では、このような形で変わっていく政策と社会をどのような言葉で表現し、多くの人々の支持を集めるのか。これもまた、重要な課題である。「クールジャパン」はイギリスなどの海外の事例を参照しながら始まり、日本人のわれわれにとって適切な言葉と論理でその重要性や意義が伝えられてきたとは言い難い。一つの国の中に文化の多様性があることを念頭に置きながら、これからの文化と経済の関係を表し、両者の間の良循環を多くの人が想起できるような言葉と論理が求められている。

　以上のように、技術と世界の変化は日本の社会、市民、企業、消費者、政府・地方自治体の変化を促している。ここでわれわれは、文化的な豊かさと、経済的な豊かさは、社会全体の動きの結果として生じるものだと考えるべきではないだろうか。つまるところ、稼げる、売り物になる文化だけをクローズアップし、それを育てれば「クールジャパン」になる訳ではない。多くの人が様々な立場で参画し、新しい何かを創り出そうとしている社会全体の豊かさがあるからこそ、その「表現形」としての文化が魅力を持ちうる。そうしたアートやコンテンツの魅力こそが、日本国外にいても触れたくなるコンテンツや、日本を訪れて味わいたい場所や鑑賞したい芸術として現れて、経済的な価値をもたらす。そうであれば、クールジャパンを再構築するに当たっては、日本の社会としてどのような姿を目指すのかを問い、考え、実現に向けて動き出さなければならない。

　この変化は課題でもあるが、機会でもある。ジャパンもしくは日本の社会を母体として、どのような文化的な輝きを放てるのか、それが経済的な豊かさと両立して支え合えるのかを考え、決め、実行に移していくのは、今のわれわれである。豊かな文化を享受する市場として、あるいは、美しく、より望ましい価値観を表現し、様々な豊かさを実感できるアートやコンテンツによって世界を良い方向に変えていく場として、社会はどのような姿になり得るのか。その実現のために、政府・地方自治体、企業、集団や個人といったレベルで何ができるのかを議論し、実行していくことが、今求められている。

　本書全体で示されたように、この課題に対する答えは容易には得られず、意

見の違いや対立も生じる。だからこそ、それぞれの立場で率直な意見を述べ、それを突き合わせ、より多くの人が支持できる解決策へとまとめ上げていくことと、その過程が重要なのであろう。どのようにすれば、日本で培われてきた文化的なポテンシャルを活かし、魅力的な、経済成長につながる、国際社会で憧憬と尊敬を集められる国になれるのか。本書によるこの課題設定と、それに対する多くの提言が、さらなる議論を喚起することがわれわれの願いである。そして、議論を踏まえ、今後の政策や企業行動、われわれの市民としての活動を望ましい社会の実現へと繋げていくことを、執筆者たちもそれに参加しながら目指していきたい。

索　引

■編著者紹介

河島　伸子（かわしま　のぶこ）（はじめに、序章、第 3 章 A）

PhD（文化政策学、英ウォーリック大学）、MSc・LLM（いずれもロンドン・スクール・オブ・エコノミクス）。シンクタンク勤務、ウォーリック大学リサーチフェローを経て、現在、同志社大学経済学部教授。ロンドン・スクール・オブ・エコノミクス、UCLA、フランス国立社会科学高等研究院、東京大学未来ビジョン研究センター、放送大学で客員教授を務めた。専門は、文化経済学、文化政策論、コンテンツ産業論など。

［主な業績］

『コンテンツ産業論：文化創造の法・経済・マネジメント（第 2 版）』（ミネルヴァ書房）。

共著『変貌する日本のコンテンツ産業：創造性と多様性の模索』（ミネルヴァ書房）。

共著『新時代のミュージアム：変わる文化政策と新たな期待』（ミネルヴァ書房）。

共著『グローバル化する文化政策』（勁草書房）

共著『イギリス映画と文化政策：ブレア政権以降のポリティカル・エコノミー』（慶應義塾大学出版会）他多数。

共編著 *Film Policy in a Globalized Cultural Economy*, Routledge, 2018.

共編著 *Asian Cultural Flows: Cultural Policies, Creative Industries, and Media Consumers*, Springer, 2018.

他論文多数。

文化経済学会〈日本〉元会長、国際文化政策学会学術委員。文化審議会委員、同文化政策部会部会長、同無形文化遺産部会委員、著作権分科会、文化経済部会など、政府および地方自治体における、文化政策の形成・評価に関わってきた。

生稲　史彦（いくいね　ふみひこ）（第 6 章 A、終章）

東京大学大学院経済学研究科博士課程修了、博士（経済学）。一橋大学イノベーション研究センター専任講師、文京学院大学経営学部准教授、筑波大学システム情報系准教授などを経て、現在、中央大学大学院戦略経営研究科教授。専門は、技術経営、経営戦略、イノベーション論。

［主な業績］

「家庭用ゲームソフトの製品開発：消費者感性のシミュレート」、藤本隆宏・安本雅典編著『成功する製品開発：産業間比較の視点』有斐閣、2000 年。

「プロデューサー」、高橋伸夫編著『超企業・組織論：企業を超える組織のダイナミズム』有斐閣、2000 年。

「ソフトビジネスにおける企業像」、新宅純二郎・田中辰雄・柳川範之編著『ゲーム産業の経済分析：コンテンツ産業発展の構造と企業戦略』東洋経済新報社、2003 年。

『開発生産性のディレンマ：デジタル化時代のイノベーション・パターン』有斐閣、2012 年（組織学会高宮賞（著書部門））。

共編著『変貌するコンテンツ産業：創造性と多様性の模索』ミネルヴァ書房、2013 年。

共編 *Industrial Competitiveness and Design Evolution*, Springer, 2018.

共著『コア・テキスト 経営情報論』新世社、2021。

The Efficiency and Creativity of Product Development: Lessons from the Game Software Industry in Japan, Springer, 2022.

デジタルコンテンツのビジネス、企業における ICT の活用などの分野の実証研究を専門としており、『組織科学』などに論文の掲載実績がある。

■執筆者紹介（執筆章順）

太下　義之（第1章A）
おおした　よしゆき

筑波大学人間総合科学研究科博士後期課程芸術専攻修了、博士（芸術学）。現在、同志社大学経済学部教授。

[主な業績]

『アーツカウンシル：アームズ・レングスの現実を超えて』水曜社、2017年。

「デジタルアーカイブはどのようにしてアートの振興に貢献するか？」、高野明彦監修、嘉村哲郎責任編集『デジタルアーカイブ・ベーシックス4：アートシーンを支える』勉誠出版、2020年。

2023年12月　文化庁長官表彰。

三原　龍太郎（第1章B）
みはら　りょうたろう

英オックスフォード大学大学院博士課程修了、博士（人類学）。現在、慶應義塾大学経済学部准教授。

[主な業績]

『ハルヒ in USA：日本アニメ国際化の研究』NTT出版、2010年。

"A Coming of Age in the Anthropological Study of Anime? : Introductory Thoughts Envisioning the Business Anthropology of Japanese Animation." *Journal of Business Anthropology*, 9(1), pp.88-110, 2020.

"Involution: A Perspective for Understanding the Japanese Animation's Domestic Business in a Global Context." *Japan Forum*, 32(1), pp.102-125, 2020.

小田切　未来（第2章A）
おだぎり　みらい

米コロンビア大学国際公共政策大学院修了、修士（公共経営学・経済政策管理）。現在、IPA（情報処理推進機構）デジタル基盤センター副センター長、東京大学未来ビジョン研究センター客員フェロー。

[主な業績]

「我が国におけるアート×デジタルテクノロジー等に関するビジネス展開から考える今後の文化政策の展望：国際会議ICCPR2020の特別セッション等を踏まえた提言」東京大学未来ビジョン研究センターIFI Working Paper No.6、2021年。

「"全部"やっていくしかない、竹中平蔵と考える"令和"の政策」Publingual、2021年。

「文化経済政策の在り方に関する政策提言：令和時代のシン・クールジャパンの構築に向けて」東京大学未来ビジョン研究センター IFI Working Paper No.13、2022年。

八木　匡（第2章B）
やぎ　ただし

名古屋大学大学院経済学研究科博士課程単位満了退学。名古屋大学博士（経済学）。京都大学経済研究所助手、名古屋大学経済学部助教授を経た後、現在同志社大学経済学部教授。日本経済学会理事（2002年～2007年）、文化経済学会〈日本〉会長（2018年～20年）。

[主な業績]

共著 "Japan's R&D Capabilities Decimated by Reduced Class Hours for Science and Math Subjects." *Humanities and Social Science Communications*, June 2022.

共著 "Economic Growth and the Riskiness of Investment in Firm-specific Skills." *European Economic Review*, 49(4), pp. 1033-1049, 2005.

共編 *The Kyoto Manifesto for Global Economics: The Platform of Community, Humanity, and Spirituality*, Yamash'ta, S., Yagi, T., Hill, S. (Eds.), Springer, 2018.

水野　祐（第3章B）

神戸大学法科大学院修了、法務博士。弁護士（シティライツ法律事務所、東京弁護士会）。Creative Commons Japan 理事。Arts and Law 理事。グッドデザイン賞審査員。

［主な業績］

『法のデザイン：創造性とイノベーションは法によって加速する』フィルムアート社、2017年。

（共著）『画像生成AI（先読み！IT×ビジネス講座：濃い内容がサクッと読める！）』インプレス、2023年。

（連載）「新しい社会契約（あるいはそれに代わる何か）」WIRED日本版、2019〜24年。

境　真良（第4章A）

東京大学大学院工学研究科先端学際工学専攻博士課程単位取得退学。現在、iU（情報経営イノベーション専門職大学）情報経営イノベーション学部准教授。

［主な業績］

「日本のコンテンツ政策」、長谷川文雄・福冨忠和編『コンテンツ学』世界思想社、2007年。

『テレビ進化論：映像ビジネス覇権のゆくえ』講談社、2009年。

『アイドル国富論：聖子・明菜の時代からAKB・ももクロ時代までを解く』東洋経済新報社、2014年。

崎本　哲生（第4章B）

同志社大学商学部卒業。現在、一般社団法人クラブ関西専務理事／久瑠あさ美マインドデザイン研究所副所長。

［主な業績］

共著 "Measurement of Opportunity Cost of Travel Time for Predicting Future Residential Mobility Based on the Smart Card Data of Public Transportation." *International Journal of Geo-Information*, 7(11), 2018.

共著 "Detecting and Understanding Urban Changes through Decomposing the numbers of Visitors' Arrivals Using Human Mobility Data." *Journal of Big Data*, 6(1), 2019.

共著 "Comparative Examination of Network Clustering Methods for Extracting Community Structures of a City from Public Transportation Smart Card Data." IEEE Access 7, 2019.

綿江　彰禅（第5章A）

名古屋大学大学院経済学研究科修了。慶應義塾大学大学院文学研究科修了。修士（経済学、美学）。株式会社野村総合研究所のコンサルタントを経て、現在、一般社団法人芸術と創造代表理事。

［主な業績］

一般社団法人アート東京・一般社団法人芸術と創造『日本のアート産業に関する市場レポート』、2016年〜21年。

東京都『新たな文化戦略の作成支援業務成果報告書』、2020〜21年。

経済産業省『文化資本経営促進に関する調査研究事業成果報告書』、2021年。

山下　　勝　（第 5 章 B）

神戸大学大学院経営学研究科博士後期課程修了、博士（経営学）。現在、青山学院大学経営学部教授。

［主な業績］

『プロデューサーシップ：創造する組織人の条件』日経 BP、2014 年。

共著『プロデューサーのキャリア連帯：映画産業における創造的個人の組織化戦略』白桃書房、2010 年。

共著『キャリアで語る経営組織：個人の論理と組織の論理』有斐閣、2010 年。

半澤　　誠司　（第 6 章 B）

東京大学大学院総合文化研究科博士課程修了、博士（学術）。現在、明治学院大学社会学部教授。

［主な業績］

共編著『地域分析ハンドブック：Excel による図表づくりの道具箱』ミネルヴァ書房、2015 年。

『コンテンツ産業とイノベーション：テレビ・アニメ・ゲーム産業の集積』勁草書房、2016 年（中小企業研究奨励賞 準賞（経済部門））。

「都市に集まる創造産業」、伊藤達也・小田宏信・加藤幸治編著『経済地理学への招待』ミネルヴァ書房、2020 年。

岡田　　智博　（第 7 章 A）

東京芸術大学大学院音楽研究科芸術環境創造専攻博士後期課程修了、博士（学術）。現在、一般社団法人クリエイティブクラスター代表理事、一般社団法人ブルーオーシャン代表理事、東京藝術大学教養教育センターコーディネーター。

［主な業績］

"Mediadrive after ICT Penetration of the Tokyo Environment." In Ars Electronica Center (Ed.). Ars Electronica 2001 TAKEOVER, Springer, 2001.

「石垣市文化観光振興プラン」統括担当、2018 年。

「あきがわアートストリーム・ひのはらアート」ディレクター、2021〜24 年。

鷲尾　　和彦　（第 7 章 B）

東京大学工学系研究科都市工学専攻修了、修士（工学）。現在、株式会社 SIGNING チーフ・リサーチ・ディレクター／株式会社博報堂 クリエイティブ・ビジネス・プロデューサー。

［主な業績］

『アルスエレクトロニカの挑戦：なぜオーストリアの地方都市で行われるアートフェスティバルに、世界中から人々が集まるのか』学芸出版社、2017 年。

『CITY BY ALL：生きる場所をともにつくる』博報堂生活総合研究所、2020 年。

共著『カルチュラル・コンピテンシー』株式会社ブートレグ、2022 年。

山口　真一（第 8 章 A）

慶應義塾大学大学院経済学研究科博士後期課程修了、博士（経済学）。国際大学グローバル・コミュニケーション・センター准教授。他に、早稲田大学ビジネススクール兼任講師、シエンプレ株式会社顧問や、複数の政府有識者会議委員等を務める。

［主な業績］

『なぜ、それは儲かるのか：〈フリー＋ソーシャル＋価格差別〉×〈データ〉が最強な理由』、草思社、2020 年。

『正義を振りかざす「極端な人」の正体』光文社新書、2020 年。

『ソーシャルメディア解体全書：フェイクニュース・ネット炎上・情報の偏り』勁草書房、2022 年。

坂田　一郎（第 8 章 B）

東京大学大学院工学系研究科博士課程単位取得退学、博士（工学）。現在、東京大学工学系研究科教授、地域未来社会連携研究機構長。

［主な業績］

「クラスター形成における大学の役割：アメリカのケース」、山崎朗編『クラスター戦略』有斐閣選書、2002 年。

「ネットワークの視点でみる東北地域の産業構造の発展と政策」、松本武祝編『東北地方「開発」の系譜：近代の産業振興政策から東日本大震災まで』明石書店、2015 年。

「二重のパラダイムシフトをチャンスと捉えた地方創生」、松原宏・地下誠二編『日本の先進技術と地域の未来』東京大学出版会、2022 年。

クリエイティブ・ジャパン戦略

文化産業の活性化を通して豊かな日本を創出する

▧ 発行日——2024年6月6日　初 版 発 行　　　　　　　　　〈検印省略〉

▧ 編著者——河島 伸子・生稲 史彦

▧ 発行者——大矢栄一郎

▧ 発行所——株式会社　白桃書房

　　　　　〒101-0021　東京都千代田区外神田5-1-15
　　　　　☎03-3836-4781　ⓕ03-3836-9370　振替00100-4-20192
　　　　　https://www.hakutou.co.jp/

▧ 印刷・製本——藤原印刷

激動の時代のコンテンツビジネス・サバイバルガイド

プラットフォーマーから海賊行為まで押し寄せる荒波を乗りこなすために

マイケル・D. スミス／ラフル・テラング 著　小林　啓倫 訳　山本　一郎 解説

　出版業界や音楽業界、映画業界で大きな地殻変動が起きている。本書は、これまでのコンテンツビジネスの業界秩序がどのように成り立ってきたのか、さらに商材としてのコンテンツについて経済学的な特徴から紐解き、プラットフォーマーがなぜこのように強い力を持てるのかを解説する。

　さらに、セルフパブリッシングや海賊版サイトなど、テクノロジーが可能にしたコンテンツ表現や流通の影響も検討した上で、既成のビジネスプレイヤーたちがどのように新しい時代に対応していくべきかを提示する。

　展開されるさまざまな議論も、計量経済学などの手法を用いたエビデンスベースドなもので説得力がありつつ、興味深いエピソードや事例を豊富に紹介しながら進められ、読みやすい。

定価 2750 円（本体 2500 円＋税）

ライセンスビジネスの戦略と実務　第 4 版

キャラクター＆ブランド活用マネジメント

草間　文彦 著

　著作権と商標権の二次利用の許諾にまつわるビジネス、すなわちライセンスビジネスは「商品化権ビジネス」とも呼ばれるなど、大きな注目を集めている。特に、本書で取り上げる「ライセンス」は、日常生活で接することの多い著作権や商標権である。近年、取り組む企業が増え、世界的にも、また日本国内でも、「ライセンス商品」の売り上げは拡大し続けている。

　本書は、キャラクターやブランドについての許諾の基本から実際の法務、戦略立案まで、この分野の第一人者である著者が分かりやすく解説し、実務家に好評を得て、改訂を重ねてきている。最新の第 4 版では、環境の変化を踏まえた最新データ、またそれらに対する著者の丁寧な考察をアップデートした。ライセンスビジネスに携わる方たちのビジネスチャンス拡大を強力にアシストする書。

定価 3000 円（本体 2727 円＋税）

白桃書房